Gundula Ludwig

Geschlecht, Macht, Staat

Politik und Geschlecht – kompakt

herausgegeben von der Sektion
Politik und Geschlecht
der Deutschen Vereinigung
für Politikwissenschaft

Band 2

Gundula Ludwig

Geschlecht, Macht, Staat

Feministische staatstheoretische Interventionen

2., überarbeitete Auflage

Verlag Barbara Budrich
Opladen • Berlin • Toronto 2023

Bibliografische Information der Deutschen Nationalbibliothek
Die Deutsche Nationalbibliothek verzeichnet diese Publikation in der Deutschen Nationalbibliografie; detaillierte bibliografische Daten sind im Internet über https://portal.dnb.de abrufbar.

Gedruckt auf säurefreiem und alterungsbeständigem Papier.

www.budrich.de

ISBN 978-3-8474-2496-3 (Paperback)
eISBN 978-3-8474-1640-1 (PDF)
DOI 10.3224/84742496

Umschlaggestaltung: Bettina Lehfeldt, Kleinmachnow – www.lehfeldtgraphic.de
Satz: Ulrike Weingärtner, Gründau – info@textakzente.de
Druck: GrafikMediaProduktionsmanagement GmbH, Köln
Printed in Europe

Inhaltsverzeichnis

Feministische Staatstheorie: Anfänge, Entwicklungen, Ziele – eine Einleitung

Feministische Auseinandersetzungen mit dem modernen westlichen Staat setzten im Vergleich zu anderen Themenfeldern wie Familie, Körper, Sexualität, Gewalt oder Arbeit in der deutschsprachigen Geschlechterforschung erst relativ spät ein. Dies hat seinen Grund in der engen Verwobenheit von Frauenforschung und autonomer Frauenbewegung in den 1970er und 1980er Jahren. Für die autonome Frauenbewegung stellte der Staat „*die* Anti-Institution" dar (Sauer 2004: 113), galt er doch als Inbegriff patriarchaler Herrschaft. Demgegenüber wurden in basisdemokratischen, autonomen Frauengruppen alternative und herrschaftsfreie Formen von Politik erprobt. Die ‚Staatsferne' der Frauenbewegung verweist somit auf den radikalen Bruch mit bestehenden Formen des Politischen, den die Aktivistinnen der Frauenbewegungen forderten und der auch in dem Slogan *Das Private ist politisch* zum Ausdruck kommt.

> „Die politische Autonomie der neuen Frauenbewegung, wie sie sich Ende der sechziger, Anfang der siebziger Jahre herausgebildet hat, besteht weniger in der Separation von Männern als konkreten politischen Akteuren als in der Autonomie gegenüber bestimmten Politikkonzepten und Organisationsformen, die in der Tradition patriarchaler Politik entwickelt wurden" (Kontos 1990: 50).

Zugleich lässt das fehlende Interesse an einer Auseinandersetzung mit dem Staat und staatlichen Formen von Politik Rückschlüsse auf die damaligen politischen Kräfteverhältnisse zu: In einer Zeit, in der Frauen weder in politischen Institutionen repräsentiert waren noch als aktive politische Subjekte galten und in der Frauenunterdrückung und Geschlechterungleichheit explizit durch staatliche Politiken abgesichert wurden, war es nicht weiter verwunderlich, dass der Staat nicht als relevanter Akteur im Kampf gegen Geschlechterherrschaft gesehen wurde.

Ein weiterer Grund für die anfängliche Abwesenheit feministischer Analysen des modernen westlichen Staates lag in der Schwerpunktsetzung feministischer Kämpfe und Forschung: Als wesentliches Thema kristallisierte sich die Auseinandersetzung mit ökonomischen Herrschafts- und Ausbeutungsformen und daraus folgend die Kritik an der herrschenden patriarchalen Definition von Arbeit heraus. Als Konsequenz stellte vor allem die marxistische Theorie eine wesentliche Referenzfolie für die Frauenforschung dar, deren Kritik an der kapitalistischen Organisation der Gesellschaft feministisch erweitert wurde. In jenen marxistischen Arbeiten, die zu Beginn der Frauenbewegung und -forschung als Anknüpfungspunkt dienten, galt der Staat als mit dem Gewaltmonopol ausgestattete Zentrale kapitalistischer Herrschaft, dem bis in die 1980er Jahre wenig theoretisches Interesse zukam. Analog dazu richtete sich auch der Fokus feministischer Analysen und Kritik in den Anfängen der Frauenbewegung und -forschung nicht auf den Staat. Er wurde als juridischer Apparat zur Aufrechterhaltung geschlechtlicher Ausbeutungs- und Unterdrückungsverhältnisse gefasst – mit ihm war keine Politik zu machen; über ihn keine Forschung zu betreiben.

Erst im Laufe der 1980er Jahre begannen Feministinnen, sich der Frage zu nähern, wie der moderne westliche Staat mit Geschlecht verwoben ist. Diese Bewegung hin zum Staat wurde nicht zuletzt dadurch angetrieben, dass Aktivistinnen der Frauenbewegung sowohl in den Universitäten als auch in der staatlichen Politik den Gang durch die Institutionen antraten. Dies hatte einschneidende Veränderungen zur Folge: Zahlreiche Reformen in der Familien-, Sozial- und Arbeitspolitik sowie im Bereich des Gewaltschutzes ab Ende der 1980er Jahre führten dazu, dass der Staat vermehrt auch als *ein* mögliches Interventionsfeld auf dem Weg zu mehr Geschlechtergleichheit gesehen wurde. Als Konsequenz daraus erlangte der Staat für feministische (Politik-)Wissenschaftler_innen Relevanz: Erste systematische Analysen zum geschlechtlichen Subtext des Staates wurden durchgeführt, um das Verhältnis von Staat und Geschlecht theoretisch und empirisch zu durchdringen, aber auch, um Möglichkeiten und Begrenzungen feministischer Interventionen einschätzen zu können.

Die Ausgangsannahme feministischer staatstheoretischer Interventionen in den politikwissenschaftlichen *main-* und *malestream* lässt sich mit Nancy Fraser wie folgt auf den Punkt bringen: „Die Geschlechterherrschaft ist sozial allgegenwärtig; wie Dachziegel ist sie mit der politischen Ökonomie und mit der politischen Kultur, mit dem Staatsapparat und mit der öffentlichen Sphäre verfugt" (Fraser 1993: 147). Während die maskulinistischen Staatstheorien des *male-* und *mainstream* der Politikwissenschaft den Staat als geschlechtsneutral konzipieren, besteht das Anliegen feministischer Staatstheorie gerade darin, dessen Vergeschlechtlichung sichtbar zu machen. Ziel feministischer Staatstheorie ist somit eine „methodische Inversion" (Kreisky 1992: 55), um zu zeigen, auf welche vielfältigen Weisen Geschlecht in staatlichen Institutionen sedimentiert ist (vgl. Kreisky 1997: 166).

Der Eintritt feministischer Forschung in den *malestream* der deutschsprachigen Politikwissenschaft gestaltete sich keineswegs als einfach. Diese erwies sich im Vergleich zu anderen wissenschaftlichen Disziplinen als besonders resistent (vgl. Kreisky/Sauer 1995: 9; Kreisky 2004; Rosenberger 1997). Dies liegt zum einem an dem dem *mainstream* der Disziplin inhärenten Mythos, dass die Gegenstände der Politikwissenschaft wie etwa Staat, Politik und Demokratie geschlechtsneutral seien. Zum anderen führten männerbündische Strukturen nicht nur dazu, dass Frauen als Forscherinnen, sondern auch Themen der Frauen- und Geschlechterforschung lange Zeit aus dem *main-* und *malestream* der Politikwissenschaft ausgeschlossen blieben.

Trotz dieser Anfangshürden liegt mittlerweile eine große Bandbreite an feministischen staatstheoretischen Arbeiten vor. Von einer „black box", wie Birgit Seemann (1996: 20) das Themenfeld der feministischen Staatstheorie noch 1996 bezeichnete, kann heute keine Rede mehr sein. Das vorliegende Buch möchte grundlegende Theoriestränge und Konzepte feministischer Staatstheorie vorstellen, die sich mit der Vergeschlechtlichung moderner westlicher Staaten auseinandersetzen. Um zu verdeutlichen, dass sich der moderne westliche Staat ohne das moderne westliche Verständnis von Geschlecht und Geschlechterdifferenz sowie ohne ein heteronormatives, bürgerliches Geschlechterregime nicht auf diese Weise herausbilden hätte können, werden im *ersten* Teil drei wichtige gesellschaftliche Veränderungen im Übergang zur Moderne skizziert: die Herausbildung des Geschlechter- und Sexualitätsdispositivs, die Entstehung der vergeschlechtlichten Grenzziehung zwischen Öffentlichkeit und Privatheit und die Durchsetzung der geschlechtsspezifischen Arbeitsteilung. Im anschließenden *zweiten* Teil werden verschiedene Ansätze der Theoretisierung von Staat und Geschlecht und dem Verhältnis der beiden dargelegt. Hier werden zentrale Ansätze aus der marxistisch-feministischen, gesellschaftstheoretisch-feministischen und poststrukturalistisch-feministischen Werkzeugkiste in ihren Grundzügen ebenso wie in ihren politischen Konsequenzen dargestellt. Im *dritten* Teil werden einzelne Themenfelder feministischer Staatstheorie vorgestellt. Sowohl frühe feministische Arbeiten als auch gegenwärtige Diskussionen zu den jeweiligen Themenbereichen, die zunehmend Intersektionalitätsansätze und queer-feministische Einsichten berücksichtigen, werden in diesem Kontext besprochen.

Ziel des Buches ist es, die vielfältigen Zugänge in den Theoretisierungen und in den Konzepten aufzuzeigen, die die Vergeschlechtlichung moderner westlicher Staaten aus einer feministischen Perspektive erklären möchten. Ich werde insbesondere auf Analysen des deutschen Staates und des österreichischen Staates und auf deutschsprachige Diskussionen fokussieren. Das Buch will zeigen, dass trotz der Heterogenität der Zugänge alle feministischen staatstheoretischen Arbeiten von dem politischen Interesse getragen sind, durch das Aufzeigen der Vergeschlechtlichung des modernen westlichen Staates hegemoniale ‚Wahrheiten' aufzubrechen und sichtbar zu machen, dass der moderne westliche Staat auf ungleichen Geschlechterverhältnissen beruht und wesentlich daran beteiligt ist, geschlechtliche Ausbeutungs-, Gewalt- und Ungleichheitsverhältnisse zu ermöglichen und zu legitimieren.

Das vorliegende Buch ist die überarbeitete und erweiterte Version der ersten Auflage, die 2015 erschien. Die Arbeit an der ersten Auflage des Buches war eingebettet in feministisch-staatstheoretische Diskussionszusammenhänge am Institut für Politikwissenschaft der Universität Wien. Jenen Kolleg_innen, die diese feministisch-staatstheoretischen Arbeitszusammenhänge getragen haben, sei an dieser Stelle nicht nur für ihre Anregungen und für spannende Diskussionen gedankt, sondern auch für ihre Beharrlichkeit, die feministische Politikwissenschaft weiter voranzutreiben und auf diese Weise dazu beizutragen, geschlechtliche Macht- und Herrschaftsverhältnisse zu politisieren. Den Sprecherinnen des Arbeitskreises für Politik und Geschlecht, die dieses Amt von 2010 bis 2012 bzw. von 2012 bis 2014 inne hatten, danke ich für die Ermöglichung des Buches. Barbara Budrich und Miriam von Maydell danke ich für die gute Zusammenarbeit bei der Publikation der ersten Auflage, Franziska Deller für die gute Zusammenarbeit für die zweite Auflage. bei der Publikation der ersten Auflage, Franziska Deller für die gute Zusammenarbeit für die zweite Auflage. Nicola Sekler danke ich für das sorgfältige Lektorat der ersten Auflage; Magdalena Lohfeyer, Juliette Sörensen und Hannah Sommer danke ich für die Unterstützung bei der Überarbeitung des Manuskripts für die zweite Auflage.

I. Staat und Geschlecht in modernen westlichen Gesellschaften – eine Kontextualisierung

Die Verwobenheit des modernen westlichen Staates mit Geschlecht kann nur verstanden werden, wenn drei bedeutsame gesellschaftliche Veränderungen berücksichtigt werden, die sich zeitgleich mit der Herausbildung des Staates vollzogen haben: die Verbreitung des Zwei-Geschlechter-Modells, die Herausbildung der vergeschlechtlichten Grenzziehung zwischen Öffentlichkeit und Privatheit sowie die Durchsetzung der kapitalistischen Produktionsweise und die damit einhergehende geschlechtsspezifische Arbeitsteilung. Ab dem späten 18. Jahrhundert änderten sich die Vorstellungen von Geschlecht und Geschlechterverhältnissen fundamental. Geschlecht wurde zu einem ontologischen, komplementären Wesensmerkmal und als solches zur diskursiven Grundlage für die maskulinistische Ausgestaltung des modernen westlichen Staates. Der Ausschluss von Frauen aus der Sphäre der Politik, der Öffentlichkeit und der Produktion wurde mithilfe angenommener ‚Wesensunterschiede' begründ- und legitimierbar und kann daher „nicht als simple Fortführung einer bereits etablierten Praxis" gedeutet werden (Frevert 1995: 128). Vielmehr ist die sich mit der modernen Gesellschaft als hegemonial herausbildende Vorstellung, dass Politik ebenso wie Öffentlichkeit und Ökonomie männliche Bereiche seien, Ausdruck einer neuen Geschlechterordnung.

> „[D]er Anspruch, Politik sei männlich, [markiert] eine neue Qualität gesellschaftlicher Selbstbeschreibung. Aus dem 18. Jahrhundert ist ein solcher Satz nicht überliefert; damals ging es vor allem um die ständische, sozial und rechtlich definierte Zuschreibung politischer Kompetenzen und Rechte. Daß Politik, hohe ganz besonders, von beiden Geschlechtern betrieben wurde, war den Zeitgenossen unmittelbar einsichtig. Die eminent politische Funktion adliger Frauen – als Salonièren, Ehefrauen oder Mätressen – stand außer Frage." (Ebd.: 129)

Diese Verwobenheiten des modernen Geschlechterverständnisses mit der Genese der modernen gesellschaftlichen Ordnung werden nachfolgend deutlich gemacht. Dazu werden in einem ersten Schritt die Veränderungen des Verständnisses von Geschlecht skizziert. Daran anschließend werden die Konsequenzen dieses neuen Geschlechterverständnisses einerseits für die androzentrische Definition von Öffentlichkeit, wie sie der bürgerlichen Gesellschaft immanent ist, sowie andererseits für die geschlechtliche Arbeitsteilung, die mit der Ausbreitung der kapitalistischen Produktionsweise einhergeht, aufgezeigt. Sowohl die geschlechtliche Grenzziehung zwischen Öffentlichkeit und Privatheit als auch diejenige zwischen Produktion und Reproduktion ist Teil der Genealogie des modernen westlichen Staates, da sie wesentlich dessen Ausgestaltung mitbegründeten. Ebenso erschließen sich die Aufgaben des Staates über die Aufrechterhaltung einer gesellschaftlichen Ordnung, für die die moderne Grenzziehung zwischen Öffentlichkeit und Privatheit und die geschlechtsspezifische Arbeitsteilung konstitutiv sind.

I.1 Die Erfindung der Geschlechterdifferenz

I.1.1 Die Ontologisierung von Geschlecht

Feministische Historiker_innen haben den Nachweis erbracht, dass die Vorstellung von Geschlecht als ontologischer Kategorie, wie sie bis heute hegemonial ist, erst im Laufe des 18. Jahrhunderts hervorgebracht wurde (u.a. Duden 1991a und 1991b; Hausen 1976; Honegger 1992; Laqueur 1996).

> „Über Tausende von Jahren hatte als Allerweltsweisheit gegolten, daß Frauen über dieselben Genitalien wie Männer verfügen, mit dem einzigen Unterschied, daß, wie Bischof Nemesius von Emesasés im 4. Jahrhundert formulierte, ‚ihre innerhalb und nicht außerhalb des Körpers sind'. […] Angesichts der jahrtausendealten Tradition des Westens sind erst seit letzter Woche Genitalien als Zeichen des Geschlechtsgegensatzes von Bedeutung." (Laqueur 1996: 16 und 37)

In seiner Studie *Auf den Leib geschrieben* legt Thomas Laqueur dar, dass von der klassischen Antike bis zum Ende des 17. Jahrhunderts innerhalb politischer, wissenschaftlicher und alltäglicher Diskurse die Vorstellung eines Ein-Geschlecht-Modells vorherrschend war. Demnach wurden Frauen eigentlich als Männer vorgestellt, die unvollständig geblieben waren. Ein Mangel an Hitze bewirkte, dass die Genitalien bei Frauen im Inneren des Körpers blieben und äußerlich nicht sichtbar waren: „In dieser Welt stellt man sich die Vagina als inneren Penis, die Schamlippen als Vorhaut, den Uterus als Hodensack und die Eierstöcke als Hoden vor" (ebd.: 17). Darüber hinaus zeigt Laqueur auf, dass jene Merkmale, die im 18. Jahrhundert zu geschlechtsspezifischen *wurden*, davor nicht als „Wahr-zeichen" (Bublitz 2001) *eines* Geschlechts galten:

> „Unzählige Berichte über Männer gibt es, von denen es heißt, daß sie Milch gaben, und Bilder vom Jesusknaben mit Brüsten. Aus Mädchen konnten Jungen werden, und Männer, die allzu häufig mit Frauen zusammen waren, konnten die Härte und Bestimmtheit ihrer perfekteren Körper verlieren und in die Verweiblichung regredieren." (Laqueur 1996: 20)

Weiblichkeit und Männlichkeit wurden innerhalb des Ein-Geschlecht-Modells als graduell verschieden aufgefasst, Geschlecht als soziale Position eines Menschen:

> „Ein Mann oder eine Frau zu sein, hieß, einen sozialen Rang, einen Platz in der Gesellschaft zu haben und eine kulturelle Rolle wahrzunehmen, nicht jedoch, die eine oder andere zweier organisch unvergleichlicher Ausprägungen des Se-

xus zu sein. Anders gesagt, vor dem 17. Jahrhundert war der Sexus noch eine soziologische und keine ontologische Kategorie" (ebd.: 20ff.).

Wenngleich es auch in vormodernen westlichen Gesellschaften eine Hierarchisierung der Geschlechter gab – galten Frauen doch als minderwertige oder schlechter entwickelte Männer –, war die Vorstellung, dass Männer und Frauen wesenhaft verschieden sind, nicht verbreitet.

Dieses Ein-Geschlecht-Modell wurde ab dem 18. Jahrhundert zunehmend von einem Zwei-Geschlechter-Modell abgelöst. Mit diesem setzte sich eine Naturalisierung von Geschlecht und eine unveränderbare Festlegung auf eines der beiden Geschlechter durch. Gesa Lindemann fasst die Fundamente des Zwei-Geschlechter-Modells wie folgt zusammen:

> „1. Eine Person gehört einem und nur einem Geschlecht an. 2. Eine Person gehört einem Geschlecht ein ganzes Leben an. Und 3. das Geschlecht hat eine körperliche Basis, d.h., wenn eine Person in einem Geschlecht lebt, darf ihr Körper nicht dem des anderen Geschlechts ähnlicher sein als dem Geschlecht, in dem sie lebt." (Lindemann 1997: 324)

Mit dieser neuen Deutung von Geschlecht galten Frauen und Männer fortan nicht nur bezogen auf spezifische körperliche Regionen und Funktionen und nicht nur als graduell, sondern als insgesamt und wesenhaft unterschiedlich. Von da an wurde Biologie insofern zum ‚Schicksal', als darin Grundlagen und Begründungen für Verhaltensweisen und Zuständigkeiten gesucht – und gefunden wurden. In diesem Zeitraum veränderte sich auch die Bedeutung von Geschlecht, da es nicht mehr „vorrangig oder gar ausschließlich im genealogischen Sinne gebraucht wird (‚Menschengeschlecht', das ‚Geschlecht der Hohenzollern')" (Frevert 1995: 51), vielmehr setzte es „sich allmählich flächendeckend als biologische Klassifikation durch" (ebd.). Die Definition von Geschlecht wurde im Zwei-Geschlechter-Modell eng an die Fortpflanzungsfähigkeit gebunden. Die für die generative Reproduktion notwendigen Genitalien erlangten so die Funktion des Signifikanten des ‚wahren' Geschlechts.

Stark angetrieben wurden diese veränderten Deutungsmuster durch die aufkommenden modernen Humanwissenschaften. Barbara Duden misst der Medizin hier eine herausragende Bedeutung bei. Die Herausbildung der neuen Geschlechtskörper konnte „erst durch das Monopol seiner Betreuung in letzter Instanz durch die Medizin" gelingen (Duden 1991a: 207). „Ohne ‚der' Medizin die Verantwortung für ‚die' Gesundheit zuzuschreiben, konnte es nicht zum modernen westlichen Körper kommen" (ebd.: 207f.). Hier nahmen insbesondere anatomische Studien eine wichtige Rolle ein, die bis ins 15. Jahrhundert verboten waren und bis ins 19. Jahrhundert nur unter strengen Auflagen durchgeführt werden durften. Mit der Verbreitung der Anatomie setzte sich die Vorstellung durch, aus den Körpern eine naturgegebene Wahrheit extrahieren zu können – nicht zuletzt die ‚Wahrheit' über ‚naturgegebene' geschlechtliche Unterschiede.

„[C]linical anatomy thus implies a radical transformation in the epistemological status of the body. It is a practice that consists in deciphering the body, transforming the organism into a text to be read and interpreted by a knowledgeable gaze." (Braidotti 1997: 72)

Die zunehmende „'Verwissenschaftlichung' der Begründungsversuche" (Honegger 1992: 2) machte die Annahme einer Ontologie der Geschlechterdifferenz immer mehr zu einem ‚Wahrheitsregime'. Dabei wurde der männliche, weiße, nicht-‚behinderte' Körper zur Norm, von der aus der weibliche Körper in seiner ‚Differenz' erforscht wurde. Die allgemeine Anthropologie bezog sich auf weiße, männliche, nicht-‚behinderte' Körper, während sich zugleich eine ‚Sonderanthropologie' für die Erforschung der Besonderheiten der Frau herausbildete. „Die Generalisierung des Mannes zum Menschen der Humanwissenschaften und die Besonderung der Frau zum Studienobjekt einer mit philosophischen, psychologischen und soziologischen Ansprüchen auftretenden medizinischen Teildisziplin" gehören zusammen (ebd.: 6). Denn erst das abweichende ‚Andere' des Weiblichen bringt das männlich Allgemeine hervor. Die Konstruktion eines als Norm gesetzten männlichen Körpers benötigt die Konstitution abweichender Körper, die Effekt von Vergeschlechtlichungsprozessen ebenso wie von Rassisierungs-, Sexualisierungs- und Behinderungsprozessen sind, die sich zeitgleich zur Entstehung einer ‚weiblichen Sonderanthropologie' herausbildeten (u.a. Collins 2004; Fausto-Sterling 2000; Grosz 1994; Habermann 2008; Kerner 2007; McClintock 1995; McRuer 2006; Shildrick 2009; Somerville 1994; Stoler 1995). Ina Kerner schreibt daher über die Parallelen von vergeschlechtlichenden und rassisierenden Diskursen über ‚naturgegebenen Differenzen':

„Die anthropologischen Wissenschaften dieser Zeit erwiesen sich als funktionale Strategien zur Begründung nicht nur männlicher, sondern auch europäischer bzw. weißer Dominanz; zu den zentralen Mitteln für diesen doppelten Zweck gehörte neben unterschiedlichen Varianten von Soma-Psyche-Ableitungen die Konstruktion von Analogien zwischen jenen (sich überschneidenden) Gruppen, die von weißen Männern abfallen sollten – ‚niedere Rassen' und Frauen." (Kerner 2007: 127; s.a. Mosse 1985: 170ff.)

Ebenso wurde das Phantasma eines ‚normalen' Körpers durch die Abgrenzung von jenen Körpern, die als ‚behindert' definiert wurden, erst im Verlauf des 19. Jahrhunderts hervorgebracht und stabilisiert (Davis 1995: 23ff.). Geschlecht, *race* und Behinderung erlaubten mithin – als wirkmächtige, durch ‚wissenschaftliche Erkenntnisse' legitimierte diskursive Konstrukte – Grenzziehungen zwischen ‚normalen' und abweichenden Körpern.

Gesellschaftlich fatal war, dass aus diesen körperlichen ‚Differenzen' wesenhafte Differenzen im Verhalten, Denken und Empfinden abgeleitet wurden. Aus der ‚natürlichen' Geschlechterdifferenz wurde eine naturgegebene weibliche Passivität und komplementär dazu eine naturgegebene männliche Aktivität abgeleitet (vgl. Fausto-Sterling 1988; Hausen 1976; Martin 1991). Die Inferiorität von Frauen wurde somit aus den Körpern erklärt und naturalisiert. Honegger zitiert u.a. aus Jakob Friedrich Fries‘ *Handbuch der Psychischen Anthropologie* von 1820: „Das weibliche Geschlecht ist der Regel nach, seiner Bestimmung zur Fortpflanzung der Menschen gemäß, reizbarer, schwächlicher, geschmeidiger als das männliche. Dem Manne gehören Kraft und That; das Weib ist stärker im Ertragen“ (zitiert nach Honegger 1992: 191). Aufgrund der zyklischen Veränderungen des weiblichen Körpers und der Möglichkeit einer Schwangerschaft wurde dieser zudem als potenziell unkontrollierbar gesehen. Dies wiederum hindere die Frau daran, ein souveränes (Besitz-)Verhältnis zu ihrem Körper zu etablieren, wie dies Männern zugeschrieben wurde. Auf der Basis der Vorstellung des weiblichen Körpers als unkontrollierbarem wurde Weiblichkeit mit Natur, Chaos, Emotionalität und Passivität verbunden, während Männlichkeit mit Kultur, Ordnung, Rationalität und Aktivität gleichgesetzt wurde.

I.1.2 Die Ontologisierung von Sexualität

Nicht nur die Vorstellung von Geschlecht wandelte sich ab dem 18. Jahrhundert fundamental, sondern auch die Vorstellung von Sexualität sowie dessen Bedeutung für die Definition des ‚Wesens‘ des Menschen. Michel Foucault zeigt in *Der Wille zum Wissen* auf, wie Sexualität innerhalb des modernen Sexualitätsdispositivs als innerster Kern, innere Wahrheit und Wesenseigenschaft entsteht. Statt von einer naturgegebenen Sexualität auszugehen, die mit der bürgerlichen Gesellschaft immer mehr unterdrückt wird, legt Foucault dar, dass die Vorstellung einer naturgegebenen Sexualität ebenso wie eines sexualisierten Subjekts erst durch Macht-Wissens-Verbindungen hervorgebracht wird. Durch die „diskursive Gärung, die sich seit dem 18. Jahrhundert beschleunigt hat“ (Foucault 1983: 24), die nicht zuletzt ähnlich wie das Zwei-Geschlechter-Modell durch das Aufkommen der Humanwissenschaften angetrieben wurde, wurde Sexualität zu *dem* authentischsten Element von Subjektivität und mithin zur ‚Natur‘ des Menschen.

Foucault identifiziert vier „große strategische Komplexe […], die um den Sex spezifische Wissens- und Machtdispositive entfalten“ (ebd.: 103): *Erstens* fand der Körper der Frau über dessen „*Hysterisierung*“ (ebd.) als vollständig durchdrungen von Sexualität Eingang in medizinische und sozialwissenschaftliche Diskurse (ebd.). In der Hysterisierung der Frauen spiegelt sich die weibliche Sonderanthropologie wider, wie Andrea Bührmann in Erweiterung von Foucault ausführt:

> „Der Mann stellte die Norm dar, während die Frau mit einer krankhaften Sondernatur versehen wird: Sie erschien im Gegensatz zum Mann von Natur aus als schwach, sensibel, emotional und – ganz anders als der Mann als geschlechtsloser Repräsentant des ‚Allgemein-Menschlichen‘ – völlig durchdrungen vom Geschlechtlichen. Ja, sie galt als eigentlich hysterisch.“ (Bührmann 1998: 91)

Ähnlich schreiben auch Hubert Dreyfus und Paul Rabinow:

> „Alle Elemente des entfalteten Sexualitätsdispositivs sind hier vorhanden: eine mysteriöse und alles durchdringende Sexualität von höchster Bedeutsamkeit sitzt allüberall im Körper; diese mysteriöse Präsenz trug der weibliche Körper in die analytischen Diskurse der Medizin hinein; durch diese medizinischen Diskurse werden sowohl die persönliche Identität der Frau als auch die zukünftige Gesundheit der Bevölkerung in ein gemeinsames Band aus Wissen, Macht und Materialität des Körpers verflochten." (Dreyfus/Rabinow 1987: 202)

Zweitens wurde in der „Pädagogisierung des kindlichen Sexes" (Foucault 1983: 104), vor allem in den Diskursen um kindliche Masturbation, die Vorstellung einer natürlichen und gefährlichen (früh-)kindlichen Sexualität produziert:

> „Tatsächlich ging es in diesem hundertjährigen Feldzug, der die Welt der Erwachsenen gegen den Sex der Kinder auf die Beine brachte, darum, sich auf diese geringfügigen Lüste zu stützen, sie zu Geheimnissen zu machen (das heißt sie zu zwingen, sich zu verstecken, damit man sie anschließend entdecken konnte)." (Ebd.: 46)

Drittens wurde durch die *„Sozialisierung des Fortpflanzungsverhaltens"* (ebd.) des Ehepaars die Naturalisierung von Sexualität eng an die Frage der Reproduktion gekoppelt. Die der Fortpflanzung dienliche eheliche Sexualität wurde zur natürlichen Form der Sexualität, während alle andere Praktiken – Onanie, kindliche Sexualität sowie das breite Feld aller nicht-heterosexuellen ‚Perversionen' – zu Abweichungen wurden. Zugleich wurde die zur Norm erhobene eheliche, auf Fortpflanzung ausgerichtete Sexualität immer mehr mit einem Schleier des Schweigens und der Diskretion bedeckt:

> „Das Ehepaar mit seiner ordentlichen Sexualität besitzt einen Anspruch auf Diskretion. Es geht allmählich dazu über, wie eine Norm zu funktionieren, strenger vielleicht, aber auch verschwiegener. Umgekehrt wird nun die Sexualität der Kinder, der Irren und Kriminellen verhört, die Lust derer, die nicht das andere Geschlecht lieben, die Träumereien und Zwangsvorstellungen, die kleinen Manien und die großen Leidenschaften." (Ebd.: 43)

Ähnlich wie in der Dynamik zwischen der als Norm gesetzten männlichen ‚allgemeinen' Anthropologie und der weiblichen Sonderanthropologie wurde über die ‚normale' Sexualität weitgehend geschwiegen, während die ‚Abweichungen' zunehmend thematisiert, erforscht, kategorisiert und klassifiziert wurden.

Viertens wurde durch die *„Psychiatrisierung der perversen Lust"* (ebd.: 104) einerseits die Vorstellung von Sexualität als Trieb durchgesetzt, der sowohl auf gesunde und natürliche als auch auf ‚perverse' Art ausgelebt werden kann. Andererseits wurde durch die Diskurse zur Psychiatrisierung der ‚perversen Lüste' die Vorstellung wirkmächtig, dass das Sexualverhalten die Persönlichkeit in ihrer Gesamtheit gestaltet. Durch das Zusammenschweißen von ‚Sexualtrieb' und der ‚Natur' des Subjekts setzte sich ein neues Verständnis von Menschen mit ‚abweichendem Sexualverhalten' durch: Homosexualität bildete sich als Identitätskategorie heraus und löste damit die Vorstellung von Homosexualität als spezifischem Verhalten ab:

> „Der Homosexuelle des 19. Jahrhunderts ist zu einer Persönlichkeit geworden, die über eine Vergangenheit und eine Kindheit verfügt, einen Charakter, eine Lebensform, und die schließlich eine Morphologie mit indiskreter Anatomie und möglicherweise rätselhafter Physiologie besitzt. Nichts von all dem, was er ist, entrinnt seiner Sexualität. [...] Der Sodomit war ein Gestrauchelter, der Homosexuelle eine Spezies." (Ebd.: 47)

Die Konstruktion, dass Sexualität „mit einer unerschöpflichen und polymorphen Kausalmacht ausgestattet ist" (ebd.: 69), machte sie ebenso wie Geschlecht in modernen westlichen Gesellschaften zum bestimmenden Faktor für das Wesen eines Menschen, „als würde sie über Subjektivität und Identität erschöpfend Auskunft geben" (Brown 2000: 275). So wie Geschlecht zur naturgegebenen ontologischen Größe wurde, setzte sich auch die Vorstellung einer sexuellen Natur des Menschen durch. Die Natur wurde damit zum Referent, zur Wahrheit für Geschlecht und Sexualität.

Das Sexualitätsdispositiv kann als Selbstaffirmation der bürgerlichen Klasse interpretiert werden und nicht als Mittel der Unterdrückung der „auszubeutenden Klassen" (Foucault 1983: 121). Die „rigorosesten Techniken [des Sexualitätsdispositivs, GL] wurden zunächst in den ökonomisch privilegierten und politisch führenden Klassen entwickelt und vor allem mit der größten Intensität eingesetzt" (ebd.: 118). In der bürgerlichen Familie wurde

> „die Sexualität der Kinder und Heranwachsenden zum ersten Mal problematisiert; in ihr wurde die weibliche Sexualität medizinisiert, sie wurde zuerst wegen der möglichen Pathologie des Sexes, wegen der Dringlichkeit seiner Überwachung und der Notwendigkeit einer rationellen Besserungstechnologie alarmiert" (ebd.: 118f.).

Erst nach und nach wurde das Sexualitätsdispositiv auf die lohnarbeitende Klasse ausgeweitet (ebd.: 120).

Ebenso ist das Sexualitätsdispositiv eine weiße Selbstaffirmation. Die souveräne Kontrolle des ‚Sexualtriebs' und dessen diskretes Ausleben im ehelichen Schlafzimmer wurde zu einem wichtigen diskursiven Element von Weiß-Sein, während die imaginierte Unzulänglichkeit der nicht-weißen ‚Wilden', ihre Sexualität zu zügeln, und die imaginierte Verbreitung der Perversionen bei den ‚Unzivilisierten' zu einem wichtigen Element in der rassisierenden Abwertung kolonialisierter Menschen wurde, wie Ann Stoler aufzeigt:

> „The nineteenth-century discourse on bourgeois sexuality may better be understood as a recuperation of a protracted discourse on race, for the discourse on sexuality contains many of the latter's most salient elements. That discourse on sexuality was binary and contrastive, in its nineteenth-century variant always pitting that middle-class respectable sexuality as a defense against an internal

and external other that was at once essentially different but uncomfortably the same. The contaminating and contagious tropes of nineteenth-century sexual discourse were not new: they recalled and recuperated a discourse that riveted on defensive techniques for ‚constant purification'." (Stoler 1995: 193)

Stoler legt dar, wie die vier von Foucault als „große strategische Komplexe" identifizierten Elemente (Foucault 1983: 103) – die Hysterisierung des weiblichen Körpers, die Pädagogisierung des kindlichen Sexes, die Sozialisierung des Fortpflanzungsverhaltens und die Definition abweichender Lüste als pervers – in der Figur des kolonialisierten ‚Wilden' zusammenliefen. In dieser fanden sich alle Abweichungen von der ‚normalen' Sexualität wieder: Die ‚primitiven Wilden' wurden konstruiert als ein von Instinkten getriebenes Kind, als anfällig für Hysterie, als unfähig zur Familienplanung und als potenziell pervers und nicht in der Lage, den Sexualtrieb qua moralischen Erwägungen zu bezwingen (Stoler 1995: 6ff.). Ähnlich wie Stoler hebt auch Fatima El-Tayeb hervor, dass nur

> „Weißen die Fähigkeit zugestanden [wurde], ihre sexuellen Instinkte zu domestizieren und durch diesen Akt der ‚Reinigung' eine zivilisierte Ordnung aus dem Chaos der Triebe schaffen zu können. Alle anderen ‚Rassen' versagten in dieser Beziehung, besaßen daher per definitionem eine ‚abweichende' Sexualität. AsiatInnen wurden mit sexueller Dekadenz assoziiert, JüdInnen mit einer natürlichen Neigung zur ‚Perversion'. Die ‚schwarze Rasse' dagegen verband der westliche Diskurs mit sexueller Aggression (was umgekehrt – bis in die Gegenwart hinein – die besondere Aggressivität gegenüber Schwarzen rechtfertigte)." (El-Tayeb 2003: 130f.; s.a. Somerville 1994)

Diese macht- und gewaltvollen Zuschreibungen ermöglichten erst als Abgrenzungsfigur die Herausbildung einer ‚normalen', bürgerlichen, weißen, westlichen Sexualität.

I.1.3 Die Ontologisierung einer gesellschaftlichen Ordnung

Die sich ab dem 18. Jahrhundert durchsetzenden neuen Vorstellungen über Geschlecht und Sexualität können keineswegs als Resultat eines wissenschaftlichen ‚Fortschritts' interpretiert werden, wonach es mittels moderner Humanwissenschaften zu dieser Zeit gelungen wäre, die ‚Wahrheit' über Geschlecht und Sexualität freizulegen. Vielmehr sind diese Erkenntnisse auf spezifische epistemologische und politische Macht-Wissens-Konstellationen zurückzuführen (vgl. Laqueur 1996: 23ff.). Die *epistemologischen* Veränderungen resultierten aus der sich durchsetzenden Säkularisierung der gesellschaftlichen Ordnung: Konsequenterweise wurden Körper nicht mehr länger als innerhalb einer göttlichen Ordnung gegeben gesehen, sondern konnten neu erforscht und ergründet werden. An die frei werdende Stelle religiöser Wahrheitsinstanzen traten die sich gerade herausbildenden modernen Humanwissenschaften (Foucault 1988; s.a. Klinger 1996: 106ff.). Die neue säkularisierte Erkenntnistheorie

> „spürte nicht mehr Entsprechungen zwischen Mikro- und Makrokosmos nach und versuchte auch nicht mehr, das Geschlechterverhältnis aufgrund spekulativer Analogien zu beschreiben. Da die unterschiedlichen sozialen Rollen nicht mehr mit der Analogie zu einer irgendwie gearteten höheren Ordnung begründet werden konnten, begann man die Geschlechterhierarchie mit der fundamental unterschiedlichen biologischen und damit nicht gesellschaftlich produzierten Ausrüstung zu legitimieren" (Bührmann 1995: 40f.; s.a. Klinger 1996: 98ff.).

‚Wahrheiten' über die ‚Natur' von Körpern wurden so zur entscheidenden Begründung der neuen säkularen gesellschaftlichen Ordnung.

Diese epistemologischen Veränderungen sind eng verwoben mit den *politischen* Veränderungen: Die moderne Gesellschaft stellte in ihrem Selbstverständnis die Gleichheit aller Menschen ins Zentrum, sodass Ungleichheit fortan unter einer neuen Legitimationsnotwendigkeit stand (Klinger 1996: 101). Die Umdeutung der Körper in wesenhaft verschiedene männliche und weibliche bot eine Möglichkeit, das Gleichheitspostulat aufrechtzuerhalten, da geschlechtliche Ungleichheiten als naturgegebene Tatsachen aus dem Radius der Gleichheit ausgeschlossen werden konnten. Die Annahme einer naturgegebenen biologischen Geschlechterdifferenz wurde so zur Grundlage für soziale Geschlechterungleichheiten, die jedoch, gerade weil sie als naturgegeben vorgestellt wurden, nicht mit dem Selbstverständnis der modernen Gesellschaft als auf Gleichheit basierend interferierten. Man „erfand zwei biologische Geschlechter, um den sozialen eine neue Grundlage zu geben" (Laqueur 1996: 173).

Das Argument der Natur war somit, wie Cornelia Klinger heraushebt, von Beginn an ein doppelbödiges: Einerseits bildete sich die moderne Gesellschaft nicht zuletzt in Abgrenzung zur feudalen Gesellschaft heraus, indem auf die ‚naturhafte' Gleichheit aller Menschen verwiesen wurde. Andererseits wurden Ausschlüsse aus dieser Gleichheit ebenso qua Natur legitimiert:

> „Die Natur wird hier zum Unterscheidungskriterium zwischen abzuschaffenden und aufrecht zu erhaltenden Unterdrückungsformen. Auf diese Weise gelingt es, den Widerspruch zwischen der Idee der Gleichheit aller Menschen und der Ungleichheit der Geschlechter [...] zu versöhnen. Beides, sowohl Gleichheit als auch Ungleichheit gelten nun als ‚natürlich'." (Klinger 1996: 106)

I.2 Die Erfindung der Geschlechterdifferenz und die Grenzziehung zwischen Öffentlichkeit und Privatheit

Die Erfindung einer naturgegebenen Geschlechterdifferenz stellte für das Verständnis von Öffentlichkeit und Privatheit sowie für die Grenzziehung, die sich zwischen den beiden ab dem Ende des 18. Jahrhunderts in westlichen Gesellschaften herausbildete, eine konstitutive Vorbedingung dar. Die moderne Öffentlichkeit etablierte sich mit der Genese der europäischen Nationalstaaten ab dem Ende des 18. Jahrhunderts und stellte einen kritischen Gegenentwurf zur repräsentativen Öffentlichkeit der feudalen Gesellschaften dar. Als bürgerliche Öffentlichkeit verstand sie sich zunächst als literarische und übernahm erst in einem zweiten Schritt explizit politische Funktionen – als Sphäre der kritischen öffentlichen Meinungsbekundung und des Austausches, die später auf Gerichte und das Parlament ausgeweitet wurde (vgl. dazu Habermas 1990: 88ff.). Sabine Lang erklärt die Entwicklung der bürgerlichen modernen Öffentlichkeit zur *politischen* aus drei historischen Entwicklungen:

> „Die als Teilbereich frühliberaler Bürgerkultur entstehende politische Öffentlichkeit war *erstens* das Resultat moderner Demokratiebewegungen mit ihren Forderungen nach Presse- und Versammlungsfreiheit; *zweitens* war sie Konsequenz modernisierter Staatstätigkeit, die mit Hilfe von Zeitungen, politischen Flugschriften und Versammlungen Legitimation für das eigene Handeln organisierte; und *drittens* war sie Ausdruck der Kapitalisierung von Sozialbeziehungen, in deren Folge neue Ansprüche von Kapitaleignern in Bezug auf öffentliche Darstellung und Beteiligung gestellt wurden." (Lang 2004: 66)

Als Pendant zu dieser neuen Form „politisch fungierender Öffentlichkeit" (Habermas 1990: 142), die zunehmend den „normativen Status eines Organs der Selbstvermittlung der bürgerlichen Gesellschaft" (ebd.) beanspruchte, bildete sich die Sphäre des Privaten als Bereich des Intimen und der Familie heraus. Öffentlichkeit wurde als allgemein, rational und apersonal konzipiert, während die Privatheit das Natürliche, die Emotionen, Beziehungen, Familie, Sexualität und Intimität umfasste. Dabei setzte sich zunehmend eine Vorstellung durch, wonach das Öffentliche als politisch und das Private als naturhaft und vor-politisch galt (Elshtain 1981).

Das Verdienst feministischer Wissenschaftler_innen besteht darin, die konstitutive Bedeutung von Geschlecht für diese Konzeption von Öffentlichkeit und Privatheit aufgezeigt zu haben (u.a. Elshtain 1981; Pateman 1988; Lang 2004; Rosenberger 1998b). Denn mit der Politisierung der Öffentlichkeit kam es auch zu deren Maskulinisierung. Die Herausbildung der bürgerlichen politischen Öffentlichkeit war explizit mit einem Ausschluss von Frauen verbunden. Während an der „literarische[n] Vorform der politisch fungierenden Öffentlichkeit" (Habermas 1990: 88) sowohl Frauen als auch Männer teilnahmen, wurde die Öffentlichkeit als *politische* immer mehr zur Sphäre der *Bürger* – und als Bürger galten nur weiße, lange Zeit auch nur besitzende Männer. Frauen wurde abgesprochen, autonom, souverän und vernunftbegabt zu sein. Die bürgerliche Öffentlichkeit wurde somit der Rhetorik und dem Anspruch nach immer mehr zu einer Sphäre der Partizipation und Transparenz, während parallel dazu der Ausschluss von Frauen immer rigoroser ausfiel (Hausen 1992).

Die vorgeblich ‚naturgegebenen' Geschlechterdifferenzen und die aus der körperlichen ‚Natur' abgeleitete geistige Unterlegenheit lieferten die Legitimation für den Ausschluss von Frauen, der sich durch die gesamte neuzeitliche Politische Theorie zieht, wenngleich die einzelnen Begründungen eine beachtliche Bandbreite aufweisen. Immanuel Kant begründet die Ungleichheit der Geschlechter mit der „natürliche[n] Überlegenheit des Vermögens des Mannes über das weibliche in Bewirkung des gemeinschaftlichen Interesses des Hauswesens" (Kant 1990: 128). Daraus leitet Kant das „Recht zum Befehl" (ebd.) und den Ausschluss von Frauen aus dem Staatsbürgerstatus ab. Dieser setzt

> „die Selbständigkeit dessen im Volk voraus, der nicht bloß Teil des gemeinen Wesens, sondern auch Glied desselben, d.h. aus eigener Willkür in Gemeinschaft mit anderen handelnder Teil desselben sein will [...]. Dienstboten, alles Frauenzimmer und überhaupt jedermann, der nicht nach eigenem Betriebe, sondern nach der Verfügung anderer genötigt ist, seine Existenz zu erhalten, entbehrt der bürgerlichen Persönlichkeit, und seine Existenz ist gleichsam nur Inhärenz" (ebd.: 171).

Für Jean-Jacques Rousseau sind ebenso nur „der gute Sohn, der gute Gatte, der gute Vater" diejenigen, die „den guten Bürger" ausmachen (Rousseau 1963: 730). Dies begründet er damit, dass Frauen zu sehr an ihren Körper gebunden und deshalb nicht fähig wären, an politischen Aktivitäten in der Öffentlichkeit teilzunehmen:

> „Es gibt keine Gleichartigkeit zwischen den beiden Geschlechtern im Hinblick auf das Geschlechtliche. Der Mann ist nur in gewissen Augenblicken Mann, die Frau ist ihr ganzes Leben lang Frau, oder wenigstens während ihrer ganzen Jugend; alles erinnert sie unablässig an ihr Geschlecht, und um dessen Funktionen richtig zu erfüllen, braucht sie die entsprechende Körperbeschaffenheit." (Ebd.: 719ff.)

Darüber hinaus müssen sich Frauen nach Rousseau aus der Öffentlichkeit fernhalten, um ihre ‚ureigensten Fähigkeiten', ihre soziale, selbstaufopferende Haltung nicht zu gefährden. Zur Bewahrung der weiblichen Tugenden, die die Grundlage der Erziehung der zukünftigen Bürger sei, sollten Frauen nicht an der korrupten Marktgesellschaft und Öffentlichkeit teilnehmen. Zugleich findet sich bei Rousseau wiederholt die Befürchtung, dass die angeblich bedrohliche weibliche Sexualität auch zur Bedrohung der Ordnung der Öffentlichkeit werden könnte, würden Frauen nicht von dieser ausgeschlossen werden.

Trotz dieser Anstrengungen von politischen Theoretikern und Philosophen, den Ausschluss von Frauen mit Rekurs auf ‚Logik' oder ‚Natur' zu begründen, war das Konstrukt „Homo politicus – Femina privata" (List 1986) nie ein historisches Faktum, sondern vielmehr ein wesentliches Element maskuliner (Herrschafts-)Rhetorik. So hebt Karin Hausen hervor, dass es sich hierbei um Zuschreibungen handelt, die „nicht gleichzusetzen [sind] mit Verhaltensweisen, Handlungen und Erfahrungen des täglichen Lebens" (Hausen 1990: 269). Frauen waren zu jeder Zeit immer auch öffentlich präsent:

> „Frauen waren sowohl in der Französischen Revolution als auch in den deutschen Bürgerkriegen an Herstellung und Verbreitung des politischen Schrifttums beteiligt. Frauen demonstrierten, sie betrieben aktiven und passiven Widerstand gegen repressive Staatsstrukturen, Frauen agitierten und fanden sich in eigenen Vereinsformen zusammen." (Lang 1995: 91; ähnlich Appelt 1999: 75)

Dies wurde jedoch entweder in der offiziellen Geschichtsschreibung ignoriert oder aber „nicht politisch gewertet, sondern als Kontinuität familiärer Mutterpflichten gedeutet" (Lang 1995: 91). Besonders zum Ausdruck kommt dies in der Umdeutung von politischem Widerstand von Frauen gegen Kriege: Diese wurden in der hegemonialen politischen Rhetorik und Geschichtsschreibung insofern privatisiert und ihrer politischen Dimension entleert, als dieses Engagement von Frauen auf ihre ‚private' und ‚emotionale' Sorge um ihre Soldatensöhne reduziert wurde.

Nicht nur qua Geschlecht wurden Menschen aus der vermeintlich allgemeinen Öffentlichkeit ausgeschlossen. In die Geschichte der modernen westlichen Öffentlichkeit sind ebenso Ausschlüsse qua Klasse, *race* und ‚Behinderung' eingeschrieben (Bratić/Johnson-Arthur/Ponger/Sternfeld/Ziaja 2006; Davis 1985; Kraft 1994; Lister 1997; Sulzbacher 2007). So galten lange Zeit auch Arbeiter nicht als Bürger, da sie nicht über den notwendigen Besitz verfügten. Ebenso wurde ‚behinderten' Menschen der Bürger_innenstatus abgesprochen. So schrieb bereits John Locke Menschen, die er als außerhalb des „gewöhnlichen Verlauf[s] der Natur" stehend definierte (Locke 1977: 236), die Fähigkeit ab, politische Bürger_innen sein zu können. *„Geisteskranke"* und *„Idioten"* (ebd.) seien daher aus dem Kreis der politischen Subjekte auszuschließen. Insbesondere durch die Gleichsetzung von ‚gesunden Bürgern' und einer ‚gesunden Nation' galten Menschen mit ‚Behinderung' als auszuschließende Bedrohung. Schließlich wurden auch nicht-weiße Menschen als nicht-vernunftbegabt konstruiert und somit aus der hegemonialen Öffentlichkeit ausgeschlossen. Immanuel Kant (1990) sprach nicht nur weißen Frauen und nicht-besitzenden Menschen ab, als politische Subjekte Teil der Öffentlichkeit sein zu können, sondern ebenso Schwarzen Menschen (Kant 1968). Kant operierte mit einem biologistischen „Rasse"begriff, weshalb Charles W. Mills Kant auch als „father of the modern concept of race" interpretiert (Mills 1997: 70). Die Rassifizierung von Körpern diente Kant zur Legitimation der Annahme, dass in der ‚biologischen Natur' Unterschiede angelegt seien, die dazu führen würden, dass nur weiße Menschen sich aus dem Zustand der Unmündigkeit befreien und den Status des Menschlichen erreichen könnten. Schwarzen Menschen sprach Kant die Fähigkeit der Autonomie und dementsprechend die Kompetenz ab, eine politische Öffentlichkeit und eine bürgerliche Verfassung zu etablieren.

Über die Konstruktion Geschlecht wurden – ebenso wie über *race*, Klasse und Behinderung – nicht nur Ausschlüsse von der bürgerlichen Öffentlichkeit geregelt. Geschlecht – als intersektionale Kategorie – ist darüber hinaus *konstitutiv* in die Ausgestaltung der modernen Öffentlichkeit und in die Grenzziehung zu jener als privat bezeichneten Sphäre eingeschrieben. Die Vergeschlechtlichung von Öffentlichkeit und Privatheit ermöglichte erst, dass diese beiden Sphären als komplementäre gegeneinander abgesichert werden konnten: Denn die weiße Maskulinisierung der Öffentlichkeit als Sphäre der Allgemeinheit und Rationalität setzte die Feminisierung der Privatheit als Sphäre der Emotionen, Familie, Sexualität und Intimität voraus. Nur indem die Bedürftigkeit von Menschen, ihre Verwiesenheit auf soziale Beziehungen, sozialen Rückhalt, Pflege und Emotionalität in das Private verbannt wurden, konnte die Sphäre der Öffentlichkeit eine werden, in der all diese sozialen und emotionalen Bedürfnisse als nicht vorhanden oder irrelevant ausgeschlossen werden können. Das Phantasma des liberalen Subjekts, das in der Öffentlichkeit als autonomes, souveränes, beziehungsloses und rationales agiert, konnte nur durch die Privatisierung der sozialen und emotionalen Reproduktion möglich werden, die vor allem von Frauen übernommen wurde, was wiederum aus deren ‚natürlicher' Bestimmung als Mütter und Ehefrauen abgeleitet wurde.

Durch diese vergeschlechtlichte Abtrennung kann in der Sphäre der Öffentlichkeit vergessen werden,

> „dass auch das autonome liberale Individuum irgendwo sozialisiert werden muss; diese Individuen sprießen eben nicht, wie Hobbes meinte, wie ‚Pilze aus dem Boden', sondern müssen in einem zeitlich, physisch und emotional relativ aufwendigen Prozess erzogen [...] werden" (Rössler 2001: 107).

Ähnlich schreibt auch Cornelia Klinger, dass in der maskulinistischen Ausgestaltung der Öffentlichkeit verborgen bleibt, „dass das autonome, souveräne ‚öffentliche' Subjekt in seiner Konstituierung und Funktion abhängt von der Privatsphäre, von der Familie und von der Beziehungs- und Reproduktionsarbeit, die hauptsächlich Frauen in dieser Sphäre erbringen" (Klinger 1994: 123).

Um die Vergeschlechtlichung der Grenzziehung von Öffentlichkeit und Privatheit fassen zu können, schlägt Birgit Sauer den Begriff des „liberalen Trennungsdispositivs" vor (Sauer 2001: 184), „das die beiden Sphären polarisiert, hierarchisiert, geschlechtlich kodiert und den gesellschaftlichen Institutionen eindeutig zuordnet" (ebd.: 187). Statt als Orte werden Öffentlichkeit und Privatheit in der feministischen Kritik deshalb als „Zuschreibungen an bestimmte Handlungsfelder und Kommunikationsstrukturen" (Lang 1995: 83) und damit als politische Konstruktionen verstanden.

Die Trennung von Öffentlichkeit und Privatheit weist zugleich einen eurozentrischen und rassistischen Subtext auf: Die Konstruktion des „homo politicus – femina privata" (List 1986) ist nicht nur eine eurozentrisch-weiße, da Schwarze Männer und kolonisierte Männer nicht als politische Subjekte galten, sondern auch, da die Zuweisung der Privatheit an Frauen sich auf weiße Frauen bezog. Wie unter anderem Angela Davis (1982: 10f.) und Hortense J. Spillers

(1987) gezeigt haben, wurde versklavten Schwarzen Frauen nicht die Sphäre der Privatheit und Häuslichkeit zugeschrieben, da gerade hierin eine Differenz zwischen weißen und Schwarzen Frauen gemacht wurde. Spillers gelangte daher zu dem Schluss, dass der gewaltvolle Prozess des „degendering" ein grundlegendes Element von Versklavung ist (Spillers 1987: 72). Als Sklav_in „one is neither female, nor male, as both subjects are taken into ‚account' as quantities" (ebd.: 72). Die Grenzziehung zwischen Öffentlichkeit und Privatheit trägt daher androzentrische wie eurozentrisch-rassifizierende Logiken in sich.

Unter der Bedingung, dass Öffentlichkeit und Privatheit zu keiner Zeit einfach vor- und auffindbare Orte einer Gesellschaft waren, rückt die Frage ins Zentrum, unter welchen Bedingungen „ein Raum, eine Aktion, ein Diskurs als öffentlich oder privat *wahrgenommen* wird" (ebd.). Dabei dient Geschlecht als Möglichkeit, „diese ungenauen Dimensionen durch ihre Vergeschlechtlichung" (Sauer 2001: 184) zu vereindeutigen: „Der öffentliche politisch-staatliche Raum ist ebenso wie die ökonomische ‚Privatsphäre' männlich markiert, während die Privatheit als jener Raum definiert ist, der Frauen zugestanden wird und nachrangig zu behandeln ist" (ebd.). Das „liberale Trennungsdispositiv" (ebd.) als patriarchales Herrschaftsinstrument naturalisiert gesellschaftliche Zuweisungen von Tätigkeiten und Aufgaben durch den Ausschluss von Emotionalität, Chaos, Bindungen und Sexualität aus der Sphäre der Öffentlichkeit. Damit wird die Dichotomie von öffentlich und privat zu einem „Organisations- und Wahrnehmungsmuster von Realität, von Politik und Gesellschaft. Öffentlich und privat sind ordnende Konzepte, die soziale Beziehungen regulieren, die erlauben, verbieten, gestatten" (Sauer 1997a: 37).

Dieser Ausschluss des ‚Irrationalen' kehrte jedoch nicht zuletzt als „Furcht vor einer unkontrollierbaren öffentlichen Sphäre" als wiederkehrendes Motiv in die „politische Ideengeschichte des 18. und 19. Jahrhunderts" zurück: „Im jeweiligen theoretischen Zuschnitt sollte Öffentlichkeit überschaubar, durchsichtig und berechenbar bleiben – Strukturen, die, darin waren sich die Theoretiker einig, durch die Präsenz von Frauen konterkariert würden" (Lang 1995: 90f.; vgl. ähnlich Young 1994: 73).

Dass die Regulierung und Normierung von Sexualität eine zentrale Bedeutung in der ordnenden Grenzziehung zwischen Öffentlichkeit und Privatheit einnimmt, haben vor allem queer-feministische Arbeiten deutlich gemacht (Berlant/Warner 2005; Duggan 2000; El Tayeb 2011: 121ff.). So hat sich die hegemoniale bürgerliche Öffentlichkeit nicht nur durch die Vergeschlechtlichung von Privatheit, sondern auch „durch die Privatisierung von Sex und die Sexualisierung der privaten Person konstituiert" (Berlant/Warner 2005: 94). Privatheit und Intimität, die ihren Ort in der heteronormativen Familie zugesprochen bekommen, fungieren als das

> „ewig zitierte *Anderswo* des politischen öffentlichen Diskurses, der versprochene Zufluchtsort, der die Bürger von den ungleichen Bedingungen ihres politi-

> schen und ökonomischen Lebens ablenkt, sie über die beschädigte Menschlichkeit der Massengesellschaft hinwegtröstet und sie für jede Diskrepanz beschämt, die zwischen ihrem Leben und der angeblich einfache Personalität konstituierenden Intimsphäre auftritt" (ebd.: 85).

Dieser Bereich der Intimität wird erst durch öffentlich vermittelte Wissens- und Wahrheitsregime über Sexualität, Begehren und Emotionen zum Pendant der Öffentlichkeit. Nicht nur weißer Maskulinismus, sondern auch Heteronormativität ist somit eine wirkmächtige ordnende Kraft in der Herstellung einer gesellschaftlichen Ordnung, die Rationalität als Teil der Öffentlichkeit und Begehren, Bedürfnisse und Beziehungen als Teil von Privatheit definiert.

Die Grenzziehung von Öffentlichkeit und Privatheit ist jedoch keine starre und a-historische Konstruktion. Sie ist „Ergebnis sozialer Auseinandersetzungen und Ausdruck gesellschaftlicher Kräfte- und Machtverhältnisse" (Sauer 2001: 187) und daher auch historisch wandelbar, wie dies u.a. die Frauen-, Lesben- und Schwulenbewegungen der 1970er und 1980er Jahre gezeigt haben. Gerade in der radikalen Zurückweisung, dass geschlechtliche und sexualisierte Unterdrückungs-, Ausbeutungs- und Gewalterfahrungen ‚privat', ‚naturgegeben' oder vor-politisch seien, lag ein wesentliches Politisierungsmoment. Diese Kämpfe gegen privatisierte, nicht entlohnte und unsichtbare Haus- und Reproduktionsarbeit, gegen die ‚Privatisierung' von Gewalt in Beziehungen sowie gegen den Ausschluss von nicht-heterosexuellen Lebens- und Liebesformen resultierten letztlich auch in einer Veränderung der Grenzziehungen zwischen Öffentlichkeit und Privatheit.

I.3 Die Erfindung der Geschlechterdifferenz und die Trennung von Produktion und Reproduktion

Die Erfindung der modernen Geschlechterdifferenz war nicht nur für die Konstruktion von Öffentlichkeit und Privatheit, sondern auch für die Durchsetzung der geschlechtsspezifischen Arbeitsteilung im Rahmen der Ausbreitung der kapitalistischen Produktionsweise eine entscheidende Voraussetzung. Mit der ursprünglichen Akkumulation wurden die Bereiche der Produktion und Reproduktion getrennt und komplementär und hierarchisch angeordnet: Erstere ist entlohnt und durch einen Arbeitsvertrag reguliert, letztere unbezahlt und durch familiäre – private – Beziehungen strukturiert. Auch diese Trennung zwischen Produktion und Reproduktion wird durch Geschlecht vereindeutigt:

> „Während in vormodernen Verhältnissen der Mann als pater familias sowohl die dominierende Rolle im Haus innehatte, als auch an der öffentlichen Sphäre teilnahm (wiewohl in je nach gesellschaftlicher Stellung sehr verschiedenem Maße), wird nun, indem der Mann, der Ausgliederung der Produktion aus dem häuslichen Bereich folgend, das Haus verläßt, die Frau zur eigentlichen Repräsentantin des Hauses." (Klinger 1990: 108)

Mit der Verbreitung des Kapitalismus werden Männer zu Familienernährern und Frauen zu Hausfrauen, die für die Versorgung und Verpflegung der Ehemänner, die Erziehung der Kinder und die Pflege der alternden Generationen zuständig sind. Über die Ehe wird diese Arbeitsteilung institutionalisiert und die zwei komplementären Geschlechtscharaktere fügen sich zu einem Ganzen zusammen: Die emotionalisierte Frau bekommt zeitlebens einen rationalen Begleiter und der rationalisierte Mann eine emotionale Stütze zur Seite gestellt. Während diese Konstruktion den Mann dazu befähigt, in die Welt zu ziehen und das familiäre Heim als Rückzugs- und Regenerationsort im Hintergrund zu haben, soll die Ehefrau in der Sorge um ihren Ehemann ihr Glück finden. Diese Zuschreibungen werden durch das ‚Wesen der Geschlechter' naturalisiert. So findet sich beispielweise in der *Deutschen Encyclopädie* von 1785 dazu:

> „Der Mann, welcher von Natur mehr Stärke hat, ist geschickt zu harter Arbeit und Feldverrichtungen, so wie die Frau zu ruhigen Beschäftigungen und besonders zur Pflegung der Kinder. Der Mann hat mehr Thätigkeit und Feuer als das Weib, er ist kühn und stark und schickt sich zu einem Beschützer, da im Gegentheil die Frau, welche zart und furchtsam ist, eines Schutzes bedarf." (zitiert nach Frevert 1995: 48)

Die Herausbildung der geschlechtlichen Arbeitsteilung ging einher mit einem bedeutungsvollen Wandel der Familie von einer Wirtschaftsgemeinschaft hin zum Ort der Intimität und Privatheit (Hausen 1990: 280f.). Gisela Bock und Barbara Duden zeigen nachdrücklich auf, wie mit der Moderne die feudale Hausgemeinschaft immer mehr zur bürgerlichen Kernfamilie schrumpfte und sich in diesem Kontext die Rolle der Hausfrau und der Mutter entwickelte (Bock/Duden 1977). Vor diesem Hintergrund entstanden neue Arbeitsaufgaben innerhalb des Haushaltes, die von der (Ehe-)Frau als „Hüterin des Hauses" (Klinger 1990: 108) übernommen wurden: Die Verantwortung für die Reinheit, Schönheit und Ansehnlichkeit des Heims wurde zur Aufgabe der Frau als Hausfrau, die Erziehung der Kinder und die Vermittlung von gesellschaftlichen Tugenden und Werten zur Aufgabe der Frau als Mutter. Beide ‚Notwendigkeiten' ergaben sich erst durch die Neuvermessung der Familie als Ort des emotionalen Zuhauses, das sich in Abgrenzung zur Sphäre der Lohnarbeit herausbildete. Erst dadurch entstand überhaupt die Hausarbeit, deren Ziel auch die Herstellung von Geborgenheit im eigenen Heim ist. Die Mutterrolle wiederum ergab sich aus der Veränderung der Kindheit, die im 19. Jahrhundert zu einer eigenen Lebensphase wurde; davor galten Kinder als kleine Erwachsene. Die Erfindung der Kindheit verlangte den Schutz und die spezifische Betreuung durch liebende, geduldige, sanfte Wesen – Attribute, die im aufkommenden bürgerlichen Mutterbild zusammenflossen. Bewusste Erziehungspraktiken, Stillen, Schlaflieder, Reinlichkeitserziehung, moralische Erziehung, Kinderspiele und „‚mütterliches Eingehen'" (Bock/Duden 1977: 134) wurden so erst im 19. Jahrhundert zu Bestimmungen der Mutterrolle.

Jacques Donzelot differenziert zwischen den Diskurslinien, die sich an die bürgerliche Klasse und jene, die sich an die Arbeiterklasse richteten: In der bürgerlichen Klasse ging es bei der „Rezentrierung der Familie auf sich“ (Donzelot 1980: 58) darum, dass die Dienerschaft und die ihnen zugeschriebenen Laster immer mehr zu einem Feind im Inneren der bürgerlichen Familie wurden, die diese bedrohten. Dies führte zu einem „Machtzuwachs, der sie [die bürgerliche Familie, GL] sozial anhebt und ihr gestattet, sich mit gesteigerter Kraft wieder dem sozialen Feld zuzuwenden, um dort Kontroll- und Schutzaufgaben zu übernehmen“ (ebd.). Den Frauen kam dabei die Rolle zu, die neuen Fürsorge- und Erziehungsnormen umzusetzen und zu verbreiten. Für die Arbeiterklasse zeigt Donzelot, dass die Kernfamilie sich gegen das Bedrohliche im Außen abgrenzte. Die „zum Beruf erhobene Hausfrauenarbeit“ (ebd.: 49) stellte dabei in dreierlei Hinsicht eine angemessene Lösung für die neuen Aufgaben in der Familie dar:

> „Sie erlaubte es, eine soziale Aufgabe durch einen Zuwachs an unbezahlter Arbeit zu ersetzen. Sie erlaubte es auch, in das Arbeiterleben Hygienemaßnahmen einzuführen was Kinderaufzucht, Ernährung und Verhaltenssteuerung angeht, deren Fehlen die Häufigkeit des frühen Sterbens, der Krankheiten und des Ungehorsams erklärte: liegt der Ursprung des physischen Verfalls und der moralischen Haltlosigkeit der Arbeiterklasse nicht in der Unsitte, in möblierten Häusern zu wohnen und die Mahlzeiten beim Weinhändler einzunehmen, mit einem Wort im Hang zur geselligen Lebensweise, zum Wirtshausleben? Und endlich soll sie erlauben, den Mann durch die Frau kontrollieren zu lassen, weil diese ihm nur soweit ihre Hausarbeit zur Verfügung stellen wird, wie er es verdient.“ (Ebd.)

In der Arbeiterklasse diente somit die Hausfrauenrolle auch der „Zivilisierung der Arbeiterklasse“ (ebd.), da der Ehe- und Hausfrau die Rolle zugeschrieben wurde, über die Moral und den Lebenswandel des Mannes zu wachen. Als Hausfrauen waren Frauen fortan für den sozialen Frieden und die Ordnung verantwortlich: „Wenn jetzt der Mann lieber ausgehen und in der Kneipe hocken will, wenn den Kindern die Straße mit ihren Spektakel und ihrem Durcheinander lieber ist, so ist das Schuld der Frau und Mutter“ (ebd.: 58). Ähnlich fasst Barbara Schaeffer-Hegel die Aufgaben der Frau in der modernen Familie zusammen:

> „Neben der Sicherung des Eigentums und des legitimen Namens [...] wird der Familie und insbesondere der keuschen Hausfrau die entscheidende Rolle einer aufwendigen Seelenökonomie zugedacht, die den Zweck hat, den Mann als vernünftigen, also von Emotionen und Affekten unbehelligtes, rationales Individuum zu produzieren.“ (Schaeffer-Hegel 1990: 159)

Daraus folgt, dass „Ordnung, Sauberkeit, Pünktlichkeit, Sparsamkeit und Geduld“ zu „Kardinaltugenden der Hausfrau“ wurden, mit denen „[w]ährend der Abwesenheit ihres Gatten [...] die Gattin, um vor dem Urteil ihres Eheherren und vor dem Urteil der ‚Welt‘ bestehen zu können [...], die Häuslichkeit und die heranwachsenden Kinder durchdringen [muss]“ (Hausen 1990: 271). Die Familie, wie sie sich in der zweiten Hälfte des 19. Jahrhunderts herausbildete, nahm somit eine zentrale Rolle in der vergeschlechtlichten Ordnung der Gesellschaft ein. Dabei wurde die Frau zum „Hauptstützpunkt aller Um- und Neuformulierungen des Familienlebens" (Donzelot 1980: 12), über den die Neuerungen der Familie und Kindererziehung durchgesetzt wurden.

Allerdings wurden nicht nur die Tätigkeiten in Haus und Familie neu. Auch deren Definition veränderte sich: Während im „familialen Gesamthaushalt des 18. Jahrhunderts" (Bock/Duden 1977: 127) *Arbeiten* wie Kochen und Haushaltsführung nicht als private Dienstleistung für den Ehemann und die Kinder galten, sondern „als sichtbare Ernährung von Arbeitskräften, deren Kosten unmittelbar in die Rechnung des Gesamthaushaltes eingehen" (ebd.), wurden diese mit der Verbreitung des bürgerlichen Familienideals und der Durchsetzung der geschlechtlichen Arbeitsteilung in Lohnarbeit und Hausarbeit zu unsichtbaren *Tätigkeiten*.

> „In dem Maße, wie sich die Erwartungen an ein persönliches Glück in der Familie, die bürgerliche Familienideologie durchsetzten, verschwanden die Kategorien Arbeit. Hausarbeit wurde fortan als Erscheinungsform von Liebe definiert, gegenüber der außerhäuslichen, Gehalt einbringenden Arbeit des Mannes." (Ebd.: 151)

Bock und Duden zitieren daher eine französische Zeitung von 1786: „Bei uns arbeiten die Männer und die Frauen tun nichts" (ebd.).

Legitimation erlangte die geschlechtsspezifische Arbeitsteilung – und damit auch die Annahme, Hausarbeit und Kindererziehung seien keine Arbeit – durch das Wahrheitsregime naturgegebener komplementärer Geschlechtscharaktere: Aus dem weiblichen Wesen und deren naturgegebener Geduld, Passivität und Empathie wurde die naturgegebene Bestimmung der Frau als sorgende Ehefrau und Mutter abgeleitet. Während es in der Natur des Mannes läge, aktiv zu sein und sich in der außerhäuslichen Sphäre zu betätigen, läge es in der Natur der Frau, sich sorgend und aufopfernd um ihre Umwelt zu kümmern und häusliche Geborgenheit herzustellen. Auf diese Weise wurde Reproduktionsarbeit zur „‚schöne[n] Handlung'", die „direkt aus der Natur der Frau entspringen [sollte], einer ‚Natur', die deutlich triebverzichtende, unterwürfige Züge trägt" (ebd.: 124f.; vgl. ähnlich Schaeffer-Hegel 1990: 159). Das Zwei-Geschlechter-Modell und die durch es hervorgebrachte Vorstellung einer naturgegebenen Geschlechterdifferenz stellte mithin die diskursive Bedingung für die Legitimierung und Naturalisierung der geschlechtlichen Arbeitsteilung dar. Das weibliche Wesen – gleichgesetzt mit Natur, Emotionalität, Körper und Passivität – wurde als passend für die häuslichen Tätigkeiten des Sorgens, Pflegens, Ordnens und Hütens konstruiert; Männlichkeit – verbunden mit Kultur, Rationalität, Geist und Aktivität – fand seine Entsprechung in der Sphäre der Öffentlichkeit und Produktion.

Freilich konnte diese „patriarchale Geschlechtertrennung [...] immer nur in Teilen des Besitz- und Bildungsbürgertums" realisiert werden (Appelt 1997: 124; s. ähnlich auch Connell 1990: 522). In proletarischen Familien mussten Frauen ebenso einer Lohnarbeit nachgehen – dennoch waren es auch in diesem Fall sie, die für die Reproduktionsarbeit zuständig waren. Die patriarchale Geschlechtertrennung hat nicht nur einen Klassencharakter, sie ist ebenso eine weiße Konstruktion. So zeigt Patricia Hill Collins für den US-amerikanischen Raum, dass das Ideal der geschlechtlichen Arbeitsteilung nicht nur eine weiße Erfindung war, sondern auch die Lebensrealitäten von weißen Menschen widerspiegelte. Denn die der kapitalistischen Produktionsweise inhärenten rassistischen Ausschluss- und Hierarchisierungsmechanismen führten dazu, dass in afroamerikanischen Haushalten Frauen aufgrund ökonomischer Notwendigkeiten meist einer Lohnarbeit nachgehen mussten (Collins 1991: 46; s.a. Crenshaw 1989: 156ff.). Als Konsequenz leitet Collins daraus ab, dass gerade durch den weißen Subtext der Geschlechtertrennung all jene Frauen, die dem weißen Ideal nicht entsprachen, zu devianten Weiblichkeiten wurden (Collins 1991: 32). Denn als Kehrseite davon, dass es als ‚natürlich' weiblich galt, nicht außerhalb des Hauses zu arbeiten, wurden Schwarze ebenso wie proletarische Frauen zur Abweichung dieser als Norm gesetzten Weiblichkeit. Obwohl die geschlechtliche Arbeitsteilung von Beginn an also bei weitem nicht auf alle Familien zutraf, wurde sie mit der fortschreitenden Ausbreitung des Kapitalismus zur *idealen Form* von Familie konstruiert, die andere Lebenserfahrungen ausblendete und zur Abweichung formte.

Während in dem Ideal der geschlechtsspezifischen Arbeitsteilung Reproduktionsarbeit nicht als Arbeit galt, zeigten feministische Kritiken, dass diese unbezahlte *Arbeit* von Frauen notwendig für die kapitalistische Produktionsweise ist. Wenngleich insbesondere in marxistisch-feministischen Debatten in den 1970er und 1980er Jahren kontrovers diskutiert wurde, ob Hausarbeit im Marxschen Sinne als produktive Arbeit gelten kann (vgl. dazu Dalla Costa 1978; Hartmann 1979), herrschte schnell Einigkeit darüber, dass die privat erbrachte Reproduktionsarbeit notwendige Voraussetzung der kapitalistischen Produktionsweise ist. Durch Hausarbeit werden gesellschaftlich notwendige Tätigkeiten in private Tätigkeiten umgewandelt und als Ehefrauen und Mütter sichern Frauen die gesellschaftliche Reproduktion der Arbeiter_innenklasse. Das Kapital profitiere somit von der „Funktion des Uterus" (Dalla Costa 1978: 36), weil die Frau die „gesellschaftliche Fabrik" organisiert (ebd.: 39). Darüber hinaus übernehmen Frauen die Sicherung und Erziehung der Nachkommenschaft. Nicht nur versorgen und pflegen sie die Kinder, sie sollen auch dafür sorgen, dass die Nachkommen sich in die Anforderungen einer bürgerlich-kapitalistischen Gesellschaft einfügen, indem sie hegemoniale Werte und Weltanschauungen vermitteln (ebd.). Mit der Konstruktion der Familie als Ort der Geborgenheit stellen Frauen zudem einen wichtigen Gegen-Ort zur entfremdeten

Lohnarbeit dar (Haug 2007). Vor diesem Hintergrund argumentieren marxistisch-feministische Theoretiker_innen, dass Hausarbeit ebenso wie Lohnarbeit gesellschaftlich organisiert und ein Ausbeutungsverhältnis ist. Die Ausbeutung wird jedoch verschleiert durch den unbezahlten Charakter sowie durch den Mythos, die Arbeiten seien Tätigkeiten aus Liebe und mithin Ausdruck einer ‚natürlichen Weiblichkeit'.

I.4 Die Erfindung der Geschlechterdifferenz und die moderne gesellschaftliche Ordnung

Durch die ab dem 18. Jahrhundert neu entdeckten ‚Wesensunterschiede' der Geschlechter wurde – so haben die vorangegangenen Ausführungen gezeigt – eine gesellschaftliche Ordnung legitimiert und naturalisiert, die sowohl Arbeit als auch Öffentlichkeit und Privatheit qua Geschlecht in spezifischer Weise definiert. Damit erlangte die Geschlechterdifferenz „als Ordnungs- und Vergemeinschaftungsinstrument eine geradezu übermächtige Bedeutung – eine Bedeutung, die sie in dieser Form nie zuvor besessen hatte" (Frevert 1995: 130). Die Naturalisierung der Geschlechterdifferenz naturalisierte so auch das androzentrische, bürgerliche, weiße, heteronormative Projekt der Moderne mit seinen hierarchisierenden Grenzziehungen und Ausschlüssen.

In diesem herrschaftlichen Projekt ist auch die Genese des modernen westlichen Staates anzusiedeln. In welcher Art und Weise der moderne westliche Staat auf dem Mythos einer naturgegebenen Geschlechterdifferenz beruht und durch welche politischen Regelungen und Strategien der Staat diesen Mythos bedient, stellt den Gegenstand feministischer Staatstheorie dar, die in ihren grundlegenden Theoretisierungen und Konzepten in den nachfolgenden Kapiteln dargelegt wird. Dabei soll sichtbar werden, dass die komplementäre Geschlechterlogik auch den modernen westlichen Staat als ‚naturgegebene' Ordnungslogik durchzieht.

II. Feministische Theoretisierungen des Verhältnisses von Staat und Geschlecht

Wie lässt sich das Verhältnis von Staat und Geschlecht theoretisch fassen? Ist der moderne Staat patriarchal? Ein Männerstaat? Androzentrisch? Maskulinistisch? Und liegt das an ‚den Männern'? An ‚den Strukturen'? Oder an ‚den Diskursen'? Und wie lassen sich Anknüpfungspunkte für feministische Politiken denken? Außerhalb des Staates? Im Staat? Mit dem Staat? Gegen den Staat? Die Antworten auf diese Fragen haben sich seit den ersten feministischen Theoretisierungen des Verhältnisses von Staat und Geschlecht Ende der 1970er Jahre stetig gewandelt und ausdifferenziert.

Diese theoretischen Bewegungen sind stets eingebettet in die (Weiter-)Entwicklung feministischer Theorie. Das Verständnis von Geschlecht, das die feministische Staatstheorie lange Zeit prägte, beruhte auf dem Sex-Gender-Ansatz. Folglich untersuchte feministische Staatstheorie, wie die Dichotomie der Geschlechter und vor allem Männlichkeit staatsstrukturierend ist und wie Frauen und Männer in unterschiedlicher Weise von staatlichen Politiken betroffen und adressiert werden. Die Gruppe der Frauen wurde hier zumeist als homogene Einheit gefasst. Demgegenüber fanden in den letzten Jahren sowohl queer-feministische als auch intersektionale Ansätze Eingang in die Staatstheorie. In queerfeministischen Arbeiten wird Geschlecht als diskursives Konstrukt gefasst, das innerhalb heteronormativer Machtformationen hervorgebracht wird. Für staatstheoretische Analysen bedeutet ein derartiges Verständnis von Geschlecht, die Frage zu stellen, wie staatliche Macht binär vergeschlechtlichte Körper und Subjekte erst hervorbringt und wie Heteronormativität in den modernen westlichen Staat eingeschrieben ist. Ebenso regten intersektionale Konzeptualisierungen von Geschlecht eine Verfeinerung des feministischen staatstheoretischen Instrumentariums an, um die Verwobenheit von Geschlecht, *race*, Klasse, Sexualität, Behinderung, Religion etc. im Staat und durch den Staat zu konzeptualisieren.

Parallel zu diesen theoretischen Debatten – die freilich immer auch durch politische Kämpfe stimuliert wurden – ist die stete Ausdifferenzierung der feministischen Staatstheorie auch Ausdruck der Veränderung gesellschaftlicher und geschlechtlicher Verhältnisse und damit einhergehend staatlicher Politiken und Institutionen. Auch diese Veränderungen verschoben und revidierten Perspektiven und warfen neue Fragestellungen auf. War in den Anfängen feministischer Forschung der Staat gerade nicht relevanter Adressat für Geschlechtergleichstellung, da Politik als Angelegenheit weißer, heterosexueller Männer galt, so zeigt sich der gegenwärtige Staat weitaus offener für Geschlechterpolitiken. Ob dies jedoch auch mit einem Abbau staatlicher Geschlechterherrschaft gleichzusetzen ist, kann nur mit einem staatstheoretischen Instrumentarium beantwortet werden, das in der Lage ist, sowohl Macht- und Herrschaftsausübung in ihrer subtilen Ausprägung als auch deren Transformationsprozesse zu fassen (vgl. dazu auch Löffler 2012).

Im Folgenden möchte ich einen Einblick geben in zentrale Ansätze der Theoretisierung von Staat und Geschlecht. Ich werde hier vor allem auf deutschsprachige Debatten fokussieren. Ziel ist, wichtige Einsichten, Weiterentwicklungen und Kontroversen der letzten Jahrzehnte sichtbar zu machen. Dabei werde ich drei Akzente setzen, damit aber keineswegs nahe legen, dass es sich um jeweils abgeschlossene Theoriegebäude handelt, die sich durch eine klar definierbare zeitliche Abfolge voneinander abgrenzen lassen. Die Übergänge zwischen den drei Schwerpunkten können durchaus als fließend gesehen werden; ebenso wenig trennscharf lassen sich personelle Zuordnungen vornehmen, da viele Theoretiker_innen davon ausgehen, dass eine nähere Bestimmung des Verhältnisses von Staat und Geschlecht gerade die Verbindung vielschichtiger theoretischer Ansätze verlangt.

II.1 Marxistisch-feministische Ansätze

Die marxistische Theorie war nicht nur ein Grund für die anfängliche Staatsferne der Frauenbewegung und -forschung. Die Auseinandersetzung mit ihr war auch impulsgebend für erste Theoretisierungen des Verhältnisses von Staat und Geschlecht. Eng damit verbunden war das Vorhaben, das Verhältnis von Kapitalismus und Patriarchat zu theoretisieren. Eva Kreisky interpretiert diese Debatten in den 1980er Jahren um das Verhältnis von kapitalistischer und patriarchaler Unterdrückung als „wichtige Brücke im Übergang zu staatstheoretischen Perspektiven" (Kreisky 1995a: 211; vgl. dazu Barrett 1991; Hartmann 1979).

Vertreter_innen dieser ersten feministischen staatstheoretischen Annäherungen gehen von der Marxschen Annahme aus, dass der moderne westliche Staat aus den Widersprüchen der bürgerlichen Gesellschaft entsteht. Wenngleich er formal von der Sphäre der Produktion getrennt ist, dient er den Interessen der bürgerlichen Klasse. Der bürgerliche Staat ist nach Marx eine „illusorische Gemeinschaftlichkeit" (Marx 1969a: 33), „getrennt von den wirklichen Einzel- und Gesamtinteressen" (ebd.). Die Allgemeinheit des modernen Staates ist mithin lediglich eine Illusion:

> „Die *an sich seiende* ‚allgemeine Angelegenheit' ist nicht *wirklich allgemein*, und die wirkliche empirische allgemeine Angelegenheit ist nur *formell*. [...] Die *allgemeine Angelegenheit* ist fertig, ohne daß sie wirkliche Angelegenheit des Volks wäre. Die wirkliche Volkssache ist ohne Tun des Volks zustande gekommen." (Marx 1969b: 264)

Friedrich Engels schreibt in *Der Ursprung der Familie, des Privateigentums und des Staates:*

„Der Staat ist […] keineswegs eine der Gesellschaft von außen aufgezwungene Macht; ebenso wenig ist er ‚die Wirklichkeit der sittlichen Idee', ‚das Bild und die Wirklichkeit der Vernunft', wie Hegel behauptet. Er ist vielmehr ein Produkt der Gesellschaft auf bestimmter Entwicklungsstufe; er ist das Eingeständnis, daß diese Gesellschaft sich in einen unlösbaren Widerspruch mit sich selbst verwickelt, sich in unversöhnliche Gegensätze gespalten hat, die zu bannen sie ohnmächtig ist." (Engels 1969a: 165)

Engels bezeichnet den bürgerlichen Staat daher als „ideelle[n] Gesamtkapitalist": „Der moderne Staat, was auch seine Form, ist eine wesentlich kapitalistische Maschine, Staat der Kapitalisten" (Engels 1969b: 222), der die allgemeinen Produktionsbedingungen wie Energieerzeugung und Verkehrsmittel und die rechtliche Sicherstellung des Eigentums und der Vertragsfreiheit gewährleistet. Der bürgerliche Staat ist jene „Organisation, welche sich die bürgerliche Gesellschaft gibt, um die allgemeinen äußeren Bedingungen der kapitalistischen Produktionsweise aufrechtzuerhalten gegen Übergriffe, sowohl der Arbeiter wie der einzelnen Kapitalisten" (ebd.).

An diese Kritik von Marx und Engels wurde aus einer feministischen Perspektive zur Analogiebildung angeknüpft: Der bürgerliche Staat ist nicht nur Ausdruck von Klassenherrschaft, sondern auch von Geschlechterherrschaft und dient ebenso deren Aufrechterhaltung. So wie der Staat in der marxistischen Tradition als kapitalistischer gefasst wurde, wurde er in den ersten feministischen Auseinandersetzungen als patriarchaler Staat konzipiert.

„Pionierhaft" (Kulawik/Sauer 1996: 38) in diesem Zusammenhang ist der Aufsatz von Mary McIntosh *The state and the oppression of women* (1978). Über die Annahme, dass der Staat die kapitalistische Produktionsweise aufrechterhält, gelangt McIntosh zur Frage nach der Bedeutung des Staates für die Regulierung der Geschlechterverhältnisse:

„One of the features of capitalist societies, especially in the more advanced stages of capitalism, is the important part played by the state in the economy and in the society at large. It is not surprising, therefore, to find that the state plays a part in the oppression of women." (McIntosh 1978: 255)

Ihr Interesse gilt daher der Frage: „What part does the state play in establishing and sustaining systems in which women are oppressed and subordinated to men?" (ebd.: 259).

Die Antwort findet sie in dem Familienernährermodell. Die Familie ist für sie jene Institution, über die Kapitalismus und Patriarchat verwoben sind. Sie ist zentral für die Reproduktion kapitalistischer Verhältnisse, wird doch in ihr die Arbeiterklasse geboren, erzogen, genährt, gepflegt – kurz: reproduziert. Darüber hinaus ist die Familie eine Institution, in der Frauen als ‚Reservearmee' für die Lohnarbeit bereit stehen können. McIntosh argumentiert, dass die Familie in der Form männlicher Lohnarbeiter und Hausfrau staatlich organisiert und hervorgebracht wird, und folgert daraus, dass die patriarchale Komponente des

Staates eine indirekte ist, da der Staat über die Familie Frauenunterdrückung stützt (ebd.: 255). Da McIntosh patriarchale Unterdrückung unter kapitalistische subsumiert, interpretiert sie den Staat als funktional für die Aufrechterhaltung für das Kapitalverhältnis und erst darüber für die Sicherstellung patriarchaler Geschlechterverhältnisse:

> „Capitalist society is one in which men as men dominate women, yet it is not this, but class domination that is fundamental to the society. It is a society in which the dominant class is composed mainly of men; yet it is not as men but as capitalists that they are dominant [...]. The state must be seen as a capitalist one." (Ebd.: 259f.)

Catherine MacKinnon wiederum sieht den Staat als patriarchal, entlehnt jedoch die Erklärung dafür ebenso der marxistischen Analyse des kapitalistischen Staates, von dem ausgehend sie eine feministische Analogiebildung unternimmt. Sie identifiziert den Staat mit männlicher Macht: „[T]he liberal state [...] is not autonmous of sex. Male power is systemic. Coercive, legitimated, and epistemic, it is the regime" (MacKinnon 1989: 170; ähnlich auch 1983: 645). MacKinnon sieht insbesondere in der Objektivität des modernen westlichen Staates dessen Männlichkeit begründet (1983: 644). Der Staat ist die „integral expression" von Männern (ebd.: 643), weshalb die ‚Objektivität' des Staates bestehende Geschlechterungleichheiten verstärkt (ebd.).

Claudia von Werlhofs Ausgangspunkt liegt darin, Kapitalismus und Patriarchat nicht in einem dualen Verhältnis, sondern als „dialektische Einheit" (Werlhof 1985: 72) zu begreifen. Staat, Kapital und Patriarchat stehen in einem funktionalen Verhältnis: Der bürgerliche patriarchale Staat hat die Planung und Koordination der Bedingungen einer patriarchalen, kapitalistischen Gesellschaft inne (ebd.). Dabei gehört „zu den permanenten Aufgaben des Staates [...], eine bestimmte Organisierung der geschlechtlichen Arbeitsteilung, der Arbeitsteilung zwischen Stadt und Land und der internationalen Arbeitsteilung" herzustellen (ebd.: 73), wobei hier „gerade die Herstellung einer entsprechenden Beziehung zu den Nicht-Lohnarbeitern, nämlich den Frauen, den Bauern, den sogenannten ‚Marginalisierten' [...] und deren periodische Neugestaltung" (ebd.) zentral ist. Dies ist Werlhofs Argument geschuldet, dass die kapitalistische Produktionsweise notwendig eine nicht-kapitalistische Subsistenzwirtschaft voraussetzt, die Grundlage der Kapitalakkumulation ist.

Darüber hinaus betont sie, dass eine Analyse des Zusammenhangs von Kapitalismus und Patriarchat und der Frage, welche Bedeutung dem Staat in diesem Verhältnis zukommt, stets die globale Dimension von kapitalistischen und geschlechtlichen Ausbeutungsverhältnissen berücksichtigen muss, da Kapitalismus „von Anfang an global ausgerichtet war und die Unterwerfung und Ausbeutung aller Menschen und nicht nur der Lohnarbeiter als Produzenten anvisierte" (ebd.: 65). Die Warenproduktion setzt nicht nur in den kapitalistischen Zentren die Existenz einer Reproduktionssphäre, die nicht warenförmig organisiert ist, voraus, sondern ebenso baut sie auf der Substistenzproduktion in kolonialisierten Ländern des globalen Südens auf. Dieses Zusammenwirken von warenförmiger und nicht-warenförmiger Ökonomie wird durch den Staat gesichert, da er gerade die nicht im engeren Sinne kapitalistischen Gesellschaftsbereiche wie die Familie und Agrarwirtschaft reguliert (ebd.: 72ff.). Diese „Produktionseinheiten innerhalb seines direkten Organisationsbereichs" funktionieren so, „als wären sie kleine Staaten und die jeweiligen ‚Oberhäupter'" verhalten sich so,

> „als wären sie kleine Staatschefs. Selbst ein Stück des staatlichen Gewaltmonopols kann auf diese Weise ‚delegiert' werden (der Ehemann darf seine Frau züchtigen, juristisch gesehen darf er sie sogar vergewaltigen, also insgesamt ihre körperliche Unversehrtheit antasten)" (ebd.: 73).

Der Staat erhält somit globale patriarchal-kapitalistische Ungleichheitsverhältnisse, indem er „bestimmte Sozialbeziehungen von oben nach unten" durchsetzt (ebd.), weshalb Werlhof auch von „Durchstaatlichung" der Familie und sozialen Beziehungen spricht (ebd.).

In diesen frühen Theoretisierungen von Staat und Geschlecht wird der patriarchale Charakter des Staates als Abbild einer (kapitalistisch-)patriarchalen Gesellschaft konzipiert. Der Staat wird als patriarchales Herrschaftsgebilde theoretisiert; Frauen werden als einheitliche Gruppe gefasst, die ausschließlich als Objekte staatlicher Politiken bestimmt werden. Die politische Konsequenz daraus lässt sich – mit dem Titel eines Aufsatzes von Werlhof – knapp zusammenfassen: „Mit Frauen ist kein Staat zu machen" (Werlhof 1990). Jede Partizipationsform von Frauen an bestehenden staatlichen Politikformen sei als „Komplizenschaft" (ebd.: 114) zu verwerfen.

II.2 Gesellschaftstheoretisch-feministische Ansätze

Die Weiterentwicklung der Geschlechterforschung zeigte, dass Geschlechterunterdrückung widersprüchlicher und differenzierter ist, als es die Annahme, Frauen seien Opfer patriarchaler Strukturen, nahe legt, und eine feministische Staatstheorie auch lokale und historische Ungleichheiten und Ungleichzeitigkeiten in der Beziehung von Staat und Geschlecht in den Blick nehmen muss. Erste feministische politikwissenschaftliche Ländervergleiche erbrachten den Nachweis, dass die Art und Weise, wie Staaten Geschlechterverhältnisse regulieren, sehr unterschiedlich ausfallen kann. Beides führte dazu, dass die Vorstellung des Staates als *Gesamtpatriarchen* und als Agent und Instrument der Männer brüchiger wurde. Der theoretische Blick auf das Verhältnis von Staat und Geschlecht wurde erweitert auf subtile Formen staatlicher Geschlechterherrschaft sowie den Umstand, dass diese sich lokal und historisch je anders darstellen.

Für diese Verschiebungen zeichnet auch der Einfluss neomarxistischer Arbeiten zum modernen westlichen Staat verantwortlich, insbesondere von Nicos

Poulantzas (2002) und Antonio Gramsci (1991ff.). Beide entwickelten ein marxistisches Staatsverständnis weiter, indem sie den bürgerlichen Staat – in Analogie zu Marx´ Verständnis des Kapitals als gesellschaftlichem Verhältnis – als gesellschaftliches Verhältnis konzipierten. Gramsci macht dies deutlich mit seinem Konzept des „integralen Staates“ (Gramsci H6, §155: 824): Er argumentiert, dass der bürgerliche Staat neben der „politischen Gesellschaft“ (Gramsci H12, §1: 1502) auch die Zivilgesellschaft umfasst. In der Zivilgesellschaft, also in dem „Ensemble der gemeinhin ‚privat‘ genannten Organismen“ (ebd.), sieht Gramsci die Stabilität des Staates begründet. Denn in „Bibliotheken“, „Schulen“, „Zirkel[n] und Clubs unterschiedlicher Art, bis hin zur Architektur, zur Anlage der Straßen und zu den Namen derselben“ (Gramsci H3, § 49: 374) werden hegemoniale Weltauffassungen artikuliert und verbreitet, über die die Zustimmung zu gesellschaftlichen und staatlichen Projekten organisiert wird. In zivilgesellschaftlichen Auseinandersetzungen wird über die Ausgestaltung von Gesellschaft gerungen. Staatliche Politiken basieren mithin auf zivilgesellschaftlichen Kämpfen und Kompromissen; sie sind nicht nur ‚von oben‘ durchgesetzt, sondern basieren auf Zustimmung, die sich aus gesellschaftlichen Kompromissen speist. Gramscis integrale Staatsauffassung resultiert daher in der „paradoxen Aussage: daß der Staat nicht immer dort zu suchen ist, wo er ‚institutionell‘ zu sein scheint“ (Gramsci H8, § 233: 1079).

Für Poulantzas ist der Staat die *„materielle Verdichtung eines Kräfteverhältnisses zwischen Klassen und Klassenfraktionen, das sich im Staat immer in spezifischer Weise ausdrückt“* (Poulantzas 2002: 159). Mit Verdichtung meint Poulantzas in Anlehnung an die psychoanalytische Bedeutung des Begriffs die „Aufladung eines einzelnen sozialen Interesses mit anderen [...], sodass es als einzelnes umfassender wird als die anderen zusammengenommenen“ (Demirović 2007: 112). Ähnlich wie Gramsci findet sich auch bei Poulantzas der Gedanke, dass die herrschende Klasse ihre Interessen nicht in reiner Form durchsetzen kann. Der Staat ist *relativ autonom* (Poulantzas 2002: 55ff.) gegenüber den Produktionsverhältnissen und kein Abbild der ökonomischen Kräfteverhältnisse. Nur mittels Zugeständnissen und Kompromissen, um die in gesellschaftlichen Auseinandersetzungen gerungen wird, kann die herrschende Klasse ihre Interessen im Staat verallgemeinern. Damit schlägt Poulantzas vor, den Staat von sozialen Kämpfen ausgehend zu denken: „Die Kämpfe besitzen stets das Primat über die Apparate und Institutionen und reichen beständig über sie hinaus“ (ebd.: 141). Der Staat wird in gesellschaftlichen Auseinandersetzungen immer wieder hergestellt. Konsequenterweise ist der bürgerliche Staat auch kein einheitliches Gebilde, das einen kohärenten Willen verfolgt, sondern ein *„strategisches Feld und strategische[r] Prozess* [...], in dem sich Machtknoten und Machtnetze kreuzen, die sich sowohl verbinden als auch Widersprüche und Abstufungen zeigen“ (ebd.: 167). Sowohl die Widersprüche zwischen der herrschenden und der beherrschten Klasse als auch die Spaltungen innerhalb der Klassen materialisieren sich im Staat.

Noch eine letzte Konsequenz dieser gesellschaftstheoretischen Weiterentwicklung eines marxistischen Verständnisses des Staates, die für feministische staatstheoretische Überlegungen bedeutungsvoll war, sei herausgestellt: Insbesondere Gramsci schlägt mit dem Konzept des integralen Staates auch eine neue Sicht auf die Wirkweise staatlicher Macht vor: Der integrale Staat übt nicht nur Zwang aus, sondern operiert ebenso mittels „kultureller und moralischer Führung" (Gramsci, H10 §7: 1239), was Gramsci als Hegemonie bezeichnet. Formelhaft beschreibt Gramsci daher den integralen Staates als „politische Gesellschaft + Zivilgesellschaft, das heißt Hegemonie, gepanzert mit Zwang" (Gramsci H6, § 88: 783). Staatliche Machtausübung als Führung besteht darin, den „aktiven und freiwilligen (freien) Konsens" (Gramsci H6, §10: 718) der Regierten zu organisieren. Der integrale Staat führt die Subjekte zu bestimmten Lebensweisen, indem in zivilgesellschaftlichen Praxen bestimmte Weltauffassungen als sinnvoll, gut und richtig verbreitet werden. Zugleich sind aber diese Weltauffassungen nicht von einem ‚staatlichen Zentrum' aus durchgesetzt; sie sind Resultate – Verdichtungen – gesellschaftlicher Kämpfe. „Der Staat übt […] nicht allein Hegemonie aus, sondern muß als ein Feld der Hegemonie und als eine Tatsache der Hegemonie – also von kulturellen und diskursiven Praktiken – begriffen werden" (Demirović/Pühl 1997: 234; vgl. auch Demirović 1997; Sauer 2001: 160).

Diese gesellschaftstheoretische Herangehensweise eröffnete instruktive Anschlussmöglichkeiten, um die Vergeschlechtlichung des modernen Staates zu fassen, ohne diesen auf ein Herrschaftsinstrument ‚der Männer' zu reduzieren, deren Interessen durch den Staat durchgesetzt werden. In Analogie zu Poulantzas' These des Staates als materielle Verdichtung von Kräfteverhältnissen konzipiert Birgit Sauer den Staat ebenso als materielle Verdichtung von Geschlechterverhältnissen (Sauer 2001: 158; s.a. Ludwig/Sauer 2010; Nowak 2009; Wöhl 2007a). „Es gibt […] keine patriarchale oder männliche Logik, die sich im Staat materialisiert. Der Staat ist kein monolithischer androzentrischer Block, sondern er besteht aus diversen ‚Apparaten', in denen auch die Interessen von Frauen repräsentiert sein können" (Sauer 2001: 158f.). Der Staat erweist sich „auch in bezug auf Geschlecht als in gewisser Weise ‚autonomer' gesellschaftlicher Akteur" (ebd.: 158).

Die geschlechtliche Ausgestaltung des Staates ist Resultat gesellschaftlicher Kräfteverhältnisse und Kämpfe. Der Staat ist Terrain gesellschaftlicher Auseinandersetzungen, ist

> „product of specific, historically located social processes. Quite specially, the shape of the state is the outcome of particular social struggles. What kind of state we have depends on who was mobilised in social struggles, what strategies were deployed and who won" (Franzway/Court/Connell 1989: 35).

Konsequenterweise sind in staatliche Strukturen, Apparate und Politiken Widersprüche eingelagert und einzelne Staatsapparate können unterschiedliche, zuweilen auch gegenläufige Geschlechterpolitiken verfolgen.

Ähnlich argumentiert Zillah Eisenstein (1979; 1984). Sie geht von einer dualen Existenz von Kapitalismus und Patriarchat aus und sieht den Staat als Vermittler zwischen den beiden Systemen:

> „Although crucial to the reproduction of power, the state is not best understood as merely the ‚center' of power, because power is both condensed and dispersed. The state, rather, condenses the relations of power in society – which function through economic, sexual, and racial hierarchies." (Eisenstein 1984: 331)

Auch Raewyn Connell hebt hervor, dass der Staat nicht Abbild oder Ausdruck ‚des Patriarchats', sondern in seiner historisch-konkreten Ausgestaltung von gesellschaftlichen Kämpfen abhängig ist (Connell 1990: 509). Mit dem Begriff des „Gender Regimes" möchte Connell die im Staat verfestigte Struktur sozialer Verhältnisse und Kämpfe und damit die historisch-spezifische Form fassen, wie Geschlechterverhältnisse reguliert werden (ebd.: 523): „*Each empirical state has a definable ‚gender regime' that is precipitate of social struggles and is linked to – though not a simple reflection of – the wider gender order of society*" (ebd.).

In Analogie zu Gramsci und Poulantzas rückt eine gesellschaftstheoretisch-feministische Perspektive darüber hinaus die Bedeutung der Zivilgesellschaft für die Aufrechterhaltung ungleicher Geschlechterverhältnisse und androzentrischer staatlicher Strukturen in den Blick. Dabei wird die Zivilgesellschaft im Anschluss an Gramsci als Teil des integralen Staates begriffen:

> „Der Staat ist in die Zivilgesellschaft ‚eingebettet'. Für ein Geschlechterkonzept heißt das, daß der Staat nur so frauenfreundlich oder genau so maskulinistisch ist wie die Zivilgesellschaft und umgekehrt: Die Zivilgesellschaft kann nicht als frauenfreundliche Anti-Struktur zum Staat betrachtet werden." (Sauer 2001: 166)

Geschlechterungleichheiten und geschlechtliche Ausschlüsse werden nicht nur mittels Repression und Zwang sichergestellt, sondern auch indem durch Artikulation und Verbreitung androzentrischer Weltauffassungen Zustimmung in der Zivilgesellschaft organisiert wird. So werden in Bibliotheken, Schulen, Vereinen, Straßennamen usw. Weltauffassungen über Geschlechter-‚differenzen' verbreitet, die beispielsweise den Ausschluss von Frauen aus politischen Ämtern legitimieren.

Die *relative Autonomie* des Staates von – neomarxistisch gesprochen – den ökonomischen Verhältnissen sowie – feministisch gesprochen – den Geschlechterverhältnissen (Eisenstein 1984: 331f.; Sauer 1997a: 48) bedeutet jedoch nicht, dass staatliche Apparate, Institutionen und Politiken für alle gesellschaftlichen Interessen gleich offen sind. Um diese strategische Selektivität des Staates zu theoretisieren, hat Bob Jessop die Überlegungen von Poulantzas weiterentwickelt. Ausgangspunkt seines strategisch-relationalen Staatsverständnisses ist, dass nicht der Staat selbst handelt, sondern stets spezifische Gruppen:

> „Der Staat übt also keine Macht aus; seine Kräfte werden durch die Handlungsfähigkeit konkreter politischer Kräfte in spezifischen Konstellationen aktiviert. [...] Sie sind es, die in einzelne Institutionen und Agenturen eingeschriebene Kräfte und Kapazitäten aktivieren." (Jessop 2001: 59)

Im Anschluss an Poulantzas geht Jessop davon aus,

> „daß der Staat als institutionelles Ensemble ungleich auf die Fähigkeit einzelner sozialer Kräfte einwirkt, bestimmte Interessen und Strategien innerhalb des Staates bzw. vermittels der Nutzung staatlicher Handlungsfähigkeit zu verfolgen (wobei diese Handlungsfähigkeit jedoch immer auch von außerstaatlichen Kräften mitgetragen werden muß)" (Jessop 1997: 285).

Dies bedeutet, dass manche Interessen leichter in den Staat Eingang finden als andere. Nach Jessop ist der Staat auch „in bezug auf die Geschlechterverhältnisse ‚strategisch selektiv' konstituiert" (ebd.). Forderungen, die männliche Lebensentwürfe privilegieren, finden somit leichter Eingang in den Staat als jene, die weibliche Lebensentwürfe zum Ausgangspunkt nehmen (vgl. dazu auch Schultz 2006: 44ff.; Wöhl 2007a: 67).

Evi Genetti greift in ihrem gesellschaftstheoretisch-feministischen Ansatz die marxistische Formanalyse auf, um auf diese Weise zu erklären, warum der moderne Staat existiert, „eine von der Gesellschaft getrennte Form" annimmt (Genetti 2008: 144) und wie dies mit „geschlechtlichen Herrschaftsverhältnissen zusammen[hängt]" (ebd.). Im Anschluss an Joachim Hirsch (u.a. 1995; 2005) geht Genetti davon aus, dass es zwei „grundlegende soziale Formen [gibt], in denen sich die Gesellschaftlichkeit der Menschen im fortgeschrittenen Kapitalismus herstellt – und zwar in einer nicht unmittelbar durchschaubaren Weise" (Genetti 2008: 145): zum einen die „ökonomische Form, die sich im Geld äußert" (ebd.) und zum anderen „die politische Form, welche in Gestalt eines von der Ökonomie getrennten Staates zum Ausdruck kommt" (ebd.). In der politischen Form finden widersprüchliche gesellschaftliche Verhältnisse ihren Ausdruck:

> „Die inneren und äußeren Widersprüche des ökonomischen Reproduktionsprozesses erzwingen eine auf die materielle Reproduktion, die Ordnung und den Erhalt der Gesellschaft insgesamt gerichtete, außerhalb des unmittelbaren Verwertungsprozesses stehende politische Instanz: den Staat." (Genetti 2010: 76)

Genetti zeigt auf, dass die Analyse der politischen Form der bürgerlichen Gesellschaft „um die spezifischen Aspekte weiblicher Vergesellschaftung als zentrale gesellschaftliche Strukturierungsprinzipien erweitert werden" muss (Genetti 2008: 148). Die „Trennung von Staat/Politik und Gesellschaft/Ökonomie und die damit verbundene Trennung von Öffentlichkeit und Privatheit" (Genetti 2010: 79) basiert auf patriarchalen Geschlechterverhältnissen, da „der wertgesetzregulierte ökonomische Reproduktionsprozess im Kapitalismus spezifische Geschlechterverhältnisse zu seiner Voraussetzung und als seinen notwendigen Bestandteil hat" (ebd.). Die „geschlechtlich codierte Rangordnung sozialer Sphären und speziell die geschlechtsspezifische Sphärentrennung von Produktions- und familialem Reproduktionsbereich" sind „zentrale Strukturen der patriarchal-kapitalistischen Gesellschaft" (ebd.).

Davon ausgehend macht eine feministische formanalytische Perspektive deutlich, dass nicht nur die kapitalistische Ökonomie, sondern die *vergeschlechtlichte* kapitalistische Ökonomie die politische Form des Staates hervorbringt (Genetti 2008: 148).

> „Die Trennung und gleichzeitige Verbindung von Staat und Gesellschaft ist [...] nicht ohne die Trennung von politischer Öffentlichkeit, privater Erwerbssphäre und privater Lebenswelt und den in allen drei Sektoren zugrunde liegenden Geschlechterordnungen zu denken" (ebd.).

Der moderne Staat ist daher zugleich strukturell kapitalistisch und patriarchal:

> „Ebenso wie der ‚Klassencharakter' ergibt sich der geschlechtliche Charakter des Staates aus der ‚Strukturadäquanz' zwischen den kapitalistischen und patriarchalen gesellschaftlichen Verhältnissen und der politischen Herrschaftsform. Der Staat ist in diesem Sinne keineswegs ein ‚Agent' oder ‚Instrument' der Männer, wie dies instrumentalistische und personalisierende Ansätze meinen, er kommt aber männlichen bzw. androzentrischen Interessen und Logiken strukturell entgegen, indem er hierarchische Geschlechterverhältnisse stabilisiert und absichert." (Genetti 2010: 80)

Mit ihrer Analyse des Staates möchte Genetti sogleich dessen Kritik vorantreiben: Die dem modernen Staat „immanente patriarchale Struktur" lässt sich nicht auflösen, „ohne seinen Bestand selbst in Frage zu stellen" (ebd.: 144).

Birgit Sauer und Stefanie Wöhl gehen aus einer intersektionalen Perspektive der Frage nach, wie der Staat auch als eine Verdichtung intersektionaler Geschlechterverhältnisse konzipiert werden kann: Sie argumentieren, dass sich „die Interessen bestimmter nationaler Klassenfraktionen, religiöser Gruppen, ethnischer Mehr- oder Minderheiten oder Weißer westlicher Männer nicht einfach in und durch staatliche Institutionen und Normen per se realisieren" (Sauer/Wöhl 2008: 260), sondern sich durch gesellschaftliche Kämpfe verdichten, in denen zugleich Geschlechter-, Klassen- und Migrationsregime verhandelt werden. Wenngleich der Staat als Verdichtung gesellschaftlicher Kräfteverhältnisse „weder einheitlich patriarchal noch einheitlich rassistisch oder klassenzentriert" ist (ebd.: 263), folgen aufgrund der ihm eigenen strategischen Selektivität dennoch

> „die Ideale, Normen, die politischen Verfahrensweisen, die klassen-, ethnie- und geschlechtsspezifische Arbeitsteilung, die Trennung in einen öffentlichen und privaten Bereich und somit die Strukturen und sedimentierten Handlungen der institutionellen Apparatur des Staates eher einer weißen, klassenspezifischen

maskulinen kulturellen Ordnung [...], als dass sie Bereiche, Ideen und Verhaltensweisen fördern, die als weiblich, nicht-westlich und nicht rational gelten" (ebd.).

Die Analyse des „flexiblen und überdeterminierten Verkoppelungsverhältnis" (ebd.: 258) gesellschaftlicher Strukturkategorien im Staat beziehen Sauer und Wöhl zugleich auf die „*Makroebene* der sozialen Strukturen (Arbeitsteilung, StaatsbürgerInnenstatus), sozialer Institutionen (Familie, Heteronormativität) und politischer Regulierungen und Praxen (Wohlfahrtsstaaten)", die „*Mesoebene* der politischen Mobilisierung durch Parteien, Gewerkschaften und soziale Bewegungen" und die „*Mikroebene* der Subjekt- und Identitätsbildung" (ebd.: 259). In Anlehnung an Poulantzas argumentieren sie, dass die staatliche „Herstellung von Differenzen, Ungleichheiten und Ausschließungen" ein „alle drei Ebenen umfassender Prozess ist, der aber auf allen Ebenen unterschiedliche Formen und Ausprägungen annehmen kann und auf unterschiedlichen Konstellationen basiert" (ebd.: 259f.).

Dass der moderne Staat auch eine Verdichtung sexueller Verhältnisse ist, zeigen die wenigen bislang vorliegenden gesellschaftstheoretischen Arbeiten zu Staat und Sexualität. So konzeptualisiert Heike Raab heteronormative Sexualitäts- und Geschlechterverhältnisse als „Teil der sozialen Kämpfe, Kompromisse und Aushandlungsprozesse in den verschiedenen Arenen des Staates" (Raab 2005: 62; s.a. Duggan 1995). Mit Rekurs auf Poulantzas' Staatstheorie macht sie deutlich, dass heteronormative gesellschaftliche Machtverhältnisse sich jedoch nicht in kausaler, deterministischer Weise in den Staat einschreiben, sondern sich die Kämpfe um Sexualität und Lebensweisen im Staat verdichten. Folglich ist auch von

> „mehrdimensionalen, heterogenen Erscheinungsformen und Praktiken von Heteronormativität in den verschiedenen Apparaten des Staates auszugehen. Das Zusammenspiel von Heteronormativität und Staat kann innerhalb der verschiedenen Ebenen, Arenen und Dimensionen der Staatsapparate eine unterschiedliche, mitunter sogar eine sich widersprechende Form annehmen" (Raab 2005: 36).

Ein Blick auf gegenwärtige Sexualitätspolitiken in Deutschland und Österreich zeigt – und dies gilt ähnlich auch für Geschlechterpolitiken –, dass die Integration sexualpolitischer Forderungen in den Staat auch zu neuen Formen staatlicher Regulierung von Geschlecht und Sexualität führen kann. Den Staat als gesellschaftliches Verhältnis zu fassen, bedeutet hier, ein Instrumentarium zur Hand zu haben, um die Integration von Kritik und Forderungen sozialer Bewegungen als Modus zur Aufrechterhaltung staatlich abgesicherter Ungleichheitsverhältnisse theoretisieren zu können. Mit dem Begriff der „passiven Revolution" (Gramsci H10, Teil II, §41: 1331) verdeutlicht Gramsci, dass die Aufnahme von einem „gewissen Teil der Forderungen von unten" (ebd.) in staatliche Politiken eine Herrschaftsstrategie ist. Die Aufnahme von Kritik und Widerstand begründet auch die Langlebigkeit von Hegemonie: Sie wird aufrechterhalten, indem sie sich (innerhalb eines gewissen Rahmens) durch fortwährende passive Revolutionen verändert.

Aus einer derartigen Perspektive wird ersichtlich, dass gegenwärtige Geschlechter- und Sexualitätspolitiken auch als Resultat von Kämpfen der Frauen-, Lesben- und Schwulenbewegungen und queeren Bewegungen der letzten Jahrzehnte gesehen werden können, die in paradoxer Form Eingang in den Staat gefunden haben: Einerseits wurden Forderungen nach Gleichberechtigung in staatlichen Politiken umgesetzt, was zweifelsfrei zu einem Zugewinn an Freiheiten in Sexualitäts- und Geschlechterregimes führte. Andererseits ermöglichte diese partielle Integration auch die Ausbildung neuer Formen staatlicher Regulierung von Geschlecht und Sexualität im Kontext neoliberaler Transformationsprozesse. Katharina Pühl konstatiert in diesem Zusammenhang, dass neoliberale Geschlechterpolitiken

> „die ursprünglich als Gegen-Wissen formulierte Erfahrung politisch enteignet und zu Gestaltungswissen mit anderer Stoßrichtung umformuliert [haben]; und dies paradoxerweise oft genau mit Bezug auf ‚Empowerment'-Strategien. Die Enteignung politischer Perspektiven, der Einbau von Wissensbeständen in neoliberale Programme gehören zu einem Ensemble von Flexibilisierungsstrategien im politischen neoliberalen Umgang mit Gegen-Wissen, das auf die Subjekte selbst zurückwirkt, aber nicht in ihrem Sinne" (Pühl 2003: 65).

Diese *passive Revolution* in den Sexualitäts- und Geschlechterverhältnissen in Deutschland und Österreich in den letzten Jahrzehnten führte dazu, dass Heteronormativität und Geschlecht in veränderter Weise weiterhin staats- und gesellschaftsstrukturierend bleiben. Der

> „Erfolg sexualpolitischer Gleichstellung-, Antidiskriminierungs- und Minderheitenpolitiken [verdankt sich somit] nicht allein der Durchschlagkraft sexueller Identitätsbewegungen [...], sondern [ist] auch im Kontext neuer staatlich-ökonomischer Normalisierungs- und Regulierungsstrategien von Heteronormativität zu diskutieren." (Raab 2005: 63)

Der Rekurs auf neomarxistische Ansätze ermöglichte, feministische Staatstheorie gesellschaftstheoretisch zu untermauern. Dies resultierte auch in einer Verschiebung der Antwort auf die Frage, ob der Staat für frauen- und geschlechterpolitische Veränderungen genutzt werden kann. Anders als die strikte Ablehnung jeglicher „Komplizinnenschaft" (Werlhof 1990: 114) mit dem Staat, wird er aus dieser Perspektive – wenngleich vorsichtig – als *ein* möglicher Einsatzpunkt für feministische Veränderungen gesehen (Sauer 1997a: 48). Gerade weil der Staat hierarchische Geschlechter- und Sexualitätsverhältnisse auch über die Integration politischer Forderungen stabilisiert, ist jedoch entscheidend, unter welchen Bedingungen geschlechter- und sexualitätspolitische Kritiken in den Staat integriert werden, wer davon profitiert und inwieweit diese Integration von Forderungen für die Legitimität von Macht- und Herrschaftsverhältnissen in den

Dienst genommen wird (vgl. dazu Wöhl 2007b: 74ff.; Raab 2011). Der Begriff der passiven Revolution ermöglicht daher nicht nur „nachzuvollziehen, wie Zugeständnisse an Aktivist*innen und Bewegungen Hegemonie aufrechterhalten. Ebenso kann damit analysiert werden, unter welchen Selektivitäten geschlechter- und sexualitätspolitische Kritiken in den Staat integriert werden und welche Gruppen davon profitieren" (Ludwig 2022b: 721).

II.3 Poststrukturalistisch-feministische Ansätze

Ähnlich wie neomarxistische gesellschaftstheoretische Einflüsse gegenüber marxistisch-feministischen Ansätzen neue Fragestellungen und Perspektiven für die Theoretisierung des Verhältnisses von Staat und Geschlecht aufwarfen, brachten poststrukturalistische Ansätze neue Impulse in feministische staatstheoretische Diskussionen. Basierend auf Arbeiten von unter anderem Michel Foucault, Jacques Derrida und Judith Butler liegt der zentrale Einsatzpunkt dieser Ansätze in der Kritik an essenzialistischen Vorstellungen von Geschlecht und Staat. Diese theoretischen Verschiebungen reflektieren auch die Kritik an der Vorstellung eines universalen Subjektes ‚Frau' der feministischen Bewegung und Theorie, die von *Women of Color*, lesbischen, migrantischen und ‚behinderten' Frauen formuliert wurde und die deutlich machte, dass diese Konstruktion auf hierarchisierenden Ausschlüssen basiert (u.a. Boll/Degener/Ewinkel/Hermes/Kroll/Lübbers/Schnartendorf 1985; Collins 1991; Davis 1981; hooks 1981; Hull/Scott/Smith 1982; Lorde 1984; Minh-Ha 1989; Moraga/Anzaldua 1981; Steyerl/Rodríguez 2003).

Eine wichtige Referenz für poststrukturalistische staatstheoretische Ansätze stellen Foucaults Gouvernementalitätsvorlesungen dar. In diesen überwindet Foucault seine „Staatsphobie" (Foucault 2004b: 112) und befasst sich mit der Genealogie des modernen westlichen Staates. Dabei setzt Foucault die Existenz des Staates nicht als gegebenen Ausgangspunkt, sondern eruiert – wie in seinen machttheoretischen Analysen zur Geschichte des Wahnsinns, des Gefängnisses und der Sexualität – das Bedingungsgefüge, das bestimmte Institutionen – hier: den modernen westlichen Staat – überhaupt erst hervorbringt.

> „[A]nstatt von Universalien auszugehen, um daraus konkrete Phänomene abzuleiten, oder vielmehr von Universalien als notwendigem Raster für das Verstehen einer bestimmten Zahl von konkreten Praktiken auszugehen, möchte ich von diesen konkreten Praktiken ausgehen und gewissermaßen die Universalien in das Raster dieser Praktiken einordnen." (Ebd.: 15)

Um das Bedingungsgefüge, das den Staat in einer spezifischen Weise ermöglicht, beschreiben zu können, führt er den Begriff der Gouvernementalität ein: Die Gouvernementalität legitimiert – als „Prinzip und Methode der Rationalisierung der Regierungsausübung" (ebd.: 436) – spezifische Praktiken des Regierens und bringt eine spezifische Form des modernen Staates hervor. Der Staat ist keine Universalie – also keine ahistorische Institution, die einmal eingesetzt fortan gleichsam autopoetisch existiert –, sondern ist „in seinem Überleben und [...] in seinen Grenzen nur von den allgemeinen Taktiken der Gouvernementalität“ begreifbar (Foucault 2004a: 164). Die Gouvernementalität braucht gesellschaftliche Praxen, um wirkmächtig zu werden. Erst wenn die Gouvernementalität „in das Feld der Praxis und des Denkens der Menschen“ (ebd.: 359) eintritt und der Staat „von den Menschen angerufen, gewünscht, begehrt, gefürchtet, zurückgestoßen, geliebt, gehasst“ wird (ebd.), konstituiert sich eine historisch-spezifische Form des Staates. Aus gouvernementalitätstheoretischer Perspektive ist somit das, was sich als Staat artikulieren kann, „tief im gesellschaftlichen Nexus“ verwurzelt (Foucault 1987: 257).

Mit seiner gouvernementalitätstheoretischen Perspektive eröffnet Foucault nicht nur eine neue Theoretisierung des modernen westlichen Staates, sondern auch der Konstitution des modernen westlichen Subjektes. Durch die Einführung des Begriffs des Regierens als einer Form staatlicher Machtausübung gelingt es Foucault, Subjektkonstitution als Effekt staatlicher Macht zu konzipieren. Mit dem Begriff Regieren bezieht sich Foucault auf dessen Bedeutung im 16. und 17. Jahrhundert, als der Begriff Eingang in die politisch-theoretischen Reflexionen fand, und „lenken“, „vorantreiben“ sowie die Fähigkeit, sich selbst und andere zu führen, umfasste (Foucault 2004a: 181f.). Regieren ist in diesem Sinne eine staatliche Machtausübung, die über „Führung der Führungen“ (Foucault 1987: 255) operiert und sich in einer je historisch-spezifischen Form des Subjekt-‚Seins‘ materialisiert. Das moderne westliche Subjekt ist nicht vorstaatlich, sondern Effekt staatlicher Führungstechniken, die das Subjekt auch in Selbsttechnologien auf sich selbst, die Gestaltung seines Lebens und seiner Umwelt bezieht.

Die Bezugnahme auf Foucaults Gouvernementalitätsvorlesungen ermöglichte, dekonstruktivistische Überlegungen in die Staatstheorie zu integrieren. Diese wurden lange Zeit vor allem den Kultur- und Geisteswissenschaften zugerechnet, während sie in der Politikwissenschaft und auch in der feministischen Politikwissenschaft kaum rezipiert wurden. Die Skepsis dekonstruktivistischen Ansätzen gegenüber lag in der Annahme begründet, dass Analysen von geschlechtlichen Macht- und Herrschaftsverhältnissen, gesellschaftlichen Strukturen und politischen Institutionen nicht möglich wären, wenn Institutionen ebenso wie Subjekte und Geschlecht ‚lediglich‘ als Konstruktion angesehen würden. Foucaults staatstheoretische Überlegungen eröffneten demgegenüber die Möglichkeit, auch essenzialismuskritische Einsichten zu Geschlecht und vergeschlechtlichten Subjekten mit Staat, Gesellschaft und Ökonomie in Beziehung zu setzen. Auf diese Weise gelang es auch, dekonstruktivistische Debatten stärker gesellschaftstheoretisch zu untermauern.

Als Prämisse für poststrukturalistisch-feministische staatstheoretische Überlegungen gilt, dass es einer derartigen Perspektive nicht darum geht, „die Bedeutung von Institutionen bei der Errichtung von Machtverhältnissen [zu] verneinen", sondern zu versuchen, „eher die Institutionen von den Machtverhältnissen her zu analysieren und nicht umgekehrt" (ebd.: 257). So schlagen poststrukturalistische Arbeiten vor, den modernen westlichen Staat als Terrain und Effekt widersprüchlicher Diskurse, Machttechniken und Praxen zu fassen: „The domaine we call the state is not a thing, system, or subject but a significantly unbounded terrain of powers and techniques, an ensemble of discourses, rules, and practices" (Brown 1992: 12). Damit rücken Diskurse und gesellschaftliche Praxen ins Zentrum, die den Staat als solchen erst hervorbringen. Diese „anti-essentialistische Perspektivierung von Staatlichkeit" (Sauer 2001: 109) stellt die Frage ins Zentrum, wie eine spezifische historische Ausgestaltung des Staates seine Plausibilität, Legitimität und damit seine Existenz erlangt und welche Bedeutung Geschlecht dabei einnimmt (vgl. dazu auch Demirović/Pühl 1997: 241; Sauer 2001: 109f.).

Wendy Brown beschreibt vier Modalitäten, die entscheidend für die vergeschlechtlichte Genealogie des liberalen westlichen Staates – in ihrem Fall in seiner US-amerikanischen Ausprägung – sind (Brown 1992: 13ff.). Diese vier Dimensionen begründen, so Brown, den Maskulinismus des liberalen Staates, da in ihnen jeweils maskuline Logiken zur Norm gesetzt werden. Die Maskulinität ist somit nicht durch den Ausschluss von Frauen aus dem Staat erklärbar und geht nicht von einer essenzialistisch gefassten Männlichkeit aus. Der androzentrische Staat wird nicht substanzialistisch gefasst. Vielmehr entsteht innerhalb liberaler Diskurse und Praktiken eine bürgerliche, weiße, heterosexuelle, nicht-,behinderte' Männlichkeit, die in den Staat eingelagert ist, während das ,Weibliche' als ,das Andere' aus den Modalitäten ausgeschlossen wird, die den Staat hervorbringen (ebd.: 17ff.).

> „The state can be masculinist without intentionally or overtly pursuing the ,interests' of men precisely because the multiple dimensions of socially constructed masculinity have historically shaped the multiple modes of power circulating through the domain called the state – this is what it means to talk about masculinist power rather then the power of men." (Ebd.: 14)

So kommt es aufgrund der juridisch-legislativen oder liberalen Dimension dazu, dass der Staat als öffentlich gilt, der zugleich die als privat geltende Familie als sein Gegenüber voraussetzt. Dieses dem Staat zugrunde liegende liberale Verständnis von Öffentlichkeit und Privatheit beschreibt Brown als *erste* Dimension der Vergeschlechtlichung des Staates. *Zweitens* führt die kapitalistische Dimension des modernen Staates dazu, dass dieser maskulinistisch ausgestaltet ist. Denn da Kapitalismus immer auch vergeschlechtlicht ist, stützt der Staat durch wohlfahrtsstaatliche Arrangements und rechtliche Regulierungen nicht nur kapitalistische Produktionsverhältnisse, sondern kapitalistisch-patriarchale Produktionsverhältnisse. *Drittens* begründet die prärogative Dimension den Staat als maskulin. Denn der moderne Staat definiert sich gemäß maskuliner Ideale als Inhaber des Gewaltmonopols und Instanz der Kriegsführung. *Viertens* zeichnet sich nach Brown der moderne liberale Staat durch seine spezifische bürokratische Ausgestaltung aus, wonach instrumentelle Vernunft, nicht aber Bedürfnisse die Beziehung zwischen Staat und Bürger_innen bestimmen. Da instrumentelle Rationalität in modernen westlichen Gesellschaften männlich, Bedürfnisse hingegen weiblich konnotiert sind, begründet diese Gegenüberstellung schließlich ebenso den maskulinen Charakter des Staates.

Ferner haben feministische Theoretiker_innen an Foucaults Verständnis des Staates als Effekt von Gouvernementalität angeknüpft, um auch auf diese Weise die Vergeschlechtlichung des Staates jenseits von essenzialistischen Setzungen zu erklären. Denn die Gouvernementalität als Rationalität, die in gesellschaftlichen Machtverhältnissen artikuliert wird und über die festgelegt wird, „was in die Zuständigkeit des Staates fallen darf und was nicht, was öffentlich und was privat ist, was staatlich ist und was nicht staatlich ist“ (Foucault 2004a: 164), ist fundamental vergeschlechtlicht: Die Grenzziehung von Öffentlichkeit und Privatheit sowie zwischen Staat und Gesellschaft wird über Geschlecht als Ordnungsprinzip und über vergeschlechtlichte Zuschreibungen von Aufgaben und Zuständigkeiten ermöglicht und vereindeutigt.

> „Diese vergeschlechtlichten Zuschreibungen und Grenzziehungen sind als zentraler Bestandteil in die Gouvernementalität eingeschrieben, da die Ent-Staatlichung und Privatisierung gesellschaftlicher Aufgaben über Geschlecht ‚aufgefangen‘ wird. Hierfür ist die Gleichsetzung von Männlichkeit, Allgemeinheit und Öffentlichkeit [...] und Weiblichkeit, Partikularität und Privatheit ein zentraler vergeschlechtlichter Machtmechanismus.“ (Ludwig 2010: 44; vgl. auch Griesser/Ludwig 2008)

Die androzentrische Ausgestaltung des modernen Staates kann somit als Effekt einer androzentrischen Gouvernementalität erklärt werden, die in gesellschaftlichen Machtverhältnissen artikuliert wird.

Sauer sieht daher in Foucaults Staatsbegriff eine Bestätigung des feministischen Ansatzes, „den Staat zu dezentrieren“ (Sauer 2015: 104). Der Staat ist ein weitaus komplexeres Gebilde als ein juridisches, da er „Effekt einer Multiplizität gesellschaftlicher Machtverhältnisse“ ist (ebd.):

> „Wenngleich staatliche Normen und Institutionen zentral für die Kodifizierung ungleicher Geschlechterverhältnisse und von hierarchischer Zweigeschlechtlichkeit (z.B. Ehe- und Familienrecht, Personenstandsrecht) sind, so ist der Staat nicht selbstverständlich im Besitz der Macht, vielmehr sind vielfältige Machtverhältnisse jenseits des Staatsapparates angesiedelt. [...] Diese Multiperspektivität ermöglicht es, nicht nur Produktions-, sondern auch Geschlechter- und Sexualitätsverhältnisse als staatsbildende Machtstrukturen in Betracht zu ziehen. Vielfältige Orte der Macht wie Familie, Schule, Medizin und Wissenschaft werden so als Konstituens einer staatlichen Struktur, also als staatsbildend denkbar.“ (Ebd.)

Darüber hinaus machen poststrukturalistische Zugänge darauf aufmerksam, dass ‚Interessen' und ‚Eigenschaften' von ‚Frauen' und ‚Männern' nicht vorstaatlich sind. „The idea that men and women, or specific classes, have a unitary interest is an illusion. Interests are not merely ‚reflected' in the political sphere, they have to be continuously constructed and reproduced" (Pringle/Watson 1990: 229f.; s.a. Pringle/Watson 1992). ‚Interessen' und ‚Eigenschaften' von ‚Frauen' und ‚Männern' sind durch staatliche Politiken (mit) hervorgebracht. So hebt Connell hervor: „It [state activity, GL] also helps to constitute gender relations and the social categories they define" (Connell 2003: 17). Dabei verweist Connell auf die Kategorien „the homosexual", „the prostitute", „the pedophile", „husband" und „wife" (ebd.), die durch rechtliche, steuerliche und Wissenspolitiken geformt werden, woraus Connell folgert: „Because of these activities and capacities, the state is the key stake in gender politics" (ebd.; s.a. Connell 1990). Ähnlich hat Sauer den Blick darauf gelenkt, dass der Staat als „ein vergeschlechtlichter und ein vergeschlechtlichender Diskurs" (Sauer 2001: 30) auch vergeschlechtlichte Körper und Subjekte hervorbringt (ebd.: 106ff.).

> „Der Staat ist mithin nicht eine den Individuen äußerliche institutionelle Struktur, sondern sitzt in den Köpfen und Körpern der Menschen: Staatlichkeit ist eine hegemoniale Praxis, die bestimmte Identitäten präferiert bzw. hervorbringt, andere aber desartikuliert und marginalisiert." (Sauer 2004: 123)

Insbesondere eine queer-feministische Erweiterung von Foucaults gouvernementalitätstheoretischen Überlegungen zum Verhältnis von Staat und Subjekt kann zeigen, dass die Vergeschlechtlichung moderner westlicher Subjekte Effekt staatlicher Macht ist. Wird Foucaults Postulat, dass das Subjekt Effekt von staatlichen Regierungstechniken ist, mit der queer-feministischen Einsicht verbunden, dass in modernen westlichen Gesellschaften die Intelligibilität des Subjekts notwendig an dessen Vergeschlechtlichung gekoppelt ist, werden ‚Frauen' und ‚Männer' als körperliche und psychische Materialisierung staatlicher Macht begreifbar (Ludwig 2011). Der Staat ist „eine vergeschlechtlichte, ethnisierte Klassen-Bürger/innen erzeugende Formation" (Sauer 2003a: 171) und „Subjektvierungsprozesse [müssen] im staatlichen Kräfteverhältnis angesiedelt werden" (ebd.; vgl. auch Engel 2003; Pühl 2001; Pühl/Schultz 2001). Eine derartige Konzeptualisierung kann sichtbar machen, dass sich das moderne westliche Subjekt und der moderne westliche Staat über Geschlecht als diskursive Konstruktion in einem ko-konstitutiven Verhältnis befinden: Denn die Materialisierung von Geschlecht konstituiert die Subjekte, indem sich staatliche Macht in diese einschreibt und erst diese Subjektkonstitution ermöglicht eine spezifische Form des gouvernementalen Staates, der über Subjekte als ‚Frauen' und ‚Männer' mittels Regieren Macht ausübt (Ludwig 2011: 206f.). Folglich ist „über die Materialisierung des Konstrukts Geschlecht in einem weiblichen oder männlichen Körper [...] das Subjekt mit staatlicher Macht in einer Weise verhaftet, sodass es, indem es Frau oder Mann ‚ist', diese zitiert und fortschreibt" (Ludwig 2010: 47).

Eine dekonstruktivistische Theoretisierung von Staat und Geschlecht kann somit Heteronormativität als strukturierende Logik nicht nur in der Konstitution des modernen westlichen Subjekts, sondern auch des modernen westlichen Staates freilegen. Die heteronormative Verfasstheit des Staates beschränkt sich

> „nicht darauf, dass alle nicht-heterosexuellen Lebensformen hierarchisch angeordnet werden. Vielmehr materialisiert sich diese in der staatlich initiierten Definition der Intelligibilität von Subjektivität, die einer heteronormativen Logik folgt, da Weiblichkeit und Männlichkeit nur innerhalb eines heteronormativen Rasters hervorgebracht werden können" (Ludwig 2009: 100).

Dabei nimmt der Körper eine zentrale Rolle ein: Denn im Körper materialisiert sich staatliche Macht und zugleich ist die Konstitution eines ‚eigenen Körpers' als Effekt heteronormativer Subjektkonstitution Voraussetzung für staatliche Machtausübung im Modus des Regierens (vgl. Ludwig 2015). Allerdings ist die Figur des liberalen Subjekts, das ‚seinen Körper' besitzt und über diesen verfügen kann, ein „Phantasma [...], das nur über Ausschlüsse möglich wird: Erst über die Zuschreibung von ‚Abjekten' (Kristeva 1982) kann sich das liberale KörperSubjekt konstituieren" (ebd.: 178). Die Figur des freien Subjekts der liberalen Gouvernementalität, das regiert wird, ist folglich

> „ein androzentrisches, *weißes*, heteronormatives, nicht-‚behindertes' Ideal, das in seiner Existenz auf der Konstitution von abjekten KörperSubjekten aufbaut. Diese Abjektkonstruktionen legitimieren die Ausschlüsse all jener Menschen aus der liberalen Konstruktion dieses Bürgers (sic), die als unfähig galten, ein Körperverhältnis als Besitzverhältnis zu etablieren – neben Frauen auch Menschen, die als ‚behindert', als rassisierte ‚Andere' und als sexuell Deviante galten" (ebd.: 180).

Aus rassismustheoretischer Perspektive zeigt Vanessa E. Thompson daher, dass die ideologische Anrufung, wie sie Louis Althusser (1977) beschreibt, sich nur auf das weiße, männliche Subjekt als Rechtssubjekt bezieht. Der Staat konstituiert das weiße Subjekt als Rechtssubjekt und die Kehrseite der Unterwerfung unter den Staat ist ein Sicherheitsversprechen, das für rassifizierte, v.a. männliche Subjekte nicht gilt, wie Thompson anhand der staatlichen Praxis des *Racial Profiling* rekonstruiert:

> „Die polizeiliche Anrufung Althussers (bringt) das moderne Subjekt nicht nur als Rechtssubjekt hervor, die Anrufung bringt es auch als weißes und männliches Rechtssubjekts hervor, das sich in dem Begehren sicher sein kann, dass es als Rechtssubjekt vor den rassifizierten und vergeschlechtlichten Anderen beschützt werden wird. Der polizeiliche Ruf Althussers schafft so immer auch sein Anderes." (Thompson 2018: 204)

In der Verschränkung von Rassifizierungs- und Vergeschlechtlichungsprozessen verfügt der Staat folglich über verschiedene Modi staatlicher Subjektivierung. Ganz grundlegend legt der Staat – insbesondere über verkörperte und verkörpernde Politiken – auch fest, wer überhaupt als Subjekt gilt: Die zugeschriebene Inferiorität weiblicher, Schwarzer, nicht-heteronormativer, be_hinderter Körper setzt(e) der Staat als Begründung ein, um den Subjektstatus zu- oder abzuerkennen.

Der politische Einsatzpunkt poststrukturalistisch-feministischer Arbeiten liegt vor diesem Hintergrund vor allem im Sichtbarmachen, wie in staatlichen Politiken geschlechtliche ‚Interessen', ‚Bedürfnisse' und Subjektivitäten hergestellt werden. Dies impliziert eine Verschiebung des Fokus, da es

> „weniger um die Frage [geht], wie der Staat Frauen in Ungleichheit zu Männern *behandelt*, sondern vielmehr darum, wie unterschiedliche Staaten, Staatsapparate und -diskurse mit divergierenden Instrumenten vergeschlechtlichte Subjekte *herstellen* und wie umgekehrt in diesem Subjektkonstitutionsprozeß Staatlichkeit" (Sauer 2001: 157)

entsteht. Anstatt von der Existenz homogener Gruppen von ‚Frauen' und ‚Männern' auszugehen, soll die Kritik aufzeigen, wie Subjektpositionen – ‚Frau', ‚lesbische Frau', ‚lesbische migrantische Frau' usw. – hervorgebracht werden, mit welchen Zuschreibungen dies verbunden wird und wie diese Anrufungen Voraussetzung für gesellschaftliche Ungleichheitsverhältnisse werden. Von der queer-feministischen Einsicht ausgehend, dass die Konstitution von Intelligibilität immer auch einen Bereich nicht-intelligibler Lebensweisen, Körper- und Subjektformen voraussetzt (Butler 1991; 1995), bezieht sich die Kritik auch darauf, dass staatlich vermittelte heteronormative Subjektkonstitutionen auf der Verwerfung und dem Ausschluss nicht-heteronormativer ‚Seins'-Weisen basieren (Ludwig 2011: 207ff.; Paloni 2012: 143ff.).

Schließlich verbindet eine derartige Perspektive Staatskritik mit Subjektkritik: Ausgehend von der These des ko-konstitutiven Verhältnisses von Staat und Subjekt bedeutet die Kritik an einer historisch-spezifischen Form der geschlechtlichen Subjektkonstitution immer auch eine Kritik an der historisch-spezifischen Form des Staates, der „die Individuen in Kategorien einteilt, ihnen ihre Individualität zuweist, sie an ihre Identität bindet und ihnen das Gesetz der Wahrheit auferlegt, die sie in sich selbst und die anderen in ihnen zu erkennen haben" (Foucault 1987: 245).

Aus einer postkolonialen Perspektive greift Nikita Dhawan Jacques Derridas Konzept des „Pharmakons" auf, um die Bedeutung des Staates für emanzipatorische Politiken auszuloten. Vor dem Hintergrund, dass nicht nur der Staat, sondern ebenso die Zivilgesellschaft von strukturellem Rassismus und (neo-)kolonialen Machtverhältnissen geprägt ist, weist Dhawan die dichotome Anordnung von Staat als Ort der Herrschaft und Zivilgesellschaft als Ort der Emanzipation zurück und konzeptualisiert diese als miteinander verwoben. Am Beispiel der staatlichen Regulierung von *Hate Crimes* argumentiert Dhawan, dass der Staat als ambivalente Instanz konzeptualisiert werden muss, der die Fähigkeit hat, sowohl zu heilen als auch zu vergiften: „The state can function as an instrument of hegemonic groups to protect their interests or a weapon of the weak in order to enfranchise them" (Dhawan 2020: 57). Gerade aufgrund der durch (Post-) Kolonialismus und Rassismus ungleich verteilten Macht, Agency und Ressourcen kommt dem Staat die Aufgabe zu, diese Ungleichheiten auszugleichen. Das allerdings kann, so Dhawan, nur durch ein Zusammenwirken von emanzipatorischen Politiken im Staat und in der Zivilgesellschaft möglich werden (ebd.: 69ff.).

Aus queerer postkolonialer Perspektive argumentiert Dhawan daher dafür,

> „sich einer Position für oder gegen den Staat zu verweigern und sich indes der schwierigeren Frage zuzuwenden, wie der Staat rekonfiguriert und reimaginiert werden kann. Die Herausforderung besteht darin, Optionen für eine nicht-staatsphobische queere Politik aufzuzeigen, die zugleich weder das biopolitische Projekt des Staates rechtfertigt noch queere Körper verfügbar macht" (Dhawan 2015: 49).

Die die Ambivalenz des Staates aufzulösen und emanzipatorische Politiken als prinzipiell anti-staatlich zu konzipieren, birgt nach Dhawan die Gefahr, dass „Herrschafts- und Staatskritik in eins gesetzt [werden], indem der Staat als Quelle aller Herrschaft gesehen wird. Die Herausforderung, der sich eine (postkoloniale) queere Theorie aber stellen muss, liegt darin, eine Staatskritik und heteronormative Herrschaftskritik zu formulieren, die nicht einer Staatsphobie anheimfällt" (ebd.: 47). Diese Haltung sei nach Dhawan auch unabdingbar, um die Reproduktion von Eurozentrismus in Analysen und Kämpfen in Staaten des Globalen Süden zu vermeiden. Dieser komme zur Geltung,

> „sobald die partikulare, spezifische europäische Erfahrung verallgemeinert wird und damit gleichsam differente historische Prozesse der Staatenbildung ausgeblendet werden. Wenngleich die Instrumentalisierung von Gender, Sexualität und Diversity im neoliberalen Kapitalismus und biopolitischen Staat dringend einer Kritik unterzogen werden müssen, repräsentiert die Ablehnung jeglicher feministisch-queerer Aushandlung mit dem Staat eine riskante Strategie, die es zu überdenken gilt. Postkoloniale queere Feministinnen befinden sich in einer ambivalenten Position gegenüber dem Staat: Einerseits ist der Staat durch seine Kriminalisierung und Pathologisierung nicht-normativer sexueller Praxen historisch eine Quelle von Homophobie, Gewalt und Repression (Dhawan 2013). Andererseits ist der Staat auch Adressat postkolonialer queerer Strategien, um sexuelle Gerechtigkeit zu befördern. Während der Staat bekanntlich heteronormative Ideologien als nationale Gründungsmythen perpetuiert, wird gleichsam gehofft, dass der Staat genderspezifische und sexuelle Ungleichheiten beheben kann" (ebd.: 48f.).

Daher folgert Dhawan, dass es „trotz der problematischen globalen Erfolgsbilanz nationalstaatlicher sexueller Politiken" (ebd.: 49) zu kurz greift, diese lediglich zu kritisieren. Wie sie am Beispiel von Rekriminalisierungen von Homosexualität in Uganda, Indien und Nigeria zeigt, „sind Verhandlungen mit dem Staat im globalen Süden unerlässlich und unbedingt erforderlich für eine emanzipatorische queere Politik" (ebd.). Damit möchte Dhawan jedoch nicht für einen „Etatismus" (ebd.) plädieren, sondern für Politiken, die den Staat als Pharmakon begreifen und daher „die Gefahren einer unhinterfragten Staatsphobie" reflektieren (ebd.). Dekolonisierung „wird nicht durch staatsphobische Strategien erfolgreich sein. Eher gilt es im Gramscianisch-Spivakschen Sinne, verletzlichen subalternen Gruppen Zugang zum Staat zu ermöglichen, um damit den Prozess der Dekolonisierung in Gang zu halten" (ebd.).

III. Elemente feministischer Staatstheorie

Im Folgenden werden zentrale Themenfelder feministischer Staatstheorie vorgestellt. Der Aufbau der Darstellungen der einzelnen Schwerpunkte folgt dabei weitgehend einer chronologischen Vorgehensweise: Von den frühen Arbeiten in den jeweiligen Themenfeldern ausgehend werden Entwicklungslinien bis in gegenwärtige Debatten nachgezeichnet. Präzisierungen und Veränderungen der Fragestellungen sind dabei auf queer-feministische und intersektionale Arbeiten sowie auf die Transformation des Staates und der Geschlechterverhältnisse zurückzuführen. Da weder Staat, Geschlecht noch gesellschaftliche Verhältnisse als statische Größen aufgefasst werden können, kann und will feministische Staatstheorie auch kein abgeschlossenes Theoriengebäude sein. Diese inhärente Dynamik soll in der nachfolgenden Darstellung in ihrer Produktivität sichtbar gemacht werden.

III.1 Der Gesellschaftsvertrag als Geschlechtervertrag

Der Gesellschaftsvertrag gilt in der neuzeitlichen Politischen Theorie als Begründung des Staates. Den Kontraktualisten zufolge geht ihm ein Naturzustand voraus, der als eine auf Konkurrenz und Kampf ausgerichtete menschliche Lebensweise konzeptualisiert wird, die friedvolle soziale Beziehungen und die Etablierung einer Gesellschaft verunmöglicht. Um dem Naturzustand zu entkommen, schließen die freien und gleichen Individuen aufgrund ihrer (naturgegebenen) Vernunft einen Vertrag, der den modernen Staat sowie die Unterwerfung der Bürger_innen unter diesen begründet. Die Vernunft nimmt in der Erklärung des Staates eine zentrale Bedeutung ein, ersetzt sie doch Gott oder die Natur als hinreichende Begründung politischer Gemeinschaften. Über den Vertrag wird dabei der moderne bürgerliche Staat begründet und soziale Beziehungen unter freien und gleichen Bürgern (sic) werden geregelt – so der Tenor der neuzeitlichen Vertragstheoretiker.

Der Einsatzpunkt feministischer Kritik liegt im Nachweis, dass diese Erzählung nur die ‚halbe Wahrheit' ist: Carole Pateman war eine der ersten, die in *The Sexual Contract* (1988) die Aufmerksamkeit auf den vergeschlechtlichten Subtext neuzeitlicher Vertragslogik lenkte. Sie entfaltet, wie der Gesellschaftsvertrag ein Übereinkommen unter weißen Männern ist, der zugleich einen Geschlechtervertrag voraussetzt, der wiederum über die Ehe abgesichert wird. In ihrer feministischen Relektüre fokussiert Pateman die allen Vertragstheorien zugrunde liegende ‚Wesensbestimmung' des modernen Subjekts als autonomes und vernunftfähiges. Da Frauen gemäß des ‚Wahrheitsregimes' der Geschlechterdifferenz diese Eigenschaften nicht aufweisen, erfüllen sie die Voraussetzungen für die Vertragsfähigkeit nicht. Darüber hinaus zeigt Pateman, dass es sich bei der Konstruktion des vertragsfähigen Individuums um ein maskulinistisches Phantasma handelt. Nur wenn Abhängigkeiten, Emotionen, Beziehungen und Bedürftigkeiten in den ‚weiblichen' Bereich der Privatheit verbannt werden, können sich die Bürger der öffentlich-politischen Sphäre als autonome, rationale Individuen imaginieren.

Indem Pateman sichtbar macht, dass der Gesellschaftsvertrag ein Vertrag (besitzender) autonomer Männer ist, der auf dem Ausschluss von Frauen beruht, konfrontiert sie die liberale Vorstellung einer „öffentliche[n] Welt von Zivilrecht, bürgerlicher Freiheit, Gleichheit, Vertragsfreiheit und Individuum" (1994: 84) mit der ihr inhärenten „Unterwerfung der Frauen im Privatbereich" (ebd.: 85). Damit zeigt sie die Diskrepanz auf zwischen der vertragstheoretischen Rhetorik, wonach der Staat *für alle* Freiheit und Gleichheit garantiert, und der Faktizität, dass diese nur auf der Basis von Frauenausschluss und -unterdrückung für einen Teil der Bürger_innen ermöglicht werden kann.

Den patriarchalen Herrschaftscharakter begründet Pateman nicht nur mit dem Ausschluss von Frauen aus dem Kreis der vertragschließenden Subjekte und aus der Konstruktion des liberalen autonomen Subjekts, sondern auch damit, dass das neuzeitliche Vertragsdenken auf der Trennung von Staat und Familie basiert. Die patriarchale Erfindung der Privatsphäre – insbesondere der Ehe und Familie – als natürlichem Ort, der der öffentlichen und politischen Sphäre entgegengesetzt ist, respektive die „patriarchale Trennung zwischen privat/natürlich und öffentlich/bürgerlich" (Pateman 1994: 87), begreift Pateman als notwendige Kehrseite des Gesellschaftsvertrags. Die Unterwerfung der weißen Männer unter eine souveräne Macht wird durch ihre Souveränität in der Familie und im Privaten abgesichert. Der bürgerlich-liberale Staat ist daher „ein stillschweigendes Abkommen mit Formen patriarchaler, familialer Herrschaft eingegangen" (Wilde 1995: 139).

Pateman führt den Geschlechtervertrag als konstituierenden Bestandteil moderner Staatlichkeit vor (Pateman 1988: 154ff.). Die Ausgestaltung der bürgerlichen Freiheit kann nicht gefasst werden, ohne die in den Vertrag eingelagerte Unfreiheit mitzudenken:

> „Der Gesellschaftsvertrag ist eine Geschichte der Freiheit; der Geschlechtervertrag ist eine Geschichte der Unterwerfung. Der Grundvertrag beinhaltet Freiheit und Herrschaft gleichermaßen. Der Grundvertrag regelt die Freiheit der Männer und die Unterwerfung der Frauen." (Pateman 1994: 74)

Dieses Zusammenspiel von Gesellschaftsvertrag und Geschlechtervertrag bleibt jedoch durch die Grenzziehung zwischen Öffentlichkeit und Privatheit unsichtbar (vgl. auch Wilde 1995: 142).

Auch Erna Appelt fasst den Kern des neuzeitlichen Vertragsdenken ähnlich wie Pateman zusammen:

> „So liegen allen Versionen des Gesellschaftsvertrages Annahmen über Männer als autonome Individuen resp. Staatsbürger sowie über Frauen als Unterworfe-

> ne und Abhängige zugrunde. Wird dies zur Kenntnis genommen, dann muß der Gesellschaftsvertrag als androkratisches Programm gelesen werden.“ (Appelt 1997: 115)

Davon ausgehend zeigt Appelt auf, dass in den Gesellschaftsvertrag ein „Familialismus“ (ebd.: 117) als grundlegende Struktur eingeschrieben ist und von diesem auch fortgeschrieben wird. Unter Familialismus versteht Appelt „jenes ideologisierende Familienverständnis, das auf ‚Gemeinwohl‘ abzuzielen vorgibt, tatsächlich aber Geschlechterhierarchie im Sinn hat“ (ebd.). Den patriarchal-ideologischen Kern des Familialismus sieht Appelt darin, dass „[f]amilialistische Ideologien [...] anti-individualistisch [sind], wenn es um die Bedürfnisse von Frauen geht: sie sprechen von Familie und vom Wohl der Kinder, meinen aber männliche Ansprüche und weibliche Unterordnung“ (ebd.; sowie Appelt 1995). Über die Ehe als dem Kernstück des Familialismus wird die Verbindung von politischem Recht und familialen Bindungen staatlich abgesichert. Wenngleich also der Geschlechtervertrag der Ehe gerade nicht den Kriterien des Gesellschaftsvertrags entspricht, da er nicht auf Gegenseitigkeit, individuellem Nutzen und Eigenständigkeit, sondern auf Abhängigkeit und Ungleichheit beruht, ist der Ehevertrag doch das konstitutive Gegenstück des Gesellschaftsvertrags.

Barbara Schaeffer-Hegel (1990) spitzt die These der konstitutiven Verwobenheit des Gesellschafts- und Geschlechtervertrag zu und hebt die Bedeutung der heterosexuellen Konstruktion von Liebe als komplementärer Verbindung von Frau und Mann für den Gesellschaftsvertrag und den westlichen modernen Staat hervor:

> „Daß die bürgerliche Kultur der letzten beiden Jahrhunderte voll ist von Versuchen, den Mädchen und Frauen einen solchen [auf Selbstaufgabe zielenden und der Befriedigung männlicher Bedürfnisse dienenden, GL] Begriff von Liebe nahezubringen, und auch, daß diese Versuche nicht ohne Erfolg geblieben sind, ist wohlbekannt. Weniger geläufig ist uns jedoch, daß die Konzepte von Eigentum, Vernunft und Liebe, wie sie in der politischen Philosophie der Aufklärung entwickelt wurden, aufs innigste verbunden waren mit der Konzeption des modernen Staates, und daß mit ihrer Hilfe Vorstellungen vom Staatswohl und von der Staatsvernunft geprägt wurden, die im Zuge ihrer institutionellen Durchsetzung im 18. und 19. Jahrhundert die Beteiligung von Frauen an der Politik und am öffentlichen Leben wirkungsvoll verhinderten und die Lebenskraft und Produktivität der Frauen als private und gemeinschaftliche Ressource unter männliche Verfügungsgewalt stellten.“ (Schaeffer-Hegel 1990: 161)

An die Sichtbarmachung des vergeschlechtlichten Subtextes der neuzeitlichen Vertragslogik schließt die Frage nach den Möglichkeiten einer feministischen Aneignung des Gesellschaftsvertrags an. Pateman folgert, dass sich emanzipatorisches feministisches Handeln nicht innerhalb des Vertragsdenkens bewegen kann, da die Konzeption des vertragsfähigen Individuums männlich ist und daher auch die Integration von Frauen in den Gesellschaftsvertrag nicht dessen zugrunde liegende männliche Logik aushebeln kann (Pateman 1988; vgl. ähnlich auch Elshtain 1981). Im Gegensatz dazu hält Appelt an dem Potenzial fest, den Gesellschaftsvertrag aus einer feministischen Perspektive neu zu denken (Appelt 1997: 127). Sie plädiert für eine Integration von Frauen als „kompetente Sprecherinnen in die Konzeption des Vertrages“ (ebd.: 128) und geht davon aus, dass dies „sowohl die Voraussetzungen sowie den Inhalt des Urvertrags neu bestimmt“ (ebd.: 133). Dies würde notwendigerweise zu einer Veränderung gesellschaftlicher Zuständigkeiten führen, bei der die reproduktiven Aufgaben neu verteilt werden müssen, die bislang über familialistische Ideologien und Institutionen (wie eben nicht zuletzt dem Gesellschaftsvertrag) privatisiert und vergeschlechtlicht bestimmt werden.

Fast drei Jahrzehnte nach Erscheinen von *The Sexual Contract* lieferte Pateman gemeinsam mit Charles W. Mills eine Weiterentwicklung ihres grundlegenden staatstheoretischen Werkes (Pateman/Mills 2007). In ihrer Auseinandersetzung mit der Genese des US-amerikanischen und des australischen Staates machen sie deutlich, dass diesen ein „settler contract“ vorausgeht:

> „The settler contract is a specific form of the expropriation contract and refers to the dispossession of, and rule over, Native inhabitants by British settlers in the two New Worlds. Colonialism in general subordinates, exploits, kills, rapes, and makes maximum use of the colonized and their resources and lands. When colonists are planted in a *terra nullius*, an empty state of nature, the aim is not merely to dominate, govern, and use but to create a civil society. Therefore, the settlers have to make an original – settler – contract.“ (Pateman 2007: 38)

Pateman zeigt, dass der Exklusionsmechanismus, wonach nur besitzende Menschen als vertragsfähig gelten, vergeschlechtlicht und rassifizierend ist (ebd.: 49ff.), da sowohl Frauen als auch nicht-weißen Menschen – und damit allen *Native Inhabitans* – die Fähigkeit, sich selbst besitzen zu können, abgesprochen wird (ebd.; s.a. Mills 2007: 83ff.). Mills (2008) legt in seiner rassismustheoretischen Kritik an John Lockes Vertragstheorie dar, inwiefern dessen Argumentation auf einem *Racial Contract* beruht, der Schwarzen Menschen, Indigenen Menschen und *People of Color* abspricht, politische Subjekte werden zu können (Locke 1977: 216), da diese über kein souveränes Eigentumsverhältnis über ihren Körper verfügen würden. Die im Gesellschaftsvertrag angelegte Subjektvorstellung ist folglich eine zutiefst „racialized liberal norm“ (Mills 2008: 1382): Der „Racial Contract is explicitly predicated on a politics of the body which is related to the body politic through *restrictions* on which bodies are ‚politic‘. There are bodies impolitic whose owners are judged incapable of *forming* of fully *entering* into a body politic“ (Mills 1997: 53).[1]

1 Dass Locke Anteilseigner der *Royal African Company* war, die 1672 das verbriefte Recht eines Monopols für den englischen Sklav_innenhandel erhielt, zeigt eine der direkten praktisch-politischen Konsequenz seiner Politischen Theorie (McCarthy 2001: 628).

Ähnlich in den Körper gelegte ‚Begründungen' führten auch zum Ausschluss von Menschen mit Behinderungen aus dem Gesellschaftsvertrag, wie Barbara Arneil anhand von John Lockes Vertragstheorie problematisiert: „Because government requires rational consent, ‚lunaticks' and ‚idiots' are the opposite of ‚freemen' and therefore ruled, according to Locke, under a perpetual (rather than limited) form of ‚government' within the private/domestic (rather than public) sphere" (Arneil 2009: 222). Der den modernen Staat begründende Gesellschaftsvertrag basiert daher nicht nur auf historischen Ausschlüssen, sondern legt eine politische Ordnung insgesamt fest, die auf Herrschaftsverhältnissen beruht. Die Ausgestaltung der bürgerlichen Freiheit, die durch den Gesellschaftsvertrag begründet wird, kann nicht gefasst werden ohne die in den Vertrag eingelagerte Unfreiheit.

Aus einer queer-feministischen Perspektive hat Heike Raab Patemans Arbeiten zum Geschlechtervertrag weitergedacht. Mit Bezugnahme auf Monique Wittig entwickelt sie Patemans Argument, dass dem Gesellschaftsvertrag ein Geschlechtervertrag zugrunde liegt, weiter und legt die jeweiligen heteronormativen Prämissen der Verträge frei. Denn der Geschlechtervertrag beruht „auf der Annahme einer naturgegebenen Zweigeschlechtlichkeit" der Subjekte sowie ihres heterosexuellen Begehrens, das, „weil naturgegeben, zwangsläufig zur heterosexuellen Ehe führt" (Raab 2012: 30). Die Zweigeschlechtlichkeit der Subjekte und das heterosexuelle Begehren sind die Voraussetzungen für die Ehe, den Familialismus und mithin den Gesellschaftsvertrag. Durch die Naturalisierung von Heteronormativität können diese Bedingungen jedoch als ‚gegebene Tatsachen' in dem Vertragsdenken vorausgesetzt werden.

> „Vor diesem Hintergrund scheint es deshalb angemessen, im Anschluss an Pateman und Wittig von einer heteronormativen Verfasstheit des Geschlechtervertrags zu sprechen, aus dem die staatstheoretischen Vertragskonzeptionen mit Beginn der Neuzeit hervorgehen. In dieser Bestimmung des Staates durch die Vertragstheoretiker offenbart sich die androzentristische und heteronormative Grundkonstante des modernen, westlichen Staates, die das Verständnis von Staatlichkeit bis in die Gegenwart beeinflusst." (Ebd.)

III.2 Die Genese moderner europäischer Nationalstaaten im Spiegel der Geschlechterdifferenz

Die Genese moderner europäischer Nationalstaaten hat einen genuin geschlechtlichen Subtext. So haben feministische Arbeiten aufgezeigt, dass die dem Nationalstaat zugrunde liegende Souveränitätsvorstellung maskulinistisch ist, da „[d]ie Souveränitätsidee und der Geist ‚nationaler Identität' [...] nach dem gleichen Muster gestrickt" sind „wie die Idee des absolut autonomen, mit sich identischen Subjekts" (Rumpf 1995: 227). Beide beruhen auf einer Fiktion, die durch den modernen Mythos der Geschlechterdifferenz ermöglicht wird:

Die Fiktion eines männlichen autonomen Bürgers setzt die Verlagerung von sozialen Beziehungen, Abhängigkeiten und Bedürfnissen in die als weiblich konnotierte Privatheit voraus. In analoger Weise erfordert die Vorstellung einer nationalstaatlichen Souveränität eine fiktive Einheit eines Volkes, die nicht nur auf dem Ausschluss von Frauen beruht, sondern auch erst durch das Einwirken von Frauen auf Männer sichergestellt wird, so Mechthild Rumpf. Denn dem ‚friedlichen Geschlecht' wird als Haus-, Ehefrau und Mutter die Aufgabe zuteil, für Tugend und Moral der Männer zu sorgen und auf diese in einer Weise einzuwirken, dass der innere Frieden in der Gesellschaft und mithin die Einheit des Volkes möglich wird. Von Frauen wird im modernen Geschlechterregime

> „die Zivilisierung männlicher Triebhaftigkeit und die Herstellung des guten und moralischen Lebens im häuslichen Kreise erwartet. Der so genannte häusliche ‚Friede' einerseits und das staatliche Gewaltmonopol andererseits sind die beiden Säulen für das Fundament eines innerstaatlichen, ‚sozialen Friedens'" (ebd.: 228).

In der als „Ordnungsfaktor" (ebd.: 237) dienenden Ehe sollen „jene Verhaltensweisen entstehen, durch die sowohl die individuellen Neigungen wie das Gemeinwohl befördert werden können" (ebd.: 239). Zugleich verdeutlicht Rumpf, dass gerade das Scheitern der beiden Projekte – des souveränen Subjekts und des souveränen Nationalstaates – „ihre jeweils gewaltförmigen Gegenbilder und eine kriegerische Realität hervorbringt" (ebd.: 245).

Die gewaltvolle Seite der Konzeption des Staates als souveränem Staat lässt sich auch aus poststrukturalistischer Perspektive mit Judith Butler kritisieren (vgl. dazu Ludwig 2016): Butler verweist auf eine fundamentale Parallele zwischen den Konzeptionen des modernen westlichen Subjekts und des modernen westlichen Nationalstaates (Butler 2005: 58f.). Wie die moderne, androzentrische, heteronormative, weiße Vorstellung des Subjekts basiert ebenso der Nationalstaat auf einem Phantasma von Souveränität und Autonomie (Butler 2009: 25ff.). Dies blendet jedoch aus, dass Staaten andere Nationalstaaten brauchen, um in ihrer Souveränität anerkannt zu werden. Nationalismus weist Butler in diesem Zusammenhang als Machttechnik aus, um „sich gegenüber dem Gedanken seiner eigenen Verletzbarkeit zu immunisieren" (ebd.: 32). Darüber hinaus macht das Phantasma von Souveränität und Autonomie (post-)koloniale Abhängigkeitsbeziehungen unsichtbar. Aufgrund ökonomischer und politischer Abhängigkeitsstrukturen können Nationalstaaten aus dem globalen Süden nicht in der gleichen Art und Weise ‚Souveränität' für sich beanspruchen wie jene aus dem globalen Norden.

Insbesondere in Kriegen zeigt sich die gewaltvolle Seite der Phantasmen des souveränen Subjekts und Staates, da in Kriegen sowohl die gegenseitige Zerstörbarkeit als auch die gegenseitige Abhängigkeit sichtbar werden. Zugleich aber ruft gerade die in dem Phantasma der Souveränität enthaltene Leugnung der Abhängigkeit Kriege erst hervor (Ludwig 2016): In Kriegen soll im Namen der

Souveränität die eigene Grenze verteidigt und die der anderen zerstört werden (Butler 2010: 32). Somit zeigt sich in Kriegen nicht nur die nationalstaatliche Aufspaltung in ein ‚Wir' und die ‚Anderen', sondern auch die Vorstellung, dass die ‚eigene' Existenz nur

> „mit jenen anderen verbunden ist, zu denen wir eine nationale Affinität haben, die wir (wieder-)erkennen, weil sie mit bestimmten kulturell spezifischen Vorstellungen dessen übereinstimmen, was ein Mensch ist. Was hier zu greifen scheint, ist ein mehr oder weniger diskreter Interpretationsrahmen, durch den unterschieden wird zwischen denjenigen Populationen, von denen mein Leben und meine Existenz abhängt, und denjenigen, die eine direkte Gefährdung für dieses Leben und diese Existenz darstellt" (Butler 2009: 23).

Auch Brigitte Bargetz (2018) weist auf die gewaltvolle Seite der Vorstellung des Staates als Souverän hin, wie sie sich im Neoliberalismus zuspitzt. Mit Wendy Brown (2010) begreift sie das Errichten von Mauern um Staaten – etwa an der Grenze zwischen den USA und Mexiko oder an den EU-Außengrenzen – in der neoliberal-autoritären Gegenwart nicht als Zeichen von Souveränität, sondern von dessen Scheitern: „Im verstärkten Abschotten durch Mauern und Zäune manifestiert sich eine Angst vor staatlichem Souveränitätsverlust und politischer Ohnmacht" (Bargetz 2018: 79; Brown 2010: 24). Diese Angst des Staates vor Souveränitätsverlust korreliert mit einer Angst der Staatsbürger_innen, da sich letztere mit ersterem identifizieren. „Der nationalstaatliche Souveränitätsverlust zeigt dann also nicht nur eine Destabilisierung nationalstaatlicher Ordnung an, sondern auch die Verletzbarkeit der Subjekte und mithin die Verunsicherung eines souveränen Selbst" (Bargetz 2018: 80). Dies stellt die Grundlage für Angst als ‚Normalzustand' des politischen Subjekts dar und diese staatlich konstituierte ‚neurotische Angst' (ebd.: 82) wiederum bietet, so Bargetz, den Nährboden für eine Sehnsucht nach einer autoritären Führungsperson. Diese solle beides, die staatliche und die subjektive Souveränität, wieder herstellen (ebd.: 86).

Feministische Arbeiten, die sich mit der Genese der modernen, westlichen Nationalstaaten befassen, zeigen zudem die Bedeutung von vergeschlechtlichen Körperpolitiken dabei auf: Die Herausbildung moderner westlicher Nationalstaaten war von Beginn an von einer politischen Rhetorik begleitet, die die neuen Nationen mittels vergeschlechtlichter Körpermetaphern vertraut machen sollte. Diese Verkörperungen stellten ein wichtiges Motiv dar, mit dem nationalstaatliche Zugehörigkeit in den Staatsbürgern (sic) verankert werden sollte. „Die nationale Akkulturation der Massen" (Baxmann 1995: 345), die Voraussetzung für die moderne Nationenbildung war, „rekurrierte vor allem auf das Bild des Körpers und auf Körperpraktiken, wobei Material aus ganz heterogenen Traditionen zur Inszenierung des ‚fait national' (‚Nationalen') zusammengebunden wurden" (ebd.; s.a. Kerchner 1999). Während vormoderne Monarchien vor allem als männliche Körper dargestellt waren, wurden die modernen Nationen – nicht zuletzt oft in Abgrenzung zum *Ancient Regime* – meist als Frauenkörper dargestellt und als diese auch in der politischen Rhetorik und in der „visuellen Politik" (Wenk 2007) benannt: Frankreich wurde zu Marianne, Deutschland zu Germania, England zu Britannia. Die Gleichsetzung der Nation mit einem feminisierten Körper war, so zeigt Joan Landes, maßgeblich an dem Prozess beteiligt, „by which a citizen learns to love an abstract object with something like the individual lover's intimacy and passion" (Landes 2001: 2). Landes sieht die öffentliche Repräsentation von Nationalstaaten als Frauenkörper als wichtiges Element in der Hervorbringung eines „self-understanding as citizens of the nation-state" (ebd.: 1). Doris Sommer schreibt in ähnlicher Weise von einem „erotic or sentimental investment in the state" (Sommer 1991: 41), das gerade durch die Gleichsetzung der Nationen mit Frauenkörpern ermöglicht wurde: „[If] our identities as modern sexually defined subjects did not take the state to be primary object and therefore the partner on whom our identity depends, what could explain our passion for ‚la patria'?" (ebd.). Ein fundamentales „heterosexual investment in the nation's body" (Landes 2001: 140) ist mithin Effekt der Verkörperung von Nationen als Frauenkörper. Zugleich wird über diese (hetero-)sexualisierte und emotionalisierte Bindung an die Nation nationalstaatliche und nationalistische Zugehörigkeit angeregt, die sich im Extrem in der Bereitschaft manifestiert, für diese in den Krieg zu ziehen, zu sterben oder zu töten.

Silke Wenk macht darauf aufmerksam, wie die visuellen Repräsentationen der Nation als Frauenkörper auch zu einer Analogiebildung von ‚Nation' und ‚Haus' führten, „dessen Mauern und Schlösser den Schutz ‚des Weiblichen'" (Wenk 2007: 164f.) durch Männer gewähren sollten. Konsequenterweise finden sich vor allem in Kriegszeiten Darstellungen der bedrohten Nation als bedrohte Weiblichkeit: „Über Bilder zu schützender weiblicher Körper sollten die jeweiligen Grenzen nicht nur gegenüber den jeweils anderen gesichert werden, sondern auch die ‚der Natur', die Bestand und Entwicklung garantieren sollte" (ebd.: 166). Wenk weist auch auf den rassifizierenden Gehalt der Darstellungen hin, die besonders deutlich in den visuellen Analogien von Kriegshandlungen und Vergewaltigungen der Nation zum Ausdruck kommen (ebd.; vgl. dazu auch Enloe 1989: 42ff.). In ihrer Analyse visueller Politiken im Ersten Weltkrieg zeigt sie auf, dass beispielsweise die ‚Vergewaltigung' der deutschen Nation durch Frankreich auch als Bedrohung der ‚weißen' „‚reinen' Weiblichkeit" (ebd.: 168) durch rassifizierte, Schwarze, kolonialisierte ‚Andere' dargestellt wurde.

Ein weiterer Strang feministischer Arbeiten setzt sich mit dem Zusammenhang von Nationenbildung, Militarisierung und Geschlecht auseinander. Staatsbildungsprozesse im 19. Jahrhundert gehen einher mit einer militärischen Aufrüstung und der zunehmenden Militarisierung der Gesellschaft. Denn die

> „Idee des souveränen Staats selbst brachte eine destruktive Dialektik mit sich: Souveränität ließ sich nur im Vergleich bestimmen und in der Auseinandersetzung behaupten. Sie war deshalb gebunden an räumliche Größe und die Aus-

stattung mit Gewaltmittel bzw. militärischer Schlagkraft. Der als Souverän gedachte Staat und eine militärische Aufrüstung sind gleichen Ursprungs." (Rumpf 1995: 240)

Die Souveränität des Staates muss sich durch Kriege und Abschreckungen immer wieder unter Beweis stellen. Ulrike Wasmuth beschreibt daher das Staatensystem souveräner Nationen, das sich im 19. Jahrhundert herausbildet, als bellizistisch und argumentiert, dass Bellismus und Sexismus historisch verwoben sind, da bellizistische Systeme ebenso wie Geschlechterunterdrückung auf einer dualistischen Logik von „Dominanz-Subordination, Befehl und Gehorsam" aufbauen (Wasmuth 1998: 67). Dies hat zur Folge, dass beide Systeme „aufgrund von hierarchisch-repressiven Strukturen keinen Raum für Verhandlungen und Vermittlung zwischen den konfligierenden Parteien auf einer gleichberechtigten Basis zulassen" (ebd.).

Die maskulinistische Verbindung von Militär und souveränem Nationalstaat zeigt sich auch daran, dass es im 19. Jahrhundert nicht nur zur Einführung der Wehrpflicht des männlichen Bürgers kam, sondern zu einer Idealisierung männlicher Waffenfähigkeit. Bis zum 19. Jahrhundert „war Militärdienst in der Bevölkerung eher als etwas betrachtet worden, das familiäre Ökonomien und Arbeitszusammenhänge bloß störte, wurden ihnen doch wichtige Arbeitskräfte entzogen" (Kreisky 1997: 170). Demgegenüber wurde der Militärdienst ab dem 19. Jahrhundert politisch aufgewertet „und ‚unkriegerischer Habitus der Zivilisten' dementsprechend abgewertet" (ebd.). Diese politische Aufwertung wurde nicht zuletzt darüber erreicht, dass Männlichkeit in neuer Weise mit dem Soldatendienst verbunden wurde. Auf diese Weise erlangte das Militär eine neue positive Konnotation und wurde zugleich zu einem wichtigen Ort männlicher Vergemeinschaftung.

> „Das Militär vermittelte sich als Institution, der Männer nur angehörten, weil sie Männer waren. Unterschiede zwischen Männern schienen im Medium Militär obsolet zu werden, nicht so aber Unterschiede zu Frauen, diese wurden nun erst politikentscheidend. Im Militär fand – für alle öffentlich sichtbar – die Initiation zum Mann statt." (ebd.: 170f.)

Mit dieser neuen Bedeutung des Militärs für den Staat und den Staatsbürger wurden Männer in enger Weise mit dem sich neu herausbildenden abstrakten Referenzsystem des ‚Vaterlands' verbunden: „Nation und Staat bildeten nun wesentliche Bezugspunkte junger Männer" (ebd.: 171; vgl. auch Frevert 1995: 81ff.). Das Militär machte Rekruten jedoch nicht nur zu Männern, sondern zu Staatsbürgern; „[p]olitische und militärische Fähigkeiten wurden tendenziell kongruent" (Kreisky 1997: 171), da die politische Subjekthaftigkeit immer mehr an die Waffenfähigkeit geknüpft wurde (vgl. dazu auch Appelt 1999: 168ff.).

Postkoloniale Arbeiten haben die formierende Rolle des Kolonialismus für die Genese europäischer Staaten herausgearbeitet: So wies Anne Laura Stoler die Kolonien als „laboratories of modernity“ (Stoler 1995: 15) in der Genealogie des europäischen Nationalstaats aus (ebd.: 28ff.; s.a. Dhawan 2013; Rai 2020). Hier lenkt Stoler die Aufmerksamkeit auf die Diskurse um die „Reinheit des Blutes“, die sich in den Kolonien bereits ab dem 16. Jahrhundert herausbildeten. Wie Stoler anhand der Kolonien in *Dutch East India* darlegt, war die Überwachung der ‚Reinheit‘ des ‚weißen Blutes‘ und die detaillierte Befassung des Staates mit der Aufgabe, wie die ‚Vermischung‘ der ‚Rassen‘ in den Kolonien verhindert werden könne, zentral für das imperiale Projekt der kolonialen Unterwerfung und der Herausbildung der europäischen Nationalstaaten (Stoler 1995: 40ff.). Diese bevölkerungspolitischen Politiken regulierten nicht nur sexuelle Beziehungen, Ehe-, Familien- und Verwandtschaftsformen und legten fest, wer zur Kolonialnation als zugehörig gelten ‚durfte‘. Darüber hinaus fungierten diese Politiken auch als Hegemonietechniken, um bei den weißen Angehörigen der europäischen Nationalstaaten Zustimmung zu ihrem je ‚eigenen Staat‘ zu generieren.

Besonders gewichtig in der Organisation dieser verkörperten Zustimmung zu dem ‚eigenen Staat‘ waren sexuelle Politiken. Die Imaginationen von vermeintlich ‚barbarischen‘, ‚unzivilisierten‘ ‚perversen‘ Sexualitäten, Geschlechtern und Körpern kolonisierter Schwarzer Menschen und indigener Menschen fungierte in der Zeit der Herausbildung der westlichen Nationalstaaten als Abgrenzungsfolie für die Herausbildung einer als ‚zivilisiert‘ imaginierten rigiden Heterosexualität weißer, europäischer Bevölkerungen (Castro Varela/Dhawan 2005; Lugones 2007; McClintock 1995; Morgensen 2010). ‚Abweichende‘, ‚perverse‘ Sexualitäten galten ebenso wie zu wenig differenzierte Geschlechterrollen als Ausdruck von ‚Primitivität‘, ‚Barbarismus‘, ‚Rückständigkeit‘ und mangelnder Zivilisation. Über diese sexualpolitischen eurozentrischen Anordnungen wurden koloniale Grenzziehungen, Hierarchisierungen, Ausbeutung und Gewalt legitimiert und die Genese europäischer Nationalstaaten mitgeformt.

Zugleich initiierte die rassistisch-koloniale Unterscheidung zwischen modernen europäisch-weißen und ‚primitiven‘ nicht-europäischen Schwarzen Sexualitäten, Geschlechtern und Körpern ein Begehren bei weiß-europäischen Bevölkerungen, ihrem ‚fortschrittlichen‘ Nationalstaat anzugehören. Stoler folgert daher: „Discourses of sexuality [...] have mapped the moral parameters of European nations. These deeply sedimented discourses on sexual morality could redraw the ‚interior frontiers’ of national communities, frontiers that were secured through – and sometimes in collision with – the boundaries of race“ (Stoler 1995: 8). Dass die Kolonien „porno-tropics for the European imagination – a fantastic magic lantern of the mind onto which Europe projected its forbidden sexual desires and fears” (McClintock 1995: 22) waren, lässt sich folglich als Bestandteil von Hegemonietechniken begreifen, mit denen in der weißen, europäischen Bevölkerung Zustimmung zu ‚ihrem‘ Nationalstaat organisiert wurde.

Mit dem Wandel des Zusammenspiels von Nationalstaatlichkeit, eurozentrisch-rassistischen Grenzziehungen und sexuellen Politiken in den letzten Jahrzehnten haben sich queer-feministische postkoloniale und rassismustheoretische Beiträge auseinandergesetzt. Gegenwärtig gelten als Signum für Fortschrittlichkeit und als Distinktionsmerkmal des Westens nicht länger rigide Geschlechter- und sexuelle Politiken, sondern Toleranz und Offenheit gegenüber Schwulen und Lesben. Mit Blick auf die USA hat Jasbir Puar dafür den Begriff des „homonationalism" geprägt (2007). Über homonormative Politiken wird erneut jene Form eurozentrischer Zeitlichkeit fortgeschrieben, die McClintock als „panoptical time" (McClintock 1995: 36) beschrieben hat: Die ‚Anderen' sind noch nicht da, wo das vermeintlich fortschrittliche Europa bereits ist (El-Tayeb 2012; Haritaworn 2005; Roth/Boatcă 2016).

III.3 Geschlecht und Staatsbürgerschaft

Der Kern feministischer Auseinandersetzungen mit dem modernen Verständnis von Staatsbürgerschaft liegt im Nachweis, dass Geschlecht neben *race*, nationalstaatlicher Zugehörigkeit, Behinderung etc. Ein- und Ausschlüsse in den Nationalstaat reguliert.[2] Die Universalisierung von Staatsbürgerschaft, wie sie der moderne westliche Nationalstaat vorgab, erweist sich aus einer feministischen Perspektive als von Beginn an partikular. Feministische Auseinandersetzungen mit Staatsbürgerschaft machten sichtbar, dass Frauen lange Zeit von dem Recht auf gleiche Staatsbürgerschaft ausgeschlossen wurden und zeigten auf, dass selbst bei formaler Gleichheit der Zugang zu staatsbürgerlichen Rechten qua Geschlecht ungleich ausfällt.

Von Beginn an bezogen sich die Rechte der Staatsbürger „auf Personen, die sich als ‚Gleiche' begreifen" (Appelt 1995: 544) – und damit waren Frauen bis ins 20. Jahrhundert in westlichen Nationalstaaten nicht gemeint. So galten Frauen zwar lange Zeit einem Nationalstaat angehörig, nicht aber als Trägerinnen von Staatsbürgerinnenrechten und somit der politischen Gemeinschaft nicht zugehörig (Wiener 1996; Appelt 1995; Wilde 1997). Folglich bezog sich das Wahlrecht bis ins 20. Jahrhundert ebenso nur auf Männer wie das Recht, sich aktiv an der Regierung zu beteiligen.[3] Legitimiert wurde der Ausschluss von Frauen aus dem Kreis der Staatsbürger durch die historische Verknüpfung des politischen Subjektstatus mit der Waffenfähigkeit sowie durch naturalisierende Geschlechterideologien, wonach Frauen aufgrund ‚mangelnder Vernunft' nicht dem Ideal des souveränen autonomen Subjekts entsprachen.

---

2 Soll im Folgenden der Androzentrismus des Konzepts moderner Staatsbürgerschaft verdeutlicht werden, wird explizit die maskuline Schreibweise verwendet.

3 Dass dennoch bis heute auch in politikwissenschaftlicher ‚Fachliteratur' die Einführung des Männerwahlrechts als Einführung des ‚allgemeinen Wahlrechts' bezeichnet wird, zeigt den androzentrischen *bias* der Disziplin.

Zeitgleich zur Institutionalisierung des androzentrischen Modells von Staatsbürgerschaft wurde, so zeigt Appelt auf, Mutterschaft immer mehr zur Folie für die Identitätsbildung von Frauen. Der Nationalstaat adressierte Frauen nicht als Trägerinnen von Rechten, sondern über das ideologische Konstrukt der Mutterschaft: Als Mütter hatten Frauen dem Staat gegenüber zwar Pflichten – Nachkommenschaft zu gebären und diese zu tugendhaften Staatsbürgern zu erziehen –, aber keine politischen Rechte (Appelt 1995: 547). Trotz dieser inhärenten Ausschlüsse galt das Konstrukt des Staatsbürgers dennoch als allgemein und mithin als geschlechtsneutral: „Der Staatsbürger ist männlich, aber geschlechtslos, ist selbstbestimmt und verfügt über Besitz und Eigentum, gehört aber keiner sozialen Klasse an, er ist verheiratet und hat Familie, existiert aber nur außerhalb der Privatheit" (Wilde 2001: 115).

Freilich waren diese Ausschlüsse von Frauen von jeher auch Anlass für feministische Kritik und Kämpfe. Appelt schreibt daher: „Das neuzeitliche Staatsbürgerkonzept muß aus feministischer Sicht als politischer Kampf zwischen Männern und Frauen interpretiert werden, bei dem männlicher Chauvinismus den Sieg davon getragen hat" (Appelt 1999: 68). Die Kämpfe bezogen sich vor allem darauf, den Widerspruch zwischen dem Gleichheitspostulat und den naturalisierenden Ausschlüssen sichtbar zu machen. Bereits 1791 verfasste Olympe de Gouges die *Deklaration der Rechte der Frau und Bürgerin*, in deren Präambel sie schrieb:

> „Wir, Mütter, Töchter, Schwestern, Vertreterinnen der Nation, verlangen, in die Nationalversammlung aufgenommen zu werden. In Anbetracht dessen, daß *Unkenntnis, Vergessen* oder Mißachtung der Rechte der Frauen die alleinigen Ursachen öffentlichen Elends und der Korruptheit der Regierungen sind, haben wir uns entschlossen, in einer feierlichen Erklärung die natürlichen, unveräußerlichen und heiligen Rechte der Frau darzulegen, *damit* diese Erklärung allen Mitgliedern der Gesellschaft ständig vor Augen *ist und* sie unablässig an ihre Rechte und Pflichten erinnert; *damit* die Machtausübung von Frauen ebenso wie jene von Männern jederzeit am Zweck der politischen Einrichtung gemessen und somit auch mehr geachtet werden kann; *damit* die Beschwerden von Bürgerinnen, nunmehr gestützt auf einfache und unangreifbare Grundsätze, sich immer zur Erhaltung der Verfassung, der guten Sitten und zum Wohl aller auswirken möge." (zitiert nach Kurz-Scherf/Dzewas/Lieb/Reusch 2006: 28)

Im deutschsprachigen Raum gilt Hedwig Dohm als eine der ersten Frauen, die 1876 für das Wahlrecht von Frauen öffentlich eintrat. Wie de Gouges forderte sie das Wahlrecht als ein den Frauen „natürlich zukommendes Recht" (zitiert nach Kurz-Scherf/Dzewas/Lieb/Reusch 2006: 37).

Nach der formalen Gleichstellung von männlichen und weiblichen Staatsbürger_innen – die durch unermüdliche Kämpfe und Kritiken von Frauen erreicht wurde – blieben Frauen dennoch über explizite Diskriminierungen wie Berufsverbote oder über die geschlechtliche Arbeitsteilung und gesellschaftliche Zuschreibungen de facto Männern nachgereiht. Dies hatte zur Folge, dass mit der Staatsbürgerschaft verbundene Rechte wie das auf persönliche Freizügigkeit oder auf Wahrnehmung eigener Geschäfte nicht in gleicher Weise genutzt werden konnten (Gerhard 1990b: 26; Wiener 1996).

Um diese geschlechtlichen Ausschlüsse trotz formaler Gleichheit sichtbar machen zu können, gehen feministische Theoretiker_innen über eine „juristische Definition von StaatsbürgerInnenschaft als ein statisches System individueller Partizipationsrechte, deren Geltung von der Staatszugehörigkeit abhängig ist“ (Wilde 2001: 222f.), hinaus und begreifen Staatsbürger_innenschaft als Gemenge aus Rechten und Praxen ökonomischer, politischer und sozialer Teilhabe (u.a. Appelt 1999; Lister 1997). Staatsbürger_innenschaft umfasst mithin die Mitgliedschaft in einem politischen Gemeinwesen und die Möglichkeit, die damit verbundenen staatsbürgerschaftlichen Rechte tatsächlich zu nutzen, zu beanspruchen und aktiv zu leben. Um subtile Ausschlussmechanismen erfassen zu können, heben feministische Theoretiker_innen die Notwendigkeit hervor, den *formalen* Zugang zu Staatsbürger_innenrechten und deren *substanzielle* Ausübung – also die tatsächliche Teilnahme an politischen Partizipations- und Repräsentationsprozessen – analytisch zu trennen.

Hier bezieht sich u.a. Ruth Lister (1997: 15) auf Thomas H. Marshall, der Staatsbürgerschaft als einen „status bestowed on those who are full members of a community“ (Marshall 1950: 14) konzipiert und diese Mitgliedschaft mit der tatsächlichen Realisierung bürgerlicher, politischer und sozialer Rechte verbindet. Lister fasst Staatsbürger_innenschaft daher als Status und Praxis:

> „Citizenship is thus conceptualised [...] both as a status, carrying a wide range of rights, and as a practice, involving both obligations and political participation, broadly defined. Both as a practice and in the relationship between that practice and rights, citizenship can be understood as a dynamic process.“ (Lister 1997: 41)

Wird Staatsbürger_innenschaft in diesem breiten Sinne verstanden, kann sichtbar gemacht werden, dass Frauen trotz formaler Gleichheit in Gesellschaften, die von fundamentalen Geschlechterungleichheiten durchzogen sind, auch gegenwärtig nur über eine partielle Mitgliedschaft verfügen, da beispielsweise die geschlechtliche Arbeitsteilung und die Zuweisung von Frauen an die Privatsphäre die substanzielle Wahrnehmung ihrer Staatsbürgerinnenrechte erschwert (ebd.: 66ff.; s.a. Holzleithner 2009b: 47; Wilde 2001). Dies macht darüber hinaus evident, dass nicht nur der Zugang zu Staatsbürgerschaftsrechten geschlechtlich strukturiert ist, sondern dass diese selbst zutiefst androzentrisch ausgestaltet sind. Denn Staatsbürgerschaftsrechte beruhen auf normativen Annahmen über das familiäre Leben der Staatsbürger_innen, die zwar als ‚privat‘ gelten, dennoch aber die Basis für die ungleiche Verteilung von Rechten und Ressourcen liefern und ungleiche staatsbürgerliche Zugehörigkeit konstituieren (Lister 1997: 119).

Der genuin androzentrische Subtext von Staatsbürgerschaftsrechten speist sich also ebenfalls aus der vergeschlechtlichten Grenzziehung zwischen Öffentlichkeit und Privatheit. Paradoxerweise macht diese Grenzziehung es auch möglich, dass Staatsbürgerrechte dennoch als allgemeine Rechte gelten können, da deren normative Voraussetzungen in das ‚unpolitische' Private verbannt werden. Iris Marion Young sieht gerade in dem Universalitätsanspruch der Staatsbürgerrechte einen Modus, um die dem Staatsbürgerschaftskonzept inhärenten Ausschlüsse und Ungleichheiten unsichtbar zu machen (Young 1993). Heterogene Lebenserfahrungen und -praktiken ebenso wie Ausschlüsse und Ungleichheiten in der Wahrnehmung staatsbürgerlicher Rechte werden im Namen einer (herrschaftlich definierten) ‚Allgemeinheit' des Staatsbürgerschaftsstatus ausgelöscht. Auch dies führt Young auf die moderne Dichotomie von privat und öffentlich zurück, die Lebenserfahrungen marginalisierter Gruppen als privat und damit als partikular erscheinen lässt.

> „Der Versuch, ein Ideal des universalen Staatsbürgerschaftsstatus zu verwirklichen, welches besagt, die Öffentlichkeit verkörpere Allgemeinheit im Unterschied zu Partikularität, Gemeinsamkeit gegenüber Differenz, wird dazu tendieren, manche Gruppen selbst dann auszuschließen, wenn sie formal den gleichen Staatsbürgerschaftsstatus haben." (Ebd.: 276)

Arbeiten, die das Zusammenwirken von Rassismus, Kolonialismus, Versklavung, Geschlecht und Staatsbürger_innenschaft ins Zentrum rücken, machen deutlich, dass die Genese der Staatsbürgerschaft in Nationalstaaten im globalen Norden mit Ausschlüssen von nicht-europäischen, Schwarzen Menschen und *People of Color* einherging (El-Tayeb 2001; Pateman/Mills 2007; Stoler 1995). Versklavte Menschen in den europäischen Kolonien wurden von Staatsbürgerschaftsrechten ausgeschlossen; zugleich bildete sich das Ideal des ‚freien' Staatsbürgers der europäischen Moderne auf der Gegenfolie der Unfreiheit von Sklav_innen heraus. Manuela Boatcă und Julia Roth sprechen daher in Anlehnung an Aníbal Quijanos Konzept der „Kolonialität der Macht" (2000) von der „coloniality of citizenship" (Boatcă/Roth 2018). Ein zentrales Element der Kolonialgesetzgebung war die Regelung des Zugangs zu Staatsbürgerschaft über staatliche Gesetze gegen sogenannte ‚Misch-Ehen'. In den deutschen Kolonien in Afrika wurden deutschen Männern, die mit afrikanischen Frauen verheiratet waren oder zusammenlebten, die bürgerlichen Rechte, inklusive das Wahlrecht oder das Recht, Grundbesetz zu erwerben oder staatliche Hilfe zu beanspruchen, aberkannt (El-Tayeb 2001: 97; s.a. Boatcă/Roth 2018: 197).

Aus dieser Perspektive gilt Staatsbürgerschaft daher nicht – wie im Kanon der Politikwissenschaft meist angenommen – als politischer Modus zur Verringerung sozialer Ungleichheiten, sondern als Modus zu deren Aufrechterhaltung und Intensivierung. Auf der Basis dessen, was Ayelet Shachar (2009) als „Birthright Lottery" bezeichnete, wurden und werden Rechte und Zugänge zu globalen Ressourcen innerhalb des (post-)kolonialen Macht- und Herrschaftsgefüges überaus ungleich verteilt. Politische Partizipation und Rechte ebenso wie Sicherheit, Reichtum und Zugang zu lebensnotwendigen Ressourcen wie Nahrung, Wasser und medizinischer Versorgung werden mittels Staatsbürgerschaft nur auf jene beschränkt, die als ‚natürliche Erben' einer politischen Gemeinschaft gelten (ebd.).

Dass die Logik der Staatsbürgerschaft und Staatsbürgerrechte auch heteronormativ ist, machen queer-feministische Arbeiten deutlich. Aus dieser Perspektive werden die Voraussetzungen gesellschaftlicher Mitgliedschaft in modernen westlichen Gesellschaften als grundlegend heteronormativ entlarvt: Denn um überhaupt als Staatsbürger_in anerkannt zu werden, ist es notwendig, ein eindeutig weibliches oder männliches Subjekt zu sein. Damit ist bereits das Fundament, wer überhaupt als Staatsbürger_in gilt, zutiefst heteronormativ strukturiert (u.a. Genschel 2000; Hark/Genschel 2003). Staatsbürgerschaft ist folglich „always already sexualized […] in that the foundational tenets of being a citizen are all inflected by sexualities" (Bell/Binnie 2000: 10ff.). Heteronormativität reguliert auf diese Weise grundlegend die Zugehörigkeit zur Gesellschaft, Partizipationsmöglichkeiten an der Gestaltung der Gesellschaft und Formen wohlfahrtsstaatlicher Absicherung (Hark/Genschel 2003: 148).

Auch queer-feministische Arbeiten unterscheiden zwischen formalen und substanziellen Ausschlussmechanismen von Staatsbürgerrechten (Hark/Genschel 2003; Klapeer 2012; Phelan 2001): Formal waren lesbische und schwule Menschen sowie Trans*Personen bis Ende des 20. Jahrhunderts von elementaren Staatsbürgerrechten ausgeschlossen. Aufgrund der Kriminalisierung gleichgeschlechtlicher Lebensweisen ebenso wie aufgrund eines heterosexistischen Familienrechts, das Lesben und Schwulen etwa das Recht einer zivilen Eheschließung verwehrt, war und ist der formale Zugang zu Staatsbürgerrechten für LGBTIQ*s[4] begrenzt. Neben diesen formalen Ausschlüssen erschweren gesellschaftliche Machtverhältnisse und Normen auch gegenwärtig, trotz Entkriminalisierung und „toleranzpluralistischer Integration" (Engel 2002: 165), die substanzielle Ausübung von Staatsbürgerrechten für LGBTIQ*s. Denn Staatsbürgerschaftsrechten liegen machtvolle Setzungen über Intimität, Sexualität, Privatheit, Familien-, Beziehungs- und Verwandtschaftsformen zugrunde; sie basieren auf der Annahme einer angeblichen Naturhaftigkeit eines heterosexuellen Begehrens sowie einer natürlichen Sphäre der Privatheit und Intimität. In diesem als heteronormativ gesetzten Bereich der Intimität und der Privatheit muss sich aber

> „jene staatsbürgerliche ‚Pflicht' zur (vergeschlechtlichten) Heterosexualität (u.a. in Familie, Beziehungen, Sexualität und in Form von Reproduktion, *Caring* und Arbeitsteilung) realisieren […], die schließlich für die substanzielle Wahr-

4 Die Abkürzung LGBTIQ* steht für Lesbian, Gay, Bisexual, Trans*, Inter*, Queer. Das Sternchen * verweist auf die Unabgeschlossenheit der Aufzählung.

nehmung der entsprechenden Staatsbürger_innenrechte ausschlaggebend ist" (Klapeer 2012: 82).

Diese gesellschaftlich wirksamen ‚Wahrheitsregime' machen LGBTIQ*s zu „sexual strangers" (Phelan 2001), denen eine vollständige Mitgliedschaft in der Gesellschaft verweigert wird und die, wie Shane Phelan zeigt, aus den „national imaginaries" ausgeschlossen werden (ebd.: 6f.). Als „sexual strangers" fungieren LGBTIQ*s als Außen der Nation, „that has no place in the imaginary except as threat, cannot participate in citizenship, no matter what rights its members have come to enjoy" (ebd.).

Ein derart breites Staatsbürger_innenschaftskonzept macht deutlich, dass die Ein- und Ausschlüsse nicht nur auf formal-rechtlicher Ebene operieren, sondern auch mittels gesellschaftlicher Repräsentationen und Praxen, in denen Heterosexualität als Norm(alität) gesetzt wird. Auf diese Weise werden „Ausbildungsinstitutionen, (Massen-)Medien und Sphären des Konsums als zentrale Verteilungs-, Vermittlungs- und Produktionsorte von jenen ‚kulturellen Ressourcen' identifiziert" (Klapeer 2012: 88), die letztlich die substanzielle Wahrnehmung von Staatsbürger_innenrechten ebenso wie die Zugehörigkeit beeinflussen.

Die Dringlichkeit, sich trotz partikularer formaler Öffnung der Staatsbürgerrechte für Lesben und Schwule mit den Ausschlüssen auf der substanziellen Ebene zu befassen, unterstreicht Christine Klapeer mit ihrem Hinweis auf gewalttätige Übergriffe auf Teilnehmer_innen von *Pride*-Paraden, die Ausdruck dieser Diskrepanz zwischen formal zugestandenen Staatsbürgerrechten und der tatsächlichen Möglichkeit der Realisierung sind. Sie weist daher auf die Notwendigkeit hin, sich mit den gesellschaftlichen Machtmechanismen auseinanderzusetzen, die dazu führen, dass „jemand, der/die zwar als ‚neutralisierte_r' und ‚abstrakte_r' Bürger_in formell über die entsprechenden Bürger_innenrechte verfügt (z.B. Versammlungsfreiheit)" (ebd.: 82), diese nicht wahrnehmen kann.

Die partielle Öffnung staatsbürgerlicher Rechte seit Ende des 20. Jahrhunderts, insbesondere das Recht auf eine zivile Partner_innenschaft für gleichgeschlechtliche Paare in vielen westeuropäischen Staaten, werden in queer-feministischen Debatten kontrovers diskutiert (Bell/Binnie 2000; Phelan 2000; Phelan 2001; quaestio 2000). Während ein Strang den politischen Kampf für die Öffnung der Staatsbürger_innenrechte für LGBTIQ*s durchaus als emanzipatorisches Instrument zur Erlangung formaler und substanzieller Gleichheit sieht (Baer 1998; Holzleithner 2009b), weist der andere Strang darauf hin, dass die Inklusion von LGBTIQ*s in Staatsbürgerrechte aufgrund deren genuiner heteronormativer Verfasstheit kein radikal-emanzipatorischer Schritt sein kann. Denn die Inklusion von LGBTIQ*s in Staatsbürgerrechte führt zu einer Festschreibung sowohl von Identitäten als auch der Konstruktion von Sexualität als einem ‚naturgegebenen Wesensmerkmal' einer Person, deren Ausleben ein privates Freiheitsrecht sei, das staatlich geschützt werden müsse. Auf diese Weise, so die Kritik, würden durch die Einforderung von Staatsbürgerrechten von LGBTIQ*s jene diskursiven ‚Wahrheiten' bestätigt werden, die Foucault als Merkmale des modernen Sexualitätsdispositivs vorgeführt hat (Hark 2000; Hark/Genschel 2003.).

Darüber hinaus werden die partiellen Zugeständnisse von Staatsbürger_innenrechten an (manche) LGBTIQs als staatliche Machttechniken für rassistische Grenzziehungen im Inneren des Nationalstaates genutzt: Jin Haritaworn (2015) rekonstruiert, wie die Sichtbarkeit in der Öffentlichkeit von vor allem weißen lesbischen und schwulen Bürger_innen in Deutschland mit einer ‚moral panic' gegenüber Menschen einhergeht, die durch rassistische und postkoloniale Politiken als bedrohliche Andere konstruiert werden. Der Eintritt in die hegemoniale Öffentlichkeit von schützenswerten weißen ‚queeren lovers' setzt die Konstruktion von bedrohlichen ‚hateful Others' voraus, die mittels Reaktivierung von rassistischen und postkolonialen Machttechniken zu solchen gemacht werden. Diese Dynamik, in der die Regeneration mancher queerer Subjekte durch die Aufnahme in die Gemeinschaft der intelligiblen Staatsbürger_innen durch rassistische und neokoloniale *Othering*-Prozesse ermöglicht wird, bezeichnet Haritaworn mit dem Begriff „queer regenerations" (ebd.: 3). In Deutschland entfaltete sich dieses „drama of queer lovers and hateful Others" (ebd.: 53), wie Haritaworn zeigt, insbesondere ab 2008 in Plakatkampagnen (wie etwa ‚Liebe-verdient-Respekt') und bei Kiss-Ins an sogenannten ‚Problemorten'. Diese Aktionen reklamierten Sichtbarkeit im öffentlichen Raum für vornehmlich weiße queere Subjekte, die es mit Hilfe des Staates und der Polizei vor homophoben *‚Hate Crimes'* zu schützen gelte, die insbesondere muslimischen Jugendlichen zugeschrieben werden. Diese Gleichsetzung von schützenswerten ‚queeren lovers' mit weißen Staatsbürger_innen schreibt eine koloniale Logik fort, der zufolge ledigliche weiße Europäer_innen zu ‚entwickelten Gefühlen' wie der ‚romantischen Liebe' fähig seien (ebd.: 90; s.a. El-Tayeb 2012). Nicht zuletzt gelten sie im neoliberalen nationalen Imaginären deshalb auch als anerkennungswürdig und schützenswert. Zugleich wird jenen, die als bedrohliche ‚Andere' konstruiert werden, nicht nur abgesprochen, zu solch ‚entwickelten' Gefühlen fähig zu sein; sie werden auch zu Träger_innen von ‚unentwickelten' Gefühlen:

> „Racialised and colonised populations are incapable of learning how to love reasonably because they are incapable of escaping their ‚natural' bodily instincts and impulses such as hate and anger. In the ‚Family of Man', where white norms of family, nation and empire must be inculcated into affectable populations, racialised and colonised peoples remain in a child-like position where they must learn, but constantly fail, to conform to cis-heteropatriarchal bourgeois moulds of gender and sexuality. To love authentically, then, is twice unattainable for queer people of colour, who are excluded from dominant love on account of their racial as well as their gender and sexual non-conformity." (Haritaworn 2015: 90)

Hier zeigt sich, wie auch der neoliberale vermeintlich (partiell) tolerante Staat Versprechen auf Teilhabe, Schutz und Glück für die intelligiblen Staatsbürger_innen nur bedienen kann, indem er andere als Bedrohung marginalisiert.

Auch die Einführung des Personenstands ‚divers' in Deutschland 2019 bedeutet nicht, dass Cis-Zweigeschlechtlichkeit an Relevanz für die Verteilung und Zuerkennung substantieller Staatsbürger_innenrechte verlieren würde. So kommen, wie Tamás Jules Fütty argumentiert, inter*, trans* und nicht-binäre Menschen

> „in der symbolischen, institutionellen und räumlichen Architektur der Gesellschaft i.d.R. weiterhin nicht vor […]. Sie werden in Statistiken, Anreden (Herr oder Frau) oder Formularen aufgrund binärer Geschlechternormen ausgeschlossen, bei Toiletten und Umkleiden nicht berücksichtigt/mitgedacht, in behördlichen Verfahren oder bei Stellenbesetzungen und generell in Institutionen wie der Schule oder im Gesundheitswesen unsichtbar gemacht oder nicht-anerkannt" (Fütty 2022: 294).

Auch hier zeigt sich, dass Heteronormativität, und Cis-Zweigeschlechtlichkeit relevante Grundlagen für Staatsbürger_innenschaft bleiben.

III.4 Geschlecht und Recht

Feministische Arbeiten zum modernen westlichen Rechtsstaat zeigen auf, wie Geschlechterverhältnisse sich im Recht niederschlagen und wie diese durch das Recht reguliert werden (Baer/Berghahn 1996; Foljanty/Lembke 2006; Flügge 1984; Gerhard 1997; Holzleithner 2002; MacKinnon 1989; Maihofer 1990; Sacksofsky 1996). Grundlegend ist die Frage, wie Recht trotz verfassungsrechtlich festgeschriebenem Gleichheitssatz Geschlechterungleichheit toleriert und hervorbringt. Die Antwort liegt in den androzentrischen Normen, die im bürgerlichen Recht sedimentiert, jedoch nicht als solche ausgewiesen sind. „Hinter jenen Normen, die formal gleich angewendet werden sollen, stehen Maßfiguren, die typischerweise männlich, aber auch weiß und einheimisch, heterosexuell und kulturell unauffällig sind. Auf diese Bedürfnisse werden Rechtsnormen zugeschnitten" (Holzleithner 2009b: 48; Brown 1992: 17ff.). Die ‚Objektivität' des Rechts wurde von feministischen Rechtswissenschaftler_innen daher als „männliche Parteinahme" (Baer/Berghahn 1996: 227) und der ‚Universalismus' „als Ausblendungsstrategie erkannt und angegriffen" (ebd. sowie Maihofer 1990: 359). Die der ‚Objektivität' zugrunde liegende androzentrische Partikularität ist auch Ausdruck davon, dass Frauen lange gar nicht der Status einer rechtsfähigen Person zugestanden wurde – sie wurden als Ehefrauen, Töchter oder Mütter lediglich über andere Personen zu Rechts-‚Subjekten'. Dass in Westdeutschland Ehemänner bis 1957 das Recht hatten, das Lohnarbeitsverhältnis ‚ihrer' Frauen zu kündigen, stellt eines der vielen Beispiele hierfür dar.

Catherine MacKinnon verdeutlicht den Androzentrismus des Rechts eindrücklich in ihrer Kritik am rechtsstaatlichen Umgang mit Vergewaltigungen, bei denen der Standpunkt des Vergewaltigers Ausgangspunkt der Rechtsprechung ist (MacKinnon 1983: 646ff.):

> „Having defined rape in male sexual terms, the law's problem, which becomes the victim's problem, is distinguishing rape from sex in specific cases. The law does this by adjudicating the level of acceptable force starting just above the level set by what is seen as normal male sexual behaviour, rather than at the victim's, or women's, point of violation. Rape cases finding insufficient force reveal that acceptable sex, in the legal perspective, can entail a lot of force. This is not only because of the way specific facts are perceived and interpreted, but because of the way injury itself is defined as illegal. Rape is a sex crime that is not a crime when it looks like sex." (Ebd.: 649; s.a. 1989: 171ff.)

Nach MacKinnon liegen dem gesetzlichen Umgang mit Vergewaltigungen Konstruktionen von Männern als aggressiven Subjekten und von Frauen als passiven Objekten zugrunde, die dazu führen, dass Gerichtsurteile umso patriarchaler ausfallen, je objektiver Rechtssprechende sich verhalten (1983: 650ff.). Gerade dass die Grenzziehung zwischen Vergewaltigung und ‚normaler' Sexualität über die Frage der Zustimmung definiert wird, ist für MacKinnon in einer patriarchalen Gesellschaft, wo Frauen zum passiven Erdulden sozialisiert werden, Ausdruck einer fundamentalen androzentrischen Schieflage des Rechts.

MacKinnon spitzt ihre Kritik am unterstellten Rechtssubjekt in dem Argument zu, dass bereits die Rechts*form* Ausdruck von Maskulinismus ist. Hier bedient sie sich der Marxschen Kritik am bürgerlichen Recht, die deutlich gemacht hat, dass dieses auf der Abstraktion von sozialen Ungleichheits- und Ausbeutungsverhältnissen beruht. Vor diesem Hintergrund argumentiert sie, dass die dem Recht inhärente Ausblendung sozialer Beziehungen und Bedürfnisse ebenso auf dessen Maskulinismus verweist: „In the liberal state, the rule of law – neutral, abstract, elevated, pervasive – both institutionalizes the power of men over women and institutionalizes power in its male form" (MacKinnon 1989: 238). Auch Young (1990) kritisiert am herrschenden Rechtsverständnis, dass dieses von sozialen Beziehungen abstrahiert, Geschlechterungleichheit unberücksichtigt lässt und damit fortschreibt. Brown wiederum sieht in der Zentralität des Rechts für die Regulierung gesellschaftlicher Beziehungen ein wesentliches Moment des Maskulinismus des modernen liberalen Staates:

> „[N]ot merely the structure and discourse but the ethos of the liberal state appears to be socially masculine: its discursive currencies are rights rather than needs, individuals rather than relations, autogenesis rather than interdependence, interests rather than shared circumstances." (Brown 1992: 20)

Neben der Kritik am unterstellten Rechtssubjekt und der Rechtsform ist die im Recht ein- und durch das Recht fortgeschriebene Grenzziehung von Öffentlichkeit und Privatheit Gegenstand feministischer Kritik. Zu verdeutlichen, dass die

Sphäre der Familie und Ehe keineswegs naturgegebener Weise vorstaatlich ist, sondern erst durch das Recht als ‚rechtsfreier' Raum geschaffen wird, stellt eines der zentralen Verdienste feministischer Arbeiten zu Recht und Geschlecht dar. Die Definition der Familie als ‚privat' führt erst „zum Ausschluß des Rechtlichen aus und damit dem Einschluß der Willkür in den Privatbereich" (Baer/Berghahn 1996: 238). Geschlechtliche Ausbeutungs-, Ungleichheits- und Gewaltverhältnisse werden legitimiert, indem qua Recht eine rechtsfreie Sphäre geschaffen wird. Auf diese Weise konnten beispielsweise bis zur Eherechtsänderung 1997 Vergewaltigung in der Ehe in Deutschland nicht als Strafdelikt gelten und Sexualverbrechen in den Kriegsverbrecherprozessen von Nürnberg sowohl in den Statuten als in den Verhandlungen unerwähnt bleiben, obwohl diese Teil der Kriegsstrategien waren (Buckel 2008; Seifert 1993).

Die Ideologie der Privatheit verschleiert zudem, dass diese in vielfältiger Weise durch das Recht reguliert ist – durch das Familienrecht, das in Deutschland etwa bis 1976 eheliche Pflichten und Rechte geschlechtsspezifisch formulierte; durch die rentenrechtlichen Regelungen, durch die bis 1985/1986 Erziehungszeiten offenbar als Liebesdienst betrachtet wurden, da sie für die rentenrechtliche Anerkennung keinerlei Relevanz hatten; oder durch das Strafrecht, das Schwangerschaftsabbrüche und damit die Grenzen der Selbstbestimmung über den eigenen Körper regelt.

Eine weitere Folge des in das Recht eingeschriebenen Androzentrismus ist, dass Frauen ein geringeres „Rechtsanspruchsbewußtsein" (Baer/Berghahn 1996: 233) haben, also im Vergleich zu Männern „im Rechts- und Gerichtsalltag weniger in Erscheinung treten, Ansprüche seltener einklagen, häufiger – z.B. auf Scheidungsunterhalt – verzichten und nicht-formalisierte Verfahren der Konfliktaustragung bevorzugen" (ebd.; s.a. Gerhard 1984). Diese Rechtsdistanz wird mit einer „von vornherein erwarteten eigenen Machtlosigkeit in der Durchsetzung" (Baer/Berghahn 1996: 233) erklärt sowie mit dem Umstand, dass Frauen, wenn sie sich denn an das Recht wenden, aufgrund dessen maskulinistischer Partikularität insbesondere bei Klagen gegen sexuelle Gewalt und gegen Diskriminierung im Lohnarbeitsbereich erneut mit Unrechtserfahrungen rechnen müssen (ebd.: 226). Rosemary Hunter schreibt daher über die Erfahrung vergewaltigter Frauen in Gerichtsverfahren, dass diese zum „spectacle of torture: displayed, threatened, intimidated, humiliated, objectified and pornographised" werden (Hunter 2006: 37). Schließlich heben Susanne Baer und Sabine Berghahn hervor, dass die Rechtsdistanz von Frauen eine Konsequenz eines „Mangels an Gelegenheiten [...], Recht sinnvoll einzusetzen" ist (Baer/Berghahn 1996: 234). Auch hier zeigt sich der androzentrische Charakter des Rechts deutlich:

> „Wer kein Vermögen hat, kann kaum in Streitigkeiten um Grundstücksgeschäfte oder Baumängel verwickelt werden. Wer als diskontinuierliche Teilzeiterwerbs-

tätige keine tariflichen Ansprüche auf Bildungsurlaub oder Überstundenabgeltung besitzt, kann auf den ersten Blick wenig für sich erreichen." (Ebd.)

Queer-feministische Arbeiten schließen an diese feministischen Kritiken an und betonen, dass nicht nur Geschlecht, sondern auch Heteronormativität das Recht fundamental strukturiert (vgl. Adamietz 2011; Holzleithner 2009a; Mesquita 2012). Zugleich akzentuieren sie, dass das Recht eine entscheidende Rolle in der Hervorbringung heteronormativer ‚Wahrheiten' und ‚Selbstverständlichkeiten' einnimmt:

> „Wäre eine ‚geschlechtliche Natur' der Gesellschaft vorgelagert und ein für alle Mal durch ‚die Natur' als eine vorgestellte, ungeschichtliche Urgewalt determiniert, dann – so viel ist klar – bedürfte es keines Transsexuellengesetzes. Wären die Menschen ‚von Natur aus' heterosexuell, bedürfte es nicht der Regulation gleichgeschlechtlicher Beziehungen. Noch weitergehend: Wäre die heterosexuelle, gegengeschlechtliche Körper voraussetzende, romantische ‚Verantwortungsgemeinschaft' von zwei und nur zwei Menschen in einer natürlichen Ordnung gegeben, so bedürfte es keines § 8 Abs. 1 Nr.2. TSG, denn sie würde sich von selbst einstellen." (Buckel/König 2009: 344; s.a. Adamietz 2011)

An die feministische Dekonstruktion des Rechtssubjekts als maskulines anknüpfend argumentieren queer-feministische Arbeiten, dass das dem Recht unterstellte Subjekt ebenso cis-zweigeschlechtlich konstituiert und heterosexuell orientiert ist. Dass mittels Recht Subjekte cis-zweigeschlechtlich konstituiert werden, zeigt sich im Personenstandgesetz: Wenngleich das deutsche Recht wörtlich lediglich die Zuteilung zu *einem* Geschlecht fordert und die inhaltliche Ausgestaltung dessen gar nicht festlegt, wird in der Rechtspraxis davon ausgegangen, dass Geschlecht lediglich weiblich oder männlich sein kann (Holzleithner 2009b: 46; Elsuni 2006; Plett 2002; Plett 2012). Laura Adamietz betont daher, dass Geschlecht im Recht eine „Erwartung" ist (Adamietz 2011: 250ff.). Diese normative Erwartung – dass Geschlecht nur binär sein ‚kann' – wird von politischen Wissensregimen (wie etwa naturwissenschaftlichen ‚Erkenntnissen') genährt und wirkt handlungsanleitend für Rechtsanwendende.

> „‚Geschlecht' ist als Erwartung zu fassen, genauer als Anknüpfungsmerkmal für verschiedene Erwartungen, die an verschiedene Menschen gestellt werden. Derzeit stellen sowohl ‚Gesellschaft' als auch ‚Recht' Erwartungen auf, sich so zu verhalten, wie es Mitgliedern der zugeordneten (Geschlechts-)Gruppe entspricht." (Ebd.: 258)

Das Urteil des deutschen Bundesverfassungsgerichts Anfang 2011, das zentrale Bestimmungen des „Transsexuellengesetzes" – die operativen Eingriffe als auch der Nachweis einer dauernden Fortpflanzungsunfähigkeit – mit dem Grundrecht auf körperliche Unversehrtheit und dem Recht auf sexuelle Selbstbestimmung als unvereinbar und daher verfassungswidrig definiert, zeigt jedoch auch die potenzielle Wandelbarkeit des Rechts. Es ist daher anzunehmen, dass in Zukunft das im Recht unterstellte Geschlecht eine *Erwartung* sein wird, die weniger stark biologistisch fundiert ist. Ob die Ausgestaltung des Rechts dadurch weniger heteronormativ wird, bleibt in zukünftigen Analysen festzustellen. Mit Blick auf die Wandelbarkeit des Rechts hält Adamietz fest:

> „Sich dem Geschlecht zuordnen zu lassen, auf das die Genitalien verweisen (seien es die bei Geburt vorhandenen oder operativ veränderte), ist eine Erwartung, die das Recht stellte, und die als verfassungswidrig anerkannt wurde. Sich überhaupt einem Geschlecht zuordnen zu müssen, ist eine Erwartung, die das Recht derzeit stellt. Das ‚andere' Geschlecht zu begehren und sich dauerhaft rechtlich mit ihm zu verbinden, ist eine Erwartung, die das Recht stellt, wenn und solange sie diese Lebensform privilegiert." (Ebd.)

Die dem Recht zugrunde liegende Annahme, dass Rechtssubjekte ‚naturgegebener Weise' heterosexuell lieben und leben, zeigt sich besonders deutlich in der Geschichte des Sexualstrafrechts, das in Deutschland bis 1994 gleichgeschlechtliche sexuelle Handlungen kriminalisierte. Die heterosexuelle Ausgestaltung des Rechts kommt darüber hinaus im Familienrecht zum Ausdruck, das bis vor kurzem Ehe und Familie strikt in heterosexuellen Parametern definierte (Holzleithner 2009c; Mesquita 2011; Raab 2011). Ebenso aufgrund sozialer Kämpfe kam es in den letzten Jahren zu einschneidenden rechtlichen Veränderungen der Regulierung von Heteronormativität. So wurde in Deutschland 2017, in Österreich 2019 die Ehe für lesbische und schwule Paare eingeführt; 2013 wurde in Deutschland das Ehegattensplitting auf gleichgeschlechtliche Ehen ausgeweitet. Mit der Einführung der Ehe ist es verheirateten lesbischen und schwulen Paaren in Deutschland und Österreich auch erlaubt, Kinder zu adoptieren. Trotz dieser Öffnungen bleiben heteronormative Beharrlichkeiten über Vorstellungen von Elternschaft und Familie im Recht bestehen: So ist etwa die „rechtliche Absicherung einer doppelten Mutterschaft im Sinne einer gemeinsamen elterlichen Sorge [...] (bislang nur) durch eine Stiefkindadoption möglich. Auch nach der Einführung der ‚Ehe für Alle' gilt die Partnerin der gebärenden Frau rechtlich nicht als Mutter [...]. Eine Mutterschaftsanerkennung oder eine rechtliche Elternschaft von dritten und vierten Eltern gibt es in Deutschland nicht" (Teschlade/Peukert/Wimbauer/Motakef/Holzleithner 2020: 14; vgl. Chebout/Richarz 2018 und Richarz/Mangold 2021).

Die Frage, wie wandelbar das Recht ist bzw. wie die Dynamik von Stabilität und Wandel für Anliegen genutzt werden kann, begleitete feministische und queere Analysen von Recht und Geschlecht von Anfang an. Die Suchbewegungen nach möglichen emanzipatorischen Strategien gestalteten und gestalten sich innerhalb feministischer ebenso wie queerer Theorie lebendig und kontrovers. Die Debatten um Möglichkeiten und Begrenzungen feministischer Rechtspolitiken, die vor allem an erste feministische Analysen des Rechts in den 1990er Jahren anschlossen, kreis(t)en entlang zweier Pole, die durch die Auseinandersetzungen um Gleichheit und/oder Differenz gespeist sind (vgl. dazu auch Maihofer 1990: 364f.): Einerseits nehmen Vertreter_innen, die einen Gegenentwurf zum herrschenden androzentrischen Recht fordern, Anleihe bei differenztheoretischen Arbeiten, die von einer grundsätzlichen Verschiedenheit von Frauen und Männern ausgehen und in der tatsächlichen Anerkennung der Differenz ein emanzipatorisches Potenzial sehen: So werden hier u.a. Luce Irirgarays Kritik am Phallogozentrismus (Irirgaray 1977), Nancy Chodorows Begründung der Differenz von Frauen aufgrund ihrer Erfahrung als Mütter (Chodorow 1977) oder Carol Gilligans Arbeiten zu einer differenten weiblichen Moral (Gilligan 1982) herangezogen, um die Notwendigkeit eines *differenten* Rechts jenseits der phallogozentrischen Logik des Einen zu verdeutlichen (Hassauer 1990: 334; Irigaray 1990: 338ff.; MacKinnon 1990). Ausgangspunkt ist die Kritik an einem auf Gleichheit gerichtetes Recht, da dieses nicht in der Lage sei, Differenz als gleichwertig oder gleichberechtigt anzuerkennen; Differentes müsse daher immer abgewertet und ungleich behandelt werden. Recht, das auf Gleichheit beruht, muss von Differenzen abstrahieren und schreibt Ungleichheiten damit fort. Demgegenüber würde ein differentes Recht, so das Argument, das anstelle von Gleichheit die Gleichberechtigung von Differentem ermöglicht, die in das herrschende Recht eingeschriebene Logik des Einen durch eine plurale Logik ersetzen. Konkret in Rechtsstrategien umgesetzt werden diese differenzfeministischen Überlegungen bislang nur in Ansätzen: So können etwa spezielle Frauenförderungen, Quoten oder Anti-Diskriminierungsgesetze als differenzfeministische rechtliche Instrumente interpretiert werden, die aber zumeist nur als Übergangslösungen hin zu einem am Gleichheitspostulat orientierten Recht eingesetzt werden.

Anhänger_innen des Gleichheitsparadigmas vertreten andererseits die Auffassung, dass es an das Postulat der Gleichheit anzuknüpfen und dessen tatsächliche Verwirklichung voranzutreiben gilt. Diese Positionen beziehen sich auf das radikale Potenzial der Universalität des Gleichheitsanspruchs und gehen davon aus, dass Diskriminierung und Ungleichheit nicht per se aus Gleichheit resultieren, sondern aus deren mangelhafter, inkonsequenter Umsetzung. Im Anschluss an Simone de Beauvoir (1985) stellen Vertreter_innen des Gleichheitsansatzes die Verwirklichung des modernen Ideals der Gleichheit aller Menschen in allen gesellschaftlichen Bereichen ins Zentrum (Gerhard 1990a; Sacksofsky 1996). So hebt etwa Ute Gerhard hervor, dass Gleichheit ohnehin Verschiedenheit voraussetze, weshalb Gleichheit nicht in Identität münden muss. Vielmehr kommt es darauf an, „*in welcher Hinsicht* zwei Sachverhalte oder Personen verglichen werden und wer darüber entscheidet, welche Merkmale zum Vergleich und zur Gleichbehandlung nötigen" (Gerhard 1990a: 192). Daher plädiert sie für eine Demokratisierung des „tertium comparationis" und der Prozeduren, die dieses festlegen, um damit „eine Gleichheit [zu verwirklichen], deren Maß nicht ‚Männlichkeit' ist" (ebd.: 202). Konkret umgesetzt werden diese an Gleichheit orientierten Politiken etwa in Klagen vor dem Verfassungsgericht, bei denen der Versuch unternommen wird, aus dem Gleichheitssatz Rechte zu

> „generieren, welche dem Gesetzgeber aus Mangel an Grundrechtssensibilität bislang nicht abzuringen waren. Das neue Recht wird dabei als notwendige Folge des bereits geltenden ‚höheren Rechts' interpretiert: Der demokratische Gesetzgeber, so die Argumentation, habe diese Frage auf grund-rechtlicher Ebene bereits implizit entschieden; es sei nun nur noch die Aufgabe der Gerichte, einen einfach gesetzlichen ‚Fehler' zu korrigieren" (Holzleithner 2009b: 50).

Eine andere Herausforderung für feministische Auseinandersetzungen mit dem Recht und insbesondere für die Einschätzung, ob dieses auch für emanzipatorische Zwecke genutzt werden kann, brachten poststrukturalistische Ansätze: So kehrt Brown die differenzfeministische Argumentation um, indem sie nicht davon ausgeht, dass Frauen aufgrund von Differenzen diskriminiert werden, sondern, dass erst durch das Recht Identitäten und somit Differenzen hervorgebracht werden (Brown 2000; s.a. Engel 2000: 159). Sie argumentiert, dass dem Recht eine machtvolle Produktivität zu eigen ist, durch die vergeschlechtlichte, heteronormative ebenso wie rassisierte Rechtssubjekte konstituiert werden (Brown 1992: 17). Vor diesem Hintergrund kann radikale feministische Politik sich nach Brown nicht auf das Recht beziehen, da dies sowohl zu einer Anerkennung bestimmter – machtvoll vorgegebener – Subjektpositionen führe und letztlich staatliche Macht bestätige (Brown 2000: 232; vgl. ähnlich auch Hark/Genschel 2003: 155). Daher folgert sie: „To have a right *as* a woman is not to be free of being designated and subordinated by gender" (Brown 2000: 232). Ähnlich problematisiert auch Anna Marie Smith, dass Politiken, die sich an das Recht wenden und rechtliche Anerkennung fordern, notwendigerweise die zugrunde liegenden Normen festigen, die sich an dem Ideal des weißen, heterosexuellen, männlichen, besitzenden Bürger orientieren. Dies hat zur Folge, wie Smith zuspitzt, „daß der Forderung eines Subjekts nach rechtlicher Anerkennung nur in dem Maße nachgekommen wird, in dem es die Fähigkeit demonstriert, das prototypische Subjekt nachzuahmen – zumindest unter idealen Bedingungen" (Smith 2000: 48).

Die Frage, ob Forderungen nach (Ausweitung) rechtlicher Anerkennung und Absicherung emanzipatorisch sein können, hat im queer-feministischen Kontext in den letzten Jahren insbesondere durch die Einführung ziviler Partnerschaften bzw. der Ehe für lesbische und schwule Paare neuen Aufwind erfahren. Auch diese Diskussionen werden kontrovers geführt, was nicht zuletzt an dem Gegenstand selbst liegt, denn das Recht

> „stellt ein höchst ambivalentes, begrenzendes wie begrenztes Medium queerfeministischer Kämpfe dar [...]. Während es einerseits als Stabilisator von Herrschaftsverhältnissen, als vermachtete Subjektivierungsmaschinerie, als maskulinistische, sexuelle und geschlechtliche Normen naturalisierende Instanz kritisiert wird [...], kommen soziale Bewegungen andererseits nicht umhin,

rechtliche Strategien bei der Umsetzung ihrer Forderungen zur Anwendung zu bringen" (Mesquita 2012: 42; s.a. Buckel 2006; Holzleithner 2009c; Maihofer 1995: 80).

So stellen Kritiker_innen heraus, dass die (partielle) Öffnung der Ehe nicht notwendigerweise bedeutet, dass sich die Ehe auf diese Weise ihres heteronormativen Charakters entledigt. Lisa Duggan verweist darauf, dass die Inklusion gleichgeschlechtlicher Liebes- und Lebensformen in das Normalitätskontinuum auch an einen Preis gebunden ist: Als „neue Homonormativität" (Duggan 2000: 92) beschreibt sie gegenwärtige Tendenzen, nicht-heteronormative Praxen, die dem Ideal heteronormativer Lebensformen gleichen, zu normalisieren, während andere Formen des Lebens und Liebens – etwa polygame – als unverantwortlich und abnormal figuriert werden.

Darüber hinaus werden, so die Kritik von Heike Raab (2011: 194ff.), durch die (partielle) Ausweitung der Ehe auf gleichgeschlechtliche Paare sowie die partielle Öffnung der Familie durch zunehmende rechtliche Absicherung von ‚Regenbogenfamilien' die Institutionen Ehe und Familie aufgewertet – und damit eine gesellschaftliche Praxis, die gesellschaftlich notwendige Reproduktionsarbeit dem Bereich der Privatheit zuschreibt (s.a. Ganz 2007; Hajek 2012).

Schließlich macht Fatima El-Tayeb darauf aufmerksam, dass das „Anbieten der Option bürgerlicher ‚Normalität' für sexuelle Außenseiter" innerhalb der Festung Europas „mit einem Erstarken eines Modells kulturalistischer Anormalität" (El-Tayeb 2003: 132) von nicht-europäischen ‚Anderen' einhergeht. Denn parallel zur schrittweisen Integration von Lesben und Schwulen, die im Inkrafttreten des Lebenspartnerschaftsgesetzes bzw. der Ehe mündete, ist „eine stetige Verschärfung der Situation von MigrantInnen und ethnischen Minderheiten zu beobachten" (ebd.). Daher steht sie einer Politik, „die ausschließlich auf Inklusion in die bestehenden Strukturen ausgerichtet ist" „(a)ngesichts der fortschreitenden Beschneidung des Asylrechts, eines repressiven ‚Zuwanderungsgesetzes' und des stetigen Ausbaus der Festung Europa" (ebd.) skeptisch gegenüber, da auf diese Weise strukturelle Ausschlüsse und *Othering*-Prozesse fortgeschrieben werden.

Trotz dieser Ambivalenzen, die mit der Integration von manchen gleichgeschlechtlichen Lebensweisen in bestehende Rechtsinstitutionen einhergehen und die zu einem Zugewinn von individuellen Freiheiten für manche und zugleich zur Stabilisierung genau dieser heteronormativer Institutionen beitragen, hält u.a. Baer an der emanzipatorischen Kraft des Rechts fest: Gerade aus der poststrukturalistischen Annahme, dass das Recht als Diskurs zu fassen sei, leitet sie die Notwendigkeit ab, „die Möglichkeiten, Diskurse zu gestalten, auch für das Recht an[zu]erkennen" (Baer 1998: 238). Deshalb gälte es, sich in die Ausgestaltung des Rechts einzumischen. „Die produktive Kraft des Rechts richtet sich nicht zwangsläufig auf Repression, sondern kann auch befreiende Wirkung haben. Zwar besteht immer die Gefahr, daß staatliches Recht zu ungerechten Zwecken eingesetzt wird. Doch liegt darin kein Automatismus" (ebd.: 239). Auch Brown hält als Kehrseite ihrer Kritik an Politiken, die sich auf das Recht beziehen, fest, dass hier ein unlösbares Paradox vorliegt: „Rights appear as that which we cannot not want" (Brown 2002: 421). Denn in modernen westlichen Gesellschaften ist die Anerkennung als vollwertiges Mitglied der Gesellschaft sowie die Teilhabe an der Gesellschaft über Rechte organisiert (ebd.). Ähnlich insistiert Elisabeth Holzleithner,

> „dass es tatsächlich unmöglich ist, auf die Macht des Rechts zu verzichten. Zu wichtig und prekär sind viele der rechtlichen Errungenschaften der letzten Jahre und Jahrzehnte. Ein Recht zu haben, ist Ausdruck einer fundamentalen Form der Anerkennung. Wer Rechte hat, zählt. Das ist vor allem aus der Perspektive derjenigen evident, denen Rechte abgesprochen wurden und werden" (Holzleithner 2009b: 58).

Als emanzipatorische Perspektive schlägt Holzleithner vor, sich das dem modernen Recht inhärente Versprechen der Autonomie anzueignen und dieses Versprechen auch für die Erweiterung geschlechtlich anerkannter Lebens- und Subjektformen zu nutzen. Ausgangspunkt hierfür ist Holzleithners Interpretation, dass jede Person „aus rechtlicher Perspektive die Möglichkeit haben [soll], ihr Leben autonom zu gestalten" (ebd.: 41), woraus sie folgert:

> „Das Recht muss sich für die Vorstellung öffnen, dass Geschlecht, Geschlechtsidentität und sexuelle Orientierung Subjektpositionen sind, die nicht dichotom gedacht werden dürfen und die sich im Lauf des Lebens (mehrfach) ändern können. Die Vorstellung, dass es sich beim Geschlecht um etwas Fluides handeln kann, ist dem Gesetzgeber zutiefst fremd. Damit trifft er sich mit den Intuitionen der meisten Menschen. Das Recht sollte aber um der Ermöglichung persönlicher Autonomie willen genau für eine solche Fluidität geöffnet werden." (Ebd.: 62; vgl. zur Debatte zum Recht als queer-feministische Politikstrategie auch Fuchs/ Berghahn 2012)

Vor dem Hintergrund der Gleichzeitigkeit der Öffnung des Rechts und dessen Beharrlichkeiten schlägt Yv Nay (2017) vor, die Wirkweise des Rechts als Paradoxie zu fassen: Das Recht normalisiert Lebensweisen und Familienformen und zugleich wird es durch LGBTIQ*-Lebensweisen und Familienformen auch herausgefordert.

> „Die Forderung nach dem Recht auf Familie für gleichgeschlechtlich Liebende und sich trans*geschlechtlich identifizierende Personen macht die Vorherrschaft von Heterosexualität sichtbar und lässt die gängigen Vorstellungen von Familie und Ehe einmal mehr verhandelbar werden. Sie zeigt auf, wie die traditionelle heterosexuelle Ehe und bürgerliche (Klein-)Familie subtil und trotz sich wandelnder Familienformen noch immer unhinterfragt als allgemeingültige Norm wirkt und wie der damit einhergehende soziale Status ebenso wie die daran geknüpften materiellen Vorteile unangetastet bleiben. Solche Forderungen und damit verbundene Politiken stellen die heteronormative Familie und Ehe

infrage, bestätigen diese allerdings gleichzeitig, indem die Aufrechterhaltung der Ehe als privilegierte intime Beziehungsform nicht angefochten wird." (Nay 2015: 52)

Nay plädiert dafür, die Gegenüberstellung „zwischen scheinbar eindeutig radikalen und assimilierenden Politiken von LGBT* sowie deren Unterstützer_innen" (ebd.) zu überkommen. Die „dichotome Verengung von reifizierenden Normalisierungsprozessen versus entnormalisierenden Gegenentwürfen" (ebd.: 56) werde der affektiven Komplexität von Politiken um rechtliche Anerkennung nicht gerecht. Denn Politiken der rechtlichen Anerkennung von gleichgeschlechtlichen Lebensweisen und ‚Regenbogenfamilien' wirken auch über eine affektive Sehnsucht, die Nay als Paradoxie begreift: Das Festhalten an der Figur der Familie als Ort des Glücks ist eine „nur teilweise erreichbare und deshalb paradoxe, wenngleich optimistische Fantasie" (ebd.: 60). Diese paradoxe optimistische Fantasie entfaltet selbst paradoxe Wirkungen: Sie führe zu Sichtbarkeit und Anerkennung und bestärke dabei zugleich „die hegemoniale Norm von Familie und verdeckt damit andererseits all diejenigen Konstellationen von LGBT* mit Kindern, die über die Gestalt der heteronormativen Kleinfamilie hinausreichen" (ebd.). Es gelte daher, die rechtliche Anerkennung von gleichgeschlechtlicher Ehe und ‚Regenbogenfamilien' als „Normalisierung und Entnormalisierung" (ebd.: 58) zugleich zu fassen.

Die Diskussionen um Möglichkeiten feministischer Rechtsinterventionen haben in den letzten Jahren auch durch die Internationalisierung von Staatlichkeit Aufwind erhalten. Ob die Herausbildung der Europäischen Union als suprastaatliches Gebilde für das Verhältnis von Recht und Geschlecht ein *window of opportunity* bedeuten kann und inwiefern durch das europäische Gemeinschaftsrecht sowie den Europäischen Gerichtshof das Terrain für geschlechterpolitische Interventionen neu vermessen werden kann, wird unterschiedlich eingeschätzt.

Einerseits betont hierzu Susanne Schunter-Kleemann, dass auch dem Recht auf europäischer Ebene ein formal-juristisches Verständnis zugrunde liegt, das vor allem den öffentlichen Bereich und den Bereich der Lohnarbeit fokussiert. Strukturelle Ungleichheiten bleiben dabei weiterhin ‚privat' und werden somit als jenseits des Einflussradius suprastaatlicher Gesetzgebung definiert (Schunter-Kleemann 1994: 32 sowie Weiler 1994: 57).

Andererseits wird von einigen feministischen Rechtstheoretiker_innen (vorsichtig) formuliert, dass die Supranationalisierung des Rechts neue Chancen für die Gleichstellung der Geschlechter bringen kann: Berghahn sieht beispielsweise im Europäischen Gerichtshof durchaus einen „Bündnispartner des Fraueninteresses" (Berghahn 2001: 235), da es insbesondere auf dem Gebiet des Arbeitsrechts durch Entscheidungen des Europäischen Gerichtshofs zu Veränderungen von nationalstaatlichen Gesetzgebungen kam, die zu einem Abbau von geschlechtsspezifischen Diskriminierungen beigetragen haben. Allerdings hebt

Berghahn hervor, dass gerade durch die Fokussierung auf das Arbeitsrecht die Interventionsmöglichkeiten beschränkt bleiben, da sich diese vor allem auf die Durchsetzung formaler Gleichstellung im Arbeitsrecht beziehen (ebd.: 242). Mit Blick auf breitere rechtliche Veränderungen der Geschlechterverhältnisse durch die suprastaatliche Ebene hält auch sie fest: „Kaum verändert hat sich aber die Situation in bezug auf die egalitäre Reform der Sozialsysteme, weil hier nur wenige europarechtliche Befugnisse gegeben sind" (ebd.). Strukturelle Veränderungen des Sozial-(versicherungs)rechts durch den Europäischen Gerichtshof lassen bislang weitgehend auf sich warten.

Dass sich die Europäische Union in ihren sexuellen Politiken auf den ersten Blick als relativ tolerant zeigt und Anti-Diskriminierung als Ausdruck der ‚Demokratiefortschrittlichkeit' der Europäischen Union präsentiert wird, bedeutet nach Monika Mayrhofer nicht unbedingt einen Bedeutungsverlust von Heteronormativität auf der europäischen suprastaatlichen Ebene (Mayrhofer 2012). Mayrhofer begreift die Anti-Diskriminierungspolitiken und Toleranzdiskurse „als Technologie supranationaler Gouvernementalität [...], die im Kontext der Legitimation des europäischen Einigungsprozesses an Bedeutung gewonnen" haben (ebd.: 62) und damit „ein wichtiges Element im europäischen Integrationsprozess" bilden (ebd.: 74). Ähnlich wie auf nationalstaatlicher Ebene werden dabei jedoch heteronormative Prämissen des Zusammenlebens und der politischen Ordnung kaum außer Kraft gesetzt. Vielmehr sollen die durchwegs auch progressiven rechtlichen Zugeständnisse „sowohl Legitimitätsproblemen des europäischen Staatsprojektes nach innen entgegenwirken als auch die Abgrenzung gegenüber dem ‚Außen' regeln" (ebd.) und nicht zuletzt dazu beitragen, dass auch „sexuelle Minderheiten [...] ökonomisch verwertbar und beschäftigungsfähig gemacht werden können" (ebd.: 73).

Die Europäisierung von Nationalstaaten ist freilich nicht der einzige Kontext, in dem sich das Recht zunehmend transnationalisiert. Kämpfe der internationalen Frauenbewegung schlagen sich auch in einschneidenden rechtlichen Veränderungen im globalen Kontext nieder. Dies hat den Bezugsrahmen feministischer Analysen des Verhältnisses von Geschlecht und Recht in den letzten Jahren erweitert. Wenngleich bereits 1979 das *Übereinkommen zur Beseitigung jeder Diskriminierung der Frau (CEDAW)* von der UN-Generalversammlung verabschiedet wurde, sind erst seit den 1990er Jahren bedeutsame Veränderungen in der transnationalen Rechtsordnung zu konstatieren:

> „Mit dem Ende des Ost-West Konfliktes veränderte sich der weltpolitische Rahmen für die internationale Frauenbewegung und ihre Politik. Die Vereinten Nationen wurden als Steuerungsinstanz und Verhandlungsarena für die Lösung globaler Problemstellungen und die verstärkte Entwicklung internationaler Normen aufgewertet. Dabei gewannen die Menschenrechte als internationale Norm und internationales Politikfeld an Bedeutung. Dies bot am Anfang der neunziger Jahre neue frauenpolitische Handlungschancen, feministische Forderungen mit den internationalen politischen Agenden zu verknüpfen und so über

> die Vereinten Nationen politischen ‚Druck von oben' auf Regierungen ausüben zu können. [...] Die Verknüpfung frauenspezifischer Ausbeutungs- und Gewalterfahrungen mit dem internationalen und universalen Menschenrechtsdiskurs stand im Zentrum dieser Entwicklung." (Wölte 2002: 227; s.a. Ruppert 2004)

Mit der feministischen Aneignung der Menschenrechte, die insbesondere in der 1991 gestarteten globalen Kampagne *Frauenrechte sind Menschenrechte* forciert wurde und aus der die Forderung folgte, Gewalt gegen Frauen als Menschenrechtsverletzung zu definieren, beanspruchten Frauen auch den Status „als Völkerrechtssubjekte" für sich (Wölte 2002: 229). Als Konsequenz dieser transnationalen feministischen Kämpfe wurde 1993 von der UN-Generalversammlung die *Internationale Erklärung zur Bekämpfung von Gewalt gegen Frauen* abgegeben, die zwar keine bindende Wirkung hat, dennoch aber seither „als wichtiges politisches Referenzdokument für internationale Institutionen und Frauenorganisationen auf lokaler, nationaler und internationaler Ebene" fungiert (ebd.: 234). Im gleichen Jahr wurde durch das Tribunal der Vereinten Nationen für das ehemalige Jugoslawien bzw. 1994 für Ruanda sexuelle Gewalt gegen Frauen als Kriegsverbrechen und Verbrechen gegen die Menschlichkeit verurteilt. Ebenso als Erfolg transnationaler feministischer Kämpfe kann die Einsetzung einer UN-Sonderberichterstatterin zu Gewalt gegen Frauen 1994 gesehen werden. Im Abschlussdokument der Vierten Weltfrauenkonferenz 1995 in Peking wurde Gewalt gegen Frauen als Ausdruck historisch entstandener Machtungleichheit zwischen Frauen und Männern anerkannt; auf der Nachfolgekonferenz 2000 wurde – insbesondere durch die Arbeit von asiatischen und afrikanischen Frauenorganisationen und Aktivist_innen – *Female Genital Mutilation* ebenso als Menschenrechtsverletzung aufgenommen (ebd.).

Sonja Buckel zeigt am Beispiel des Kampfes von japanischen und koreanischen feministischen Aktivist_innen zur Aufarbeitung der Gewalt, die 200.000 Frauen erfuhren, die zwischen 1932 und 1945 als ‚*comfort women*' „in ein von höchster staatlicher Stelle geplantes und organisiertes System sexueller Sklaverei gezwungen [wurden]" (Buckel 2008: 54), wie die Verlagerung von Kämpfen von der nationalen auf die transnationale Ebene durchaus für feministische Anliegen genutzt werden kann. Dieses *scale jumping* eröffnete den Aktivist_innen neue Möglichkeiten, das System der ‚*comfort women*' als Menschenrechtsverbrechen skandalisierbar zu machen. Wenngleich die Gewaltverbrechen gegen die Frauen bislang „weder rechtsverbindlich materiell entschädigt noch strafrechtlich verfolgt wurden, ja noch nicht einmal von der japanischen Regierung in vollem Ausmaße anerkannt" wurden (ebd.: 72), gelang es den Akteur_innen aus Japan und Korea dennoch über die transnationale Ebene, die Kräfte im Ringen um Definitions- und Deutungsmacht zu verschieben und die Verbrechen überhaupt als solche zu benennen. Aus einer an Gramsci und Poulantzas orientierten Perspektive begreift Buckel dieses Eingreifen in hegemoniale Weltauffassungen über Geschlecht, Recht und Gewalt als bedeutsam für Veränderungen in den Geschlechterverhältnissen. So hebt sie hervor, dass es den Frauen gelungen ist,

> „sich erfolgreich in die hegemoniale transnationale Rechtsordnung einzuschreiben: die Norm ‚sexuelle Sklaverei ist Unrecht' als Verbrechen gegen die Menschlichkeit zu generieren. Zwei ‚global remedies', die Menschenrechtskommission sowie der CEDAW-Ausschuss, und das Peoples' Tribunal in Tokio haben eindrücklich das Unrecht festgestellt und völkerrechtliche Schadensersatzansprüche anerkannt" (ebd.: 73).

Das *scale jumping* der Aktivist_innen führte dazu, dass der Kampf gegen sexuelle Sklaverei auf transnationaler Ebene geführt werden konnte. Buckel sieht es als Erfolg des transnationalen rechtlichen Kampfes der Aktivist_innen, dass mittels Resolution des US-Repräsentantenhauses und des Europäischen Parlaments eine Entschuldigung bzw. von letzterem auch rechtliche Maßnahmen von der japanischen Nationalregierung zur ‚Wiedergutmachung' für Überlebende gefordert wurden. Ebenso als Errungenschaft interpretiert sie, dass in internationalen Medien ausführliche Berichterstattung über die Verbrechen erwirkt werden konnten (ebd.). Nicht zuletzt wertet Buckel als positives Ergebnis des feministischen *scale jumpings*, dass der

> „zweite Haftbefehl in der Geschichte des Internationalen Strafgerichtshofes, den die Vorverfahrenskammer inzwischen ausgestellt hat, [...] einen Kongolesischen Warlord [betrifft], der u.a. des Verbrechens der sexuellen Sklaverei nach Art. 7 I g (Verbrechen gegen die Menschlichkeit) und Art. 8 Abs. 2b (xxii) oder 2e (iv) (Kriegsverbrechen) des Römischen Statutes des ICC beschuldigt wird" (ebd.: 74).

III.5 Der Mythos des staatlichen Gewaltmonopols

„Der Staat", so schreibt Max Weber, ist „ein auf das Mittel der legitimen (das heißt: als legitim angesehenen) Gewaltsamkeit gestütztes *Herrschafts*verhältnis von Menschen über Menschen. Damit er bestehe, müssen sich also die beherrschten Menschen der beanspruchten Autorität der jeweils herrschenden fügen" (Weber 1980: 822). Der moderne westliche Staat ist daher diejenige „menschliche Gemeinschaft, welche innerhalb eines bestimmten Gebietes [...] das *Monopol legitimer physischer Gewaltsamkeit* für sich (mit Erfolg) beansprucht" (Weber 1992: 158f). Die Legitimation der Gewaltausübung bezieht der moderne westliche Staat durch das Rechtssystem, das vorgibt, auf allgemeiner Vernunft zu basieren. Mit dieser Monopolisierung der legitimen Gewalt im Staat wird jede Gewalttätigkeit zwischen den Staatsbürger_innen illegitim; die einzige legitime Ausübung von Gewalt liegt im modernen westlichen Staat.

Die Zurückweisung der Annahme, dass in modernen westlichen Gesellschaften lediglich der Staat über die Mittel legitimer Gewaltausübung verfüge, als theoretischen und empirischen Widersinn, stellt einen fundamentalen Einsatzpunkt feministischer staatstheoretischer Kritik dar. Unter Einbeziehung von Geschlecht als analytischer Kategorie konnte sichtbar gemacht werden, dass neben dem staatlichen Gewaltmonopol ein ‚privates' Gewaltmonopol von Männern innerhalb der Familie existiert. Dieses wird zwar nicht explizit durch Vernunft und Recht legitimiert, dennoch aber implizit ermöglicht durch ‚vernünftige' Geschlechterarrangements und deren rechtliche Absicherung.

> „Der Staat etablierte sich so auf einem zweigeteilten Herrschaftsprinzip: der bürokratisch-militärischen und der hausväterlichen Gewalt. Daraus entstand die Doppelgesichtigkeit moderner Staatlichkeit: Einerseits bündelt der moderne Staat die Gewalt der ‚Soldatenbanden' und bindet sie an sich, andererseits delegiert und dezentralisiert er Gewalt an die Hausväter, und sichert damit seine Stabilität doppelt ab." (Sauer 2002: 91)

Auf Basis der Grenzziehung zwischen Öffentlichkeit und Privatheit schafft der Staat die Familie als ‚rechtsfreie' Sphäre, deren Schutz paradoxerweise durch die Nicht-Einmischung des Staates gewährleistet werden soll. Auf diese Weise kann nicht nur der „Mythos des staatlichen Gewaltmonopols" entstehen (Rumpf 1992: 12), sondern zugleich und verdeckt „die Verfügungsgewalt des (Ehe-) Mannes über die (Ehe-)Frau bis hin zum Recht auf körperliche Gewalt" legitimiert werden (Sauer 2008a: 98; ähnlich Dackweiler/Schäfer 2002; Hagemann-White 2002).

Die theoretischen Einsichten zum Verhältnis von Staat, Gewalt und Geschlecht sind eng mit der Politisierung von Gewalt in der deutschen und österreichischen Frauenbewegung in den 1970er und 1980er Jahren verbunden. Diese führte dazu, dass geschlechtsspezifische Gewalt in der Privatheit der Familie überhaupt als Gewalt benannt wurde (Dackweiler/Schäfer 2002: 16). Dies brachte auch zutage, dass Gewalt an Frauen durch gesellschaftliche Vorstellungen von Weiblichkeit (als geduldig und passiv etwa) und Männlichkeit (als aggressiv und ‚triebhaft' etwa) sowie über patriarchale Vorstellungen von sozialen Beziehungen, die den Mann als Familienoberhaupt konstruieren, legitimiert wird. Carol Hagemann-White begreift Gewalt gegen Frauen daher als „Normverlängerung" (Hagemann-White 1992: 10) von Männlichkeit, die in Gewalthandlungen in zugespitzter Form zum Ausdruck kommt. Theresa Wobbe beschreibt, wie die „sozialen Konstruktionen des Geschlechterunterschieds [...] mit der Erzeugung von Verletzungsoffenheit und Verletzungsmächtigkeit verbunden" sind (Wobbe 1994: 189). Eine prinzipielle „Verletzungsoffenheit" ist Teil weiblicher Vergesellschaftung, während „Verletzungsmächtigkeit" Teil männlicher Vergesellschaftung ist (ebd.).

Darüber hinaus verdeutlichten feministische Arbeiten zu Gewalt, dass Gewalt neben physischer Gewalt auch psychische, ökonomische, soziale und politische Formen umfasst – wie etwa „(Be-)Schädigungen qua Geschlecht (sexuelle Belästigung, Heterosexismus, ‚Zwangsmutterschaft' durch Abtreibungsverbote, soziale Herabwürdigung, Altersarmut von Frauen, soziale Not von Alleinerzieherinnen)" (Sauer 2002: 85). Um Gewalt auch als strukturelle Gewalt sichtbar zu machen, entwickelten Feminist_innen Johann Galtungs Arbeiten (1981) zu struktureller Gewalt weiter (u.a. Dackweiler/Schäfer 2002: 11). Geschlechtliche Gewalt ist nicht nur als individuelle Handlung von Individuen und keineswegs als „anthropologische Konstante" (Sauer 2002: 86) zu verstehen, sondern hat in modernen westlichen Gesellschaften auch eine strukturelle Dimension: Sie wird ermöglicht sowohl durch ökonomische und soziale Abhängigkeiten zwischen Frauen und Männern als auch durch normative Vorstellungen von Weiblichkeit, Männlichkeit und heterosexueller Liebe. Sauer plädiert dafür, statt des Begriffs der strukturellen Gewaltverhältnisse bei Galtung jenen der „institutionellen Gewaltverhältnisse" (ebd.: 89) zu benutzen, da dieser präziser „den nicht-kontingenten Zusammenhang von Gewaltstrukturen und -diskursen sowie Formen individuellen Gewalthandelns, also von direkter und vermittelter körperlicher und sozialer bzw. kultureller Schädigung menschlicher Entwicklung analysierbar macht" (ebd.).

Von einem derart weiten Gewaltverständnis ausgehend werden die Verbindungslinien zwischen dem modernen westlichen Staat und den Bedingungen für die Ermöglichung und Legitimierung geschlechtsspezifischer Gewalt noch vielfältiger: Als Bedingungen analysier- und kritisierbar werden arbeitsrechtliche Regelungen, sozialpolitische Maßnahmen und familienrechtliche Politiken, über die der moderne Staat mit an der Hervorbringung weiblicher Verletzungsoffenheit beteiligt ist (ebd.: 95ff.).

> „Die geschlechtsspezifische Gewaltstruktur moderner Staatlichkeit wurde in den Arrangements des Wohlfahrtsstaats des späten 19. und des 20. Jahrhunderts, der die Gewaltförmigkeit in der Lohnarbeit reduzieren sollte, zwar konserviert und darüber hinaus in strukturelle Gewalt, in die Beschneidung von Entwicklungsmöglichkeiten von (Ehe-)Frauen transformiert. Die Gewaltförmigkeit sozialstaatlicher Regulierungen der kapitalistischen Ökonomie basiert noch immer auf spezifischen Formen der Privilegierung von Männern und der Benachteiligung von Frauen, waren doch Frauen lange Zeit nicht selbstverständlich in das wohlfahrtsstaatlich geschützte Segment der Erwerbsgesellschaft integriert. Vielmehr ist in sozialstaatliche Regulierunge die Trennung und Hierarchisierung von Frauen- und Männerarbeit, mithin die ökonomische Benachteiligung von Frauen sowie ihre Abhängigkeit und Verletzungsgefährdung eingelassen." (Sauer 2018: 129)

Mit der Politisierung von ‚privater' Gewalt in der Frauenbewegung gelangte somit auch deren staatliche Absicherung qua Grenzziehung zwischen Öffentlichkeit und Privatheit ins Visier, die als eine zentrale Bedingung der Ermöglichung von Gewalt an Frauen vorgeführt wurde. Moderne westliche Staatlichkeit wurde „als ein geschlechtsspezifisches Gewaltverhältnis" theoretisiert, „nicht zuletzt deshalb, weil der Staat zum Zentrum des Gewalt- und Ordnungsdiskurses wurde und bestimmte, was Gewalt ist und was nicht" (ebd.: 89). Feministische

Arbeiten zu Staat, Gewalt und Geschlecht konnten zeigen, dass „Gewalt und Bedrohung [...] genuine Bestandteile herrschaftlicher Geschlechter*verhältnisse* [sind] und die *systematische Unsicherheit* von Frauen [...] eine immanente Dimension moderner Staaten“ ist (ebd.: 81).

Aktuelle feministische Zeitdiagnosen bescheinigen ein widersprüchliches Bild im Verhältnis von Staat, Gewalt und Geschlecht: Einerseits lassen sich seit den 1990er Jahren einschneidende strafrechtliche Vorstöße, die ‚häusliche Gewalt‘ strafbar machen, sowie eine gestiegenen Sensibilisierung für Gewalt gegen Frauen konstatieren. Andererseits aber bleiben strukturelle Abhängigkeiten von Frauen nicht nur bestehen, sondern werden gegenwärtig (wieder) verstärkt – und zugleich privat eingeschlossen. Rezente feministische Analysen stellen deshalb die Frage, inwieweit neoliberale Reprivatisierungen sozialer Abhängigkeiten geschlechtsspezifische Gewalt in neuer Form zurückkehren lässt (Sauer 2002: 101). So zeigen Studien, dass im Rahmen des neoliberalen Abbaus sozialer Sicherungen „das physische Gewaltmonopol des Staates in intimen Beziehungen erneut aus[ge]höhlt“ wird (Sauer 2008a: 105). Darüber hinaus führt das neoliberale Dogma effizienter Staatshaushaltspolitik zu Kürzungen von Subventionen für Frauenhäuser und feministische Einrichtungen. Die neoliberale Ausweitung der Marktlogik auf die Gesamtgesellschaft impliziert, dass sich feministische Einrichtungen, die gerade die strukturelle Eingebettetheit von sexualisierter und geschlechtlicher Gewalt verändern und nicht nur deren Auswirkungen auffangen wollen, in ihrer Arbeit auch am Kriterium der unmittelbaren Effizienz messen lassen müssen und im Zweifelsfall gekürzt werden. Dies korreliert mit einer „Schwerpunktverschiebung staatlicher Gewaltvorsorge hin zum Polizeihandeln, zum Eingriff des Staates ex post, d.h. *nach* Gewalthandeln“ (Sauer 2009b: 69). Während also auf der einen Seite – der „Vorsorgeseite der Verhinderung von Gewalt- und Abhängigkeits*strukturen*“ (ebd.) – Ressourcen beschränkt werden, wird „polizeiliche Macht im Diskurs um häusliche Gewalt“ aufgewertet (ebd.: 70). Auf diese Weise wird die „Skandalisierung von Männergewalt gegen Frauen [...] instrumentalisierbar für den kontrollierenden und disziplinierenden und sein Machtmonopol durchsetzenden Staat“ (ebd.).

Rezente intersektionale Arbeiten zu Gewalt und Geschlecht heben vor allem die Bedeutung staatlicher Migrationsregimes im Bedingungsgefüge für Gewalt an Frauen heraus (Çitak 2008; Sauer 2008b). So zeigt Sauer, wie migrantische Frauen durch fremden- und aufenthaltsrechtliche Regelungen ebenso wie durch einen rassistisch segregierten Arbeitsmarkt struktureller Gewalt ausgesetzt sind. Die Beschränkung von Einwanderungsmöglichkeiten oder die Verweigerung eines vom Ehemann unabhängigen Aufenthaltsstatus sowie beispielsweise die Nicht-Anerkennung von im Herkunftsland absolvierten Ausbildungen sind Machtmechanismen, die auf struktureller Ebene die Verletzungsoffenheit migrantischer Frauen verstärken. Denn auf diese Weise werden Abhängigkeiten von

(Ehe-)Frauen von (Ehe-)Männern forciert, die es bei Auftreten von Gewalt schwer(er) machen, aus diesen Beziehungen auszubrechen.

Darüber hinaus weist Sauer darauf hin, dass sogenannte ‚traditionelle Gewaltpraxen'

> „erst im Prozess der Migration [...] entstehen und erst durch interagierende Unterdrückungs- und Ausschließungsstrukturen und -diskurse der Mehrheitsgesellschaft geformt, gestärkt bzw. hervorgebracht werden [...]. Geschlossene Grenzregime, fremdenrechtliche Restriktionen und die Privilegierung von Familiennachzug sind Strukturen, die Heirat zum Teil eines Migrationskalküls jenseits von einer Wahl machen können (Sauer 2008b: 59).

Ebenso können durch den Ausschluss von migrantischen Frauen aus dem (‚offiziellen') Arbeitsmarkt „Identitäts- und Abschließungsprozesse von Einwanderungsgruppen, also Re-Traditionalisierungen und Parallelgesellschaften, die auf der Kontrolle von Frauen basieren, entstehen" (ebd.; vgl. dazu auch die Beiträge in Sauer/Strasser 2008).

Die Einführung von Gewaltschutzgesetzen und die staatlichen Debatten um Gewaltschutz sind zudem eingebettet in einen Kontext, der mit Sara Farris (2011) als „Femonationalismus" bezeichnet werden kann. Denn die Gewaltschutzdebatte wurde zugleich vom Staat für nationalistische, rassistische Grenzziehungen und „ausgrenzende und stigmatisierende Diskussionen" instrumentalisiert (Sauer 2018: 130), in denen eine vermeintlich „besondere Gewaltförmigkeit von migrantischen Communities" konstruiert wurde (ebd.). Ein wichtiges Ereignis in diesem Diskurs war das „Ereignis Köln" (Dietze 2016). Nachdem in der Silvesternacht 2015/16 Männer, die mutmaßlich einen Flucht- oder Migrationshintergrund haben, Frauen angegriffen hatten, wurde in Deutschland der § 177 des Strafgesetzbuches zu „sexuellen Übergriffen, sexueller Nötigung und Vergewaltigung" mit der Prämisse verabschiedet, dass Asylsuchende ausgewiesen werden können, wenn sie sich Gruppen anschließen, die gegen diesen Paragraphen verstoßen wurde. Hier zeigt sich, wie der „unabdingbare (staatliche) Schutz vor sexueller Gewalt [...] im Kontext von Migration in den Schutz vor den besonders gewalttätigen ‚Anderen' – im Falle von Köln migrantischen Männern – umgedeutet [wird]" (Sauer 2018: 130). Staatliche Gewalt wurde hier weder transformiert noch

> „in ihrer Gewaltförmigkeit (auch z.B. der Klassifikation) fundamental in Frage gestellt, sondern lediglich auf den Bereich der Intimität ausgedehnt. Gerade die ‚Köln-Konstellation' zeigt darüber hinaus auch, dass eine Verengung staatlicher Gewaltverhältnisse auf Geschlecht allein, theoretisch verkürzt und politisch falsch ist. Neben Geschlecht müssen auch Migration, Ethnizität, Religion und Klasse als Gewaltdimensionen in Betracht gezogen werden" (ebd.).

Heike Brabandt macht sichtbar, auf welche Weise Frauen, die in Deutschland um Asyl ansuchen, im Rahmen ihrer Asylverfahren staatlicher Gewalt ausgesetzt sind (2004). Den Grund dafür sieht sie in sexistischen und rassistischen

Annahmen, die dem deutschen Asyl- und Ausländerrecht inhärent sind. So wird *erstens* geschlechtsspezifische Verfolgung oftmals nicht als politische Verfolgung und damit auch nicht als Asylgrund angesehen (ebd.: 104ff.). Nach Brabandt liegt dies daran, dass das Subjekt im Asylrecht – obwohl geschlechtsneutral formuliert – de facto männlich ist und dass die dem Asylrecht unterstellte Trennung von Öffentlichkeit und Privatheit die Nicht-Anerkennung sexueller Gewalt als Fluchtgrund begünstigt. Dies führt dazu, „dass sexuelle Folter und Vergewaltigung durch (quasi-)staatliche Agenten nicht per se als (quasi-)staatliche Verfolgung gelten, sondern – weil dem Staat ein genereller Schutzwille unterstellt wird – häufig als ‚private' Exzesse von Amtsinhabern gewertet werden" (ebd.: 121).

Zweitens kann die Viktimisierung von weiblichen Asylwerberinnen als symbolische staatliche Gewalt interpretiert werden:

> „In Deutschland angekommen, werden sie nicht selten – auch von Frauenrechtlerinnen – als passive Opfer unzivilisierter Kulturen gekennzeichnet. [...] Dabei wird übersehen, dass es sich gerade bei Frauen und Mädchen, die vor geschlechtsspezifischer Verfolgung fliehen, nicht um passive Opfer handelt, sondern um Menschen, die ihr Schicksal aktiv in die Hand nehmen. Diejenigen unter ihnen, die Deutschland erreichen, geraten jedoch in ein Rechtssystem, dem sexistische Prämissen zugrunde liegen, und werden somit erneut mit patriarchalen Mechanismen konfrontiert." (Ebd.: 104; vgl. dazu auch Erel 2004: 179)

Tamar Çitak arbeitet in ihrer intersektionalen Analyse des Österreichischen Gewaltschutzgesetzes heraus, dass Gewaltschutzmaßnahmen beschränkt bleiben müssen, solange sie die Lebensrealitäten von österreichischen Frauen als Norm setzen und die Verwobenheit von Geschlechterverhältnissen und Migrationsregimen nicht berücksichtigen. Auch sie hebt hervor, dass die arbeits- und aufenthaltsrechtlichen Abhängigkeiten „einen effektiven Gewaltschutz für Migrantinnen verhindern" (Çitak 2008: 154). Wenngleich in Österreich seit 2005 bei einer gerichtlichen *Einstweiligen Verfügung* wegen Gewalt in der Familie der Frau ein Jahr lang ein vom Ehemann unabhängiges Aufenthaltsrecht gewährt wird, ist die Erteilung einer Niederlassungsbewilligung nach Ablauf des Jahres an einen „Einkommensnachweis von 726 Euro monatlich (für das Jahr 2007)" sowie an eine „ortsübliche Unterkunft" (ebd.: 154) gebunden – Voraussetzungen, die viele migrantische Frauen aufgrund struktureller ökonomischer Diskriminierungen nicht vorweisen können. Diese Regulierungen erschweren, dass migrantische Frauen, die in ihren Ehen Gewalt ausgesetzt sind, diese Beziehungen beenden zu können. Auf diese strukturellen Hürden geht das Österreichische Gewaltschutzgesetz jedoch nicht ein.

Rassismustheoretische Analysen kritisieren die strukturelle rassistische Gewalt des Staates. Vanessa E. Thompson zeigt in ihren Arbeiten die Gewalt des karzeralen Staates auf. Mittels Praxen des „Polizierens" (Thompson 2018: 198) macht der Staat auf gewaltvolle Weise rassifizierte Menschen zu ‚bedrohlichen

Anderen'. Durch *Racial Profiling* sowie durch strukturellen Rassismus in Polizei und Justiz schränkt der Staat gewaltvoll das Recht von rassifizierten und Schwarzen Menschen ein, „präsent und in der Welt zu sein" (El-Tayeb/Thompson 2019: 317). Was Robyn Maynard für den kanadischen Staat konstatiert, lässt sich auch auf europäische Staaten übertragen: Der Staat als Ensemble der „Bundes- und Landesregierungen, staatlich finanzierte[r] Programme wie Schulen, Sozialhilfe und Kinderbetreuung sowie Vollstreckungsbehörden staatlicher Institutionen [...] wie die kommunale, regionale und nationale Polizei" spielt „eine beträchtliche Rolle bei der Erzeugung der Dämonisierung, Dehumanisierung und Unterwerfung Schwarzer Leben in einer Vielfalt von Institutionen" (Maynard 2022: 259). Als staatliche Gewalt konzeptualisiert Maynard daher auch jenes „komplexe Spektrum von Leid [...], das von marginalisierten sozialen Gruppen erlebt und durch staatliche (oder staatlich finanzierte) Politiken, Handlungen und Untätigkeit verursacht wird" (ebd.). Das Polizieren weisen rassisismustheoretische Arbeiten als zentrale wie alltägliche Form staatlicher Gewalt an Schwarzen Menschen und rassifizierten Menschen aus:

> „Polizieren beschreibt tatsächlich nicht nur Polizist:innen auf Streife, sondern auch die vergangene und gegenwärtige Überwachung Schwarzer Frauen durch Sozialhilfeträger, die Überdisziplinierung und rassistisch ausgerichtete Ausschließung Schwarzer Kinder und Jugendlicher in Schulen und die intensive Überwachung und Inhaftierung Schwarzer Migrant:innen durch Grenzkontrollbehörden. Viele arme Schwarze Mütter haben zum Beispiel erlebt, wie Jugendamtangestellte als Ergebnis eines anonymen Anrufs ihre Wohnungen ohne Erlaubnis oder Warnung betreten, durchsuchen und in einigen Fällen ihre Kinder wegnehmen." (Ebd.: 261)

In diesen gewaltvollen Praxen aktualisiert der Staat koloniale Gewalt. Denn durch das Polizieren konstruiert der Staat Schwarze Menschen und rassifizierte Menschen als Körper, die dem Staat zur Verfügung stehen (Traoré/Lagasnerie 2022: 290) und aktualisiert damit gewaltvolle koloniale Logiken sowie gewaltvolle Logiken aus der Zeit der Versklavung. Ausgehend von dem Tod ihres Bruders durch rassistische Polizeigewalt in Frankreich schreibt Assa Traoré über staatliche Gewalt als Aktualisierung kolonialer Gewalt:

> „Es bedeutet, dass dein Leben so wenig Wert und Beachtung findet, dass man dich auch zehnmal am Tag kontrollieren kann. Weil du nichts bist. In ihren Augen bist du nichts. Hätten sie eine Person vor sich, würde die Gendarmerie sie respektieren, sie würde dich leben lassen. Wenn sie eine Person erkennt, die ihr eigenes Leben gestalten kann, wird diese nicht fünfmal am Tag kontrolliert. Aber die Gendarmerie oder die Polizei, wenn sie in unsere Viertel kommen, tun dies bereits mit einer anderen Einstellung: Dein Leben gehört uns. Zur Zeit der Versklavung war es gleich. Dein Körper gehörte deinem Herren. Heute gehören die Körper unserer Brüder, die Leben unserer Brüder dieser Gendarmerie oder Polizei." (Ebd.: 295f.)

Queer-theoretische Arbeiten wiederum ergänzen Arbeiten zu Staat, Gewalt und Geschlecht mit dem Konzept der normativen Gewalt. Damit bezeichnet Butler jene Gewalt, die Geschlecht als ausschließlich weiblich oder männlich lebbar macht um den Preis, dass alle nicht-heteronormativen Körper- und Subjektformen verworfen werden müssen. Sowohl eine eindeutige Geschlechtszugehörigkeit zu haben als auch ein konstantes Geschlecht zu ‚sein', stellt aus dieser Perspektive eine gewaltvolle Bedingung der Subjektkonstitution dar (Butler 2004: 120), die sich nicht auf ein bereits existierendes Subjekt bezieht, sondern notwendiger Teil vergeschlechtlichter Subjektkonstitution ist. Durch die Naturalisierung von Zweigeschlechtlichkeit bleibt die normative Gewalt jedoch als Gewalt desartikuliert (ebd.: 30; s.a. Chambers/Carver 2008: 128; Ludwig 2011: 178; Paloni 2012). Besonders deutlich exekutiert wird diese Form von Gewalt bei den schmerzvollen Vereindeutigungspraxen bei intergeschlechtlichen Menschen.

Unter der poststrukturalistischen Prämisse, dass der moderne westliche Staat auch als Subjektivierungsinstanz Macht ausübt, wird normative Gewalt als Form staatlicher Gewalt theoretisiert: Wenn Gewalt

> „nicht auf Gewalt gegenüber bereits existierenden Frauen und Männern reduziert wird, sondern ein nicht-juridisches Verständnis von Gewalt in Anschlag gebracht wird, ist die Konstitution der Subjekte als Frauen oder Männer selbst eine Form staatlicher, (hetero-)normativer Gewalt. [...] Diese Form staatlicher Gewalt wird mithin Teil des Selbstverhältnisses des Subjekts" (Ludwig 2011: 208).

Eine hegemonietheoretische Herangehensweise stellt heraus, dass diese Form von normativer Gewalt in zivilgesellschaftlichen alltäglichen Praxen abgesichert wird, indem in Schulen, Vereinen und Medien Zweigeschlechtlichkeit als unhintergehbare naturgegebene ‚Wahrheit' präsentiert wird und auf diese Weise die der Zweigeschlechtlichkeit zugrunde liegende normative Gewalt unsichtbar gemacht wird (ebd.; s.a. Paloni 2012: 148).

Mit der staatlichen Regulierung normativer Gewalt aus einer Trans*Studies Perspektive setzt sich Tamás Jules Fütty (2019) auseinander. Fütty legt dar, dass Gewalt gegen Trans*Menschen „nicht einzig und hauptsächlich auf der zwischenmenschlichen Ebene angesiedelt" ist (Fütty 2017: 110), sondern „aufgrund der „hegemonialen und naturalisierten Normierung von Menschen in exklusiv zwei Geschlechter (Cis-Mann oder Cis-Frau) systemisch-normativ in die bestehende Gesellschafts- und Staatsordnung eingelassen" (ebd.). Normative Gewalt manifestiert sich darin, dass Trans*Menschen und nicht-binäre Menschen in ihren Lebenschancen benachteiligt sind und ein erhöhtes Risiko haben, physische Gewalt oder frühzeitigen Tod zu erfahren.

> „Die Institutionalisierung einer obligatorischen zweigeschlechtlichen Ordnung in allen gesellschaftlichen Bereichen – z.B. Schule, Ausbildung, Beruf, Staatsbürgerinnenschaft, Ausweisdokumente, öffentliche Toiletten, Gesundheitswe-

> sen, Notunterkünfte, Krankenhäuser, Gefängnisse etc. – führt dazu, dass Trans*Menschen strukturell diskriminiert und von gleichberechtigter gesellschaftlicher Teilhabe sowie von gleichen Lebenschancen ausgeschlossen werden. Allein der Gang zur Toilette, in die Umkleidekabine eines Schwimmbads oder das geforderte Vorzeigen von Ausweisdokumenten, die selbstbestimmten Namen und Geschlechtsidentität nicht reflektieren, kann aufgrund der rigiden und mit Gewalt durchgesetzten Zweigeschlechterordnung in allen öffentlichen und privaten Bereichen zu massiver jedoch alltäglicher und normalisierter Gewalt werden. Die institutionalisierten cis-zweigeschlechtlichen Ausschlüsse materialisieren sich dabei auch in Form von stark erhöhter Arbeitslosigkeit unter Trans*Menschen, daraus resultierender Armut sowie ihrer Abdrängung in gesundheitsbeeinträchtigende Lebens- und Arbeitsbedingungen, die mit einer erhöhten Exponierung für Gewalt einhergehen." (Ebd.: 112f.)

Normative Gewalt verstärkt sich entlang intersektionaler Machtverhältnisse: So sind Trans*Menschen of Color, Trans*Sexarbeiter*innen und Trans*Geflüchtete in besonderer Weise von Diskriminierung, Marginalisierung und frühzeitigem Tod betroffen.

Wie sich normative Gewalt und Eurozentrismus miteinander verbinden, zeigen Adrian de Silva und Ilka Quirling anhand ihrer Analyse von Asylverfahren von Trans*Personen aus Ecuador und Peru in der Bundesrepublik Deutschland (de Silva/Quirling 2005): Wenngleich die Transfrauen in ihren Herkunftsländern unter anderem physische Gewalt und Vergewaltigungen durch Polizisten erfahren hatten, führte die Verkoppelung heteronormativer, cis-zweigeschlechtlicher und eurozentrischer Setzungen dazu, dass alle drei von de Silva und Quirling beschriebenen Asylanträge abgelehnt wurden: So hatte *erstens* die heteronormative liberale Trennung zwischen Öffentlichkeit und Privatheit zur Konsequenz, dass Sexualität, Körper und Begehren als privat gelten, woraus gefolgert wurde, dass es sich um ‚private Erfahrungen' und nicht um staatliche Verfolgung handelte. *Zweitens* hatte die heteronormative , cis-normative Ignoranz, wonach transgeschlechtliche Lebensweisen als beliebig ablegbare ‚Mode' gefasst werden, zur Folge, dass die Transfrauen in den Asylverfahren weiterhin als Männer gesehen wurden, denen geraten wurde, der Gefahr transphober Gewalt doch einfach durch ‚unauffälliges Verhalten' zu entkommen. *Drittens* wurde den Antragstellerinnen aufgrund von eurozentrischen und heteronormativen Annahmen der zuständigen Beamten schlicht nicht geglaubt:

> „Insbesondere kann dem Antragsteller [sic] nicht geglaubt werden, dass er von vier Polizisten vergewaltigt worden sein soll. So ist es absolut unvorstellbar, dass ausgerechnet die vier Polizisten, die er [sic] angezeigt hat, homosexuell veranlagt sein könnten. Dies ist in Südamerika geradezu unmöglich. Dort wird der Männlichkeit eine besondere bzw. sogar überhöhte Bedeutung zugemessen. Homosexuelle werden verachtet. Dies gilt für die männliche Bevölkerung allgemein, ganz besonders jedoch für Polizisten." (Asylbescheid, zitiert nach de Silva/Quirling 2005: 73)

Die Analyse von de Silva und Quirling zeigt somit nicht nur, wie durch die Verbindung von Heteronormativität, Cis-Zweigeschlechtlichkeit und Eurozentrismus erfahrene normative Gewalt nicht als solche anerkannt wird, sondern wie diese durch den bundesdeutschen Staat fortgeführt wird.

III.6 Das Geschlecht der Institutionen, Verwaltung und Bürokratie

Im *main-* und *malestream* der Staatstheorie gelten Institutionen, Verwaltung und Bürokratie des modernen westlichen Staates als nach den Prinzipien der Neutralität, Rationalität und Allgemeinheit organisiert. Dieser Mythos wurde aus feministischer Perspektive dekonstruiert, indem aufgezeigt wurde, dass das, was sich „unter dem Falschtitel von *Neutralität* bis ins Innerste politischer und bürokratischer Institutionen hinein festgekrallt" hat (Kreisky 1997: 176), letztlich Sedimentierungen maskuliner Lebensweisen sind. Um das vorgeblich unsichtbare Geschlecht der Apparate und Institutionen des modernen westlichen Staat sichtbar zu machen, unterzog Eva Kreisky diese einer feministischen „Institutionsarchäologie" (ebd.).

Auf diese Weise machte sie sichtbar, dass beispielsweise das Militär oder der Justizapparat „ihrer Provenienz nach nichts anderes als sedimentierte männliche Interessen und männliche Lebenserfahrungen [sind]. [...] Der Staat und sein Apparat können demnach auch als direkter und offener Ausdruck von Männlichkeit gedeutet werden" (Kreisky 1995a: 215). Dies begründet Kreisky damit, dass die Institutionen und Apparate des modernen westlichen Staates sich historisch weitgehend unter dem Ausschluss von Frauen herausgebildet haben. Unter „Männlichkeit als System" (ebd.) fasst sie, dass Männer daher auch bis in die Gegenwart leichter Zugang zu staatlichen Apparaten und Institutionen haben.

Raewyn Connell hat das Augenmerk darauf gelenkt, dass es sich bei der in den staatlichen Institutionen eingeschriebenen Männlichkeit um eine zu einer spezifischen Zeit je hegemonialen Form von Männlichkeit handelt, die nur von einer Minderheit der Männer verkörpert wird. Daneben gibt es eine Vielzahl von untergeordneten Männlichkeiten, die sich abgestuft zur hegemonialen Männlichkeit verhalten. Connell hebt dabei hervor, dass diese Hierarchie Teil der Logik hegemonialer Männlichkeit ist, da sie „eine symbolische Ressource zur Bestimmung von Männlichkeit" (Connell 1998: 15) darstellt, „auf die sich ‚untergeordnete' und ‚marginalisierte' Männlichkeiten beziehen müssen, wenn sie sich um die Bestimmung des eigenen Ortes bemühen" (ebd.; s.a. Connell 1999; Connell/Messerschmidt 2005: 846; Kreisky 1995a: 218). In der Konstruktion hegemonialer Männlichkeit ist deren Abgrenzung von allem ‚Weiblichen' zentral, das nicht nur das Konträre, sondern auch das Unterlegene darstellt (Kreisky 1997: 168). Hegemoniale Männlichkeit dient für alle Männer als

Referenz, wenngleich auch nicht alle sie leben (können). Dennoch können alle an dem teilnehmen, was Connell als ‚patriarchale Dividende' bezeichnet. Gerade in dieser ‚patriarchalen Dividende' sieht auch Kreisky einen wesentlichen Grund für die Stabilität patriarchaler Politiken:

> „Die alltägliche und dauerhafte Überwindung des Spagats zwischen realer und imaginierter Männlichkeit macht den Kern aller patriarchaler Politik aus: Die Spitzenpositionen in Wirtschaft, Militär und Politik vermitteln eine überzeugende *korporative* Inszenierung von Männlichkeit: Sie nähren beim individuellen Mann die Illusion von der Möglichkeit tatsächlichen Abschöpfens einer materiellen und/oder ideellen *Patriarchatsdividende* (in Form von Ehre, Prestige, Befehlsgewalt, durchschnittlich höheren Männereinkommen, Eigentumsverteilung, Machtpositionen in der Politik)." (Ebd.: 173)

Der Begriff der hegemonialen Männlichkeit leistet somit für die Theoretisierung der Maskulinität staatlicher Apparate und Institutionen zweierlei: *Erstens* wird damit analytisch fassbar, dass hegemoniale Männlichkeit sich auch innerhalb hierarchischer Klassen-, Sexualitäts-, ‚*ability*'- und *race*-Verhältnissen konstituiert. Die im bürgerlichen westlichen Staat sedimentierte Männlichkeit ist somit eine bürgerliche, heteronormative, weiße, nicht-‚behinderte' Form von Männlichkeit. *Zweitens* lässt sich mit dem Konzept der hegemonialen Männlichkeit als staatstragendes Konstrukt auch die Stabilität maskuliner Macht- und Herrschaftsstrukturen präziser erklären. Über die hegemoniale Männlichkeit werden auch nicht-hegemoniale Männlichkeiten in das maskuline Staatsprojekt eingebunden. Sie sind zwar nicht selbst Teil des Staatsapparats, gehören aber qua Männlichkeit dennoch ideell dazu und können Aufstiegshoffnungen hegen, einmal selbst zu den ‚großen Männern' zu gehören (vgl. Kreisky/Löffler 2009).

Die zunehmende Europäisierung von Staatlichkeit hat das Terrain der deutschsprachigen feministischen Institutionenarchäologie über den nationalstaatlichen Kontext hinaus ausgeweitet. Anders als in den europäischen Nationalstaaten haben sich die Institutionen und Apparate der Europäischen Union nicht unter einem expliziten Frauenausschluss herausgebildet. Insbesondere im Europäischen Parlament waren von Beginn an Frauen weitaus sichtbarer vertreten als im nationalstaatlichen Vergleich. Allerdings haben feministische Analysen vermehrt darauf hingewiesen, dass es sich hier um Anzeichen einer „rhetorischen Modernisierung" (Wetterer 2003) handelt. Zwar ist die Frauenquote im Europäischen Parlament hoch, das Parlament selbst jedoch nur beschränkt wirkmächtig (vgl. u.a. Abels 2001; Erbe 2002). Demgegenüber können die entscheidungsträchtige Europäische Kommission und der Europäische Rat ebenso als Sedimentierung hegemonialer Männlichkeit gesehen werden (Schunter-Kleemann 1994: 28f.; vgl. ähnlich Holland-Cunz/Ruf/Sauer 1994). Die Ausschlüsse von Frauen sind hier jedoch nicht mehr explizit, sondern Effekt von – für die ‚rhetorische' Modernisierung typischen – subtilen Formen von Exklusion.

Neben den staatlichen Apparaten sind auch staatliche Bürokratie und Verwaltung Sedimentierungen von Maskulinismus. Nach Max Weber zeichnet sich die Bürokratie des modernen westlichen Staates durch seine Neutralität und Distanz zu Emotionen aus (Weber 1980: 823ff.). Diese bürokratischen, ‚rationalen' Strukturen bildeten sich im 19. Jahrhundert als Gegenfolie zur feudalen Verwaltung heraus und sollten die auf persönlichen und familiären Beziehungen aufbauenden politisch-staatlichen Strukturen des Feudalismus ablösen und modernisieren.

> „Bürokratie, d.h. Durchschaubarkeit, Planbarkeit und Regelgeleitetheit sollten eine neuartige Autorität begründen und damit Machtstrukturen zerstören, die keinen ‚rationalen' Charakter besaßen, sondern auf ‚persönlichen' Beziehungen, auf patriarchaler Autorität, auf Geburtsrecht oder auf sozialem Status beruhen." (Sauer 2001: 72)

Diese ‚Rationalisierung' und ‚Neutralisierung' gesellschaftlicher Beziehungen durch die Bürokratisierung während des 19. Jahrhunderts wurde von feministischen Theoretiker_innen als Maskulinisierung dechiffriert, da die Rationalität der staatlichen Bürokratie zum Zeitpunkt ihrer Entstehung immer mehr zum Ausdruck von Männlichkeit wurde. Denn parallel zur Herausbildung der modernen Bürokratie wandelte sich auch die hegemoniale Männlichkeit, indem sie zunehmend mit den Idealen Rationalität, Berechenbarkeit und Ordnung verschmolzen wurde (Connell 1990: 521). Weiblichkeit – assoziiert mit Unberechenbarkeit, Chaos und Gefühlen – wurde dabei zur Gegenfolie von hegemonialer Männlichkeit und von staatlichem Handeln. Als Resultat dieser Doppelbewegung schrieb sich eine Form der Rationalität in die Bürokratie ein, die auf vergeschlechtlichten Exklusionsmechanismen basiert, wie Rosemary Pringle herausgearbeitet hat: „Weber's account of ‚rationality' can be interpreted as a commentary on the construction of a particular kind of masculinity based on the exclusion of the personal, the sexual and the feminine from any definition of ‚rationality'" (Pringle 1989: 88; s.a. Ferguson 1984). Als Konsequenz dieser Sedimentierung von Maskulinität in staatlicher Bürokratie und staatlichen Institutionen wird Rationalität „gegenüber Emotionalität bevorzugt, Emotionen in staatlichen Institutionen werden abgewertet, ja es wird so getan, als gebe es sie nicht" (Sauer 2001: 73; s.a. Sauer 1999: 205).

Wenngleich Maskulinismus in staatliche Institutionen und Apparate eingelassen ist, gibt es dennoch immer auch Akteur_innen, die in diesen arbeiten. Mit ihren Arbeiten zum analytischen Konzept des Männerbundes hat Kreisky einen instruktiven Weg vorgeschlagen, die Vergeschlechtlichung der Beziehungs- und Kommunikationsstrukturen in staatlichen Institutionen zu fassen.

> „Das Männerbündische bezeichnet letztlich *Männlichkeit als System,* die unabhängig von konkreten Männern und Männlichkeiten in die Organisationskultur (z.B. Berufsethik, ritualisierte Arbeitsweisen, Diskriminierungs- und Ausgren-

zungsspiele) politischer Institutionen eingelassen ist, und deren *Standardform* darstellt." (Kreisky/Löffler 2009: 79)

Entstanden sind Männerbünde im 19. Jahrhundert in „homosoziale[n] Vergemeinschaftungen – also rein männliche[n] Sozialisationsorte[n], die sich durch generellen Frauenausschluss auszeichneten (z.B. Universitäten, Kirchen, Militär, politische Institutionen)" (ebd.). Die Männerbünde des 19. und frühen 20. Jahrhunderts stellten

> „(konservative) Wertegemeinschaften [dar], die Gleichheit, Freundschaft, Brüderlichkeit und Kameradschaft verherrlichten, in sich jedoch eine extreme Hierarchie aufwiesen, ritualisierte Verkehrsformen entwickelten, sich nach außen durch künstliche Feindbilder abgrenzten und durch loyale Geheimhaltung abschirmten" (ebd.: 80).

In ihrer Beschreibung des Männerbundes legt Kreisky dar, dass diese eine überaus hierarchische Binnenstruktur aufweisen:

> „Um die zentrale Figur des ‚Männerhelden' (‚Führer', ‚Meister') scharen sich die libidinös gebundenen ‚Brüder', ‚Freunde', ‚Kameraden'. Männerbünde haben eigene Verkehrsformen, Wertmaßstäbe und Denkfiguren: *Treue, Ehre, Gefolgschaft, Gehorsam, Unterwerfung.* [...] Künstliche Feindbilder (Bolschewismus, Weiblichkeit) schweißen – trotz aller internen Differenzen und Gegensätze – zusammen." (Kreisky 1994: 201)

Anfang des 20. Jahrhunderts erfuhren diese männerbündischen Praktiken theoretisch-ideologische Unterfütterung durch Männerbundtheoretiker wie Hans Blüher, Alfred Rosenberg und Alfred Baeumler. Sie propagierten Männerbünde, die sie aus einem vorgeblich natürlichen männlichen Trieb zur Verbrüderung ableiteten, als erstrebenswertes Ideal männlicher Vergesellschaftung und Politik, das durch die Teilhabe von Frauen an politischen Zirkeln gefährdet werden könnte (Kreisky 1995b: 104ff.). Der Nationalsozialismus integrierte die Männerbundtheorien „in Rassismus, Antisemitismus, Germanenkult sowie Blut- und Bodenideologie" (ebd.: 108) und setzte „die Männerbundidee in ganz gezielter Weise für seine menschenverachtenden und demokratievernichtenden Ziele ein" (ebd.: 109).

Wenngleich nach dem Zweiten Weltkrieg im deutschsprachigen Raum explizite Männerbundideologien und explizite Männerbünde „rar geworden und durch eine Vielzahl eher loser Männerbünde ersetzt worden" sind (Kreisky/Löffler 2009: 80), ist ihre Logik dennoch tief in politische Institutionen und Organisationen eingeschrieben. Gegenwärtig zeigt sie sich in informellen Netzwerken oder Seilschaften sowie in Burschenschaften oder studentischen Korporationen. Männerbündische Zusammenschlüsse in der Gegenwart finden zumeist in vermeintlich privaten informellen Kontexten statt. Dieser informelle Charakter führt dazu, dass diese männerbündischen Zusammenschlüsse in der ‚offiziellen

Politik' nicht als relevante Orte für politische Karrieren und für das politische Agenda-Setting sichtbar werden (Kreisky 1994: 207).

Indem Kreisky den Männerbund als bedeutsame politische Logik sichtbar macht, dekonstruiert sie auch den androzentrischen Mythos, wonach Rationalität die Grundlage aller politischen Beziehungen in modernen westlichen Staaten sei: „Die Affinität und Solidarität der Männer hat nicht bloß eine *rationale*, sondern auch eine *emotional-affektive* und häufig *erotische* Basis" (ebd.). Mit dem Konzept des Männerbundes kann somit sowohl ein zentrales Modell politischer Ordnung (ebd.) als auch männlicher Identität eingefangen werden (vgl. dazu auch Neyer 1996).

Schunter-Kleemann schließt an Kreiskys Arbeiten zum Männerbund an und setzt sich mit der Frage auseinander, ob und wie männerbündische Strukturen sich in der Europäisierung der Nationalstaaten wandeln. Dabei kommt sie zu dem Ergebnis, dass die EU-Staatlichkeit weniger als Männerbund im traditionellen Sinne, sondern als „Herrenclub" (Schunter-Klemann 2001) bezeichnet werden kann. Dieser *Herrenclub* auf europäischer Ebene zu Beginn des 21. Jahrhunderts ist keine für Frauen „völlig geschlossene Gesellschaft" (ebd.: 175). Vielmehr ist es gerade ein Element dieses Herrenclubs, vereinzelte Frauen in ihren Reihen aufweisen zu können: „Gerade in den letzten Jahren erscheint es funktional im Sinne einer Modernisierung und Bereicherung des Clublebens, einige wenige Frauen in die exklusiven Führungszirkel aufzunehmen" (ebd.). Dies sieht Schunter-Kleemann allerdings eher als symbolische Politik, die sie „als Ersatz für eine soziale Politik der Geschlechtergleichstellung" (ebd.: 201f.) in der EU auf supra- und nationalstaatlicher Ebene interpretiert, während in den *Herrenclubs* ‚alte' männerbündische Strukturen weiterhin fortleben.

Im Kontext der Erfolge rechtskonservativer, rechtspopulistischer und rechtsextremer Parteien und Diskurse in den letzten Jahren in vielen Staaten erfahren feministische Auseinandersetzungen mit Maskulinismus und Männerbünden neue Aktualität. Nicht nur, da recht(spopulistisch)e Parteien insofern „‚Männerparteien'" (Sauer 2020: 26) sind, als sie für mehr männliche Wähler attraktiv sind als für weibliche. Darüber hinaus greifen recht(spopulistisch)e Akteur_innen – in Parteien und Bewegungen – in maskulinistischer Weise Geschlechter- und sexuelle Politiken für ihre politische Mobilisierung auf. Sie befürchten eine ‚Gleichmacherei' der Geschlechter, kritisieren die Vervielfältigung von Geschlecht als ‚widernatürlich' und diffamieren Gleichstellungspolitiken, Gender und Queer Studies. Birgit Sauer identifiziert die rechten Geschlechter- und sexuelle Politiken als „maskulinistische Identitätspolitik" (Sauer 2020). Denn in diesen steckt

> „ein Angebot der Selbstaffirmierung, der Selbstbestärkung (vermeintlich) marginalisierter Männlichkeit, bieten doch Anti-Gender-Anrufungen im neoliberalen Verunsicherungsdiskurs Anknüpfungspunkte für eine Re-Etablierung traditioneller Geschlechterkonstellationen und -hierarchien. Der Selbstaffirmierung

dient u. a. die Ablehnung von Gleichstellungspolitik, die als Privilegierung von insbesondere gut ausgebildeten Frauen dargestellt wird. Auch in femonationalistischen Argumentationen kann sich unterworfene Männlichkeit als liberal, aufgeklärt und modern – in Abgrenzung von muslimischen Männern – entwerfen" (Sauer 2019: 347).

Der Maskulinismus recht(spopulistisch)er Diskurse reaktiviert männerbündische und maskulinistische Politikvorstellungen und verspricht, über maskuline Politiken in anti-demokratischer Weise auf gesellschaftliche Transformationsprozesse zu reagieren. In der Rückbesinnung auf Mutterschaft und der Retraditionalisierung heteronormativer Familienvorstellungen, werden nicht nur demokratisierende Politiken wie Gleichstellungspolitiken in Frage gestellt. Zudem wird die Ungleichheit zwischen den Geschlechtern, die Frauen weiterhin in privatisierter Form als primär Verantwortliche für gesellschaftlich notwendige Reproduktionsarbeit festlegt, als Ausweg aus der Krise angeboten und dabei zementiert. Der rechtspopulistische Aufruf der „Wiederentdeckung der Männlichkeit", wie Bernd Höcke (Höcke, zit. nach: Bargetz/Eggers 2021: 247) dies auf einer vielzitierten Rede am AfD-Parteitag in Erfurt 2015 formulierte, ist daher sowohl ein Versprechen der Handlungsfähigkeit in einer Krise als auch ein „Angriff auf die Demokratie" (Wilde/Meyer 2018: 9).

Marion Löffler interpretiert die recht(spopulistisch)en Diskurse um einen angeblich vorherrschenden ‚Gender-Wahnsinn' als

> „klassische[n] Maskulinismus [...], der sich selbst als eine Art ‚Gender-Wahnsinn' manifestiert: Die behauptete Männerdiskriminierung durch Frauenförderung artikuliert die Angst, Privilegien zu verlieren, die Männern in patriarchalen Gesellschaften zustehen. Die drohende Entgeschlechtlichung bzw. Verweiblichung der (männlichen) Jugend unterstellt eine ‚Krise der Männlichkeit', die immer dann ausgerufen wird, wenn sich Geschlechterverhältnisse zugunsten von Frauen verändern" (Löffler 2017: 192).

Brigitte Bargetz und Nina Eggers (2021) arbeiten aus affekttheoretischer Perspektive die Mobilisierungskraft von Maskulinismus im recht(spopulistisch)en Hegemonieprojekt heraus, die sich auf zwei Ebenen entfaltet:

> „Die rechtspopulistische Mobilisierung umgreift [...] sowohl eine Politik *der* Gefühle, also ein Erzeugen, Transportieren und Vermitteln bestimmter Gefühle durch den Erzähler, als auch ein *Politik Fühlen*, also ein Aufnehmen von Stimmungslagen und Antworten auf politische, durch Macht- und Herrschaftsverhältnisse geprägte Gefühle im adressierten Publikum." (Bargetz/Eggers 2021: 249)

Dabei zeigen Bargetz und Eggers auf, wie über die affektive Mobilisierung von Maskulinität sowohl hegemoniale Männlichkeit als auch ein autoritärer ‚maskuliner' Staat gestärkt werden soll (ebd.: 258). Das affektive Angebot recht(spopulistisch)er Politiken basiert daher in doppelter Weise auf maskulinistischen Logiken: Für die Männlichkeit in der Krise – „der offerierten kollektiven Selbststilisierung als durch die liberalen Eliten ‚geknechtetem Opfer'" (ebd.: 261) – werden über die Inszenierung „männlich-heldenhafte[r] politische[r] Führungsfiguren [...] Heilsversprechen, Handlungsmacht und nicht zuletzt eine brüderliche nationale Gemeinschaft" angeboten (ebd.: 261).

III.7 Geschlechterverhältnisse und Wohlfahrtsstaaten

Wohlfahrtsstaaten haben sich in den westlichen kapitalistischen Gesellschaften als Antwort auf Kämpfe der Arbeiter_innenbewegung und daher als Kompromiss von Klassenkonflikten herausgebildet. Von Beginn an waren wohlfahrtsstaatliche Versicherungen auf lohnarbeitsbedingte Risiken wie Arbeitslosigkeit, Krankheit oder Rente ausgerichtet. In politikwissenschaftlichen Analysen des Wohlfahrtsstaates blieb Geschlecht als analytische Kategorie – und damit auch die qua geschlechtsspezifischer Arbeitsteilung im ‚Privaten' geleistete Reproduktionsarbeit – lange Zeit eine Leerstelle. Geschlechtlich differente Formen der Eingebundenheit in das Gewebe von Staat-Ökonomie-Familie sowie privatisierte Abhängigkeits- und Ausbeutungsstrukturen blieben in der *malestream*-Forschung ‚übersehen'.

Demgegenüber besteht das Anliegen feministischer Wohlfahrtsforschung darin, aufzuzeigen, dass der im Wohlfahrtsstaat institutionalisierte Klassenkompromiss vergeschlechtlicht ist. In der ersten Phase feministischer Wohlfahrtsstaatsforschung entstanden vor allem Analysen einzelner Nationalstaaten, die untersuchten, wie Ökonomie, Staat, Familie und Geschlecht miteinander artikuliert sind. Sie erbrachten den Nachweis, dass Geschlechterungleichheiten durch den Wohlfahrtsstaat nicht nur nicht abgebaut, sondern aktiv fortgeschrieben werden.

Im Anschluss an Gerda Neyer kann die geschlechtliche Ausgrenzung von und die Benachteiligung durch den Wohlfahrtsstaat auf vier Ebenen verortet werden: „der Ebene der Akteure, des Arbeitsmarktes, der Leistungssysteme, der Diskurse" (Neyer 1998: 91). So führt *erstens* der historische Ausschluss von Frauen aus Parteien, Interessensvertretungen und anderen politischen Gremien dazu, dass die an der Ausgestaltung des Wohlfahrtsstaat beteiligten Akteure durchgängig männlich waren. *Zweitens* bewirk(t)en Berufsverbote und -beschränkungen – oftmals als ‚Schutzmaßnahmen' für Frauen, die potenziell alle als Mütter gedacht werden – sowie familienrechtliche Bestimmungen – wie etwa die Abhängigkeit der Möglichkeit, einer Lohnarbeit nachzugehen, von der Zustimmung des Ehemanns –, dass Frauen im Zugang zu wohlfahrtsstaatlichen Leistungen benachteiligt sind, da diese vom Ideal einer Vollzeitanstellung ausgehen. *Drittens* führt die Orientierung wohlfahrtsstaatlicher Leistungen an männlichen Lebens- und Berufsbiographien zu Benachteiligungen von Frauen, da „[a]lle wichtigen sozialen Errungenschaften, Rechtsansprüche des Einzelnen auf diese sogenannte soziale Sicherheit [...] Lohnarbeit/möglichst kontinuierliche Erwerbsarbeit voraus[setzen]" (Gerhard/Schwarzer/Slupik 1988: 15), die jedoch in der bestehenden geschlechtlichen Arbeitsteilung auf viele Frauen nicht zutrifft. Dem Unterschied, dass der Eintritt von vielen Frauen in wohlfahrtsstaatliche Sicherungssysteme „– ganz oder zeitweilig – unter anderen Bedingungen als für Männer, nämlich nicht über ein Erwerbsverhältnis, sondern über ein persönliches Abhängigkeitsverhältnis: als Ehefrau" (Neyer 1998: 94) erfolgt, wird in *malestream*-Arbeiten zu Wohlfahrtsstaaten nicht Rechnung getragen. *Viertens* gilt für wohlfahrtsstaatliche Diskurse, dass Frauen davon zumeist ausgeschlossen sind und gesellschaftliche und politische Forderungen von Frauen als partikular gelten, während die androzentrischen Grundlagen des Wohlfahrtsstaates als allgemein gesetzt werden. All diese Aspekte führen dazu, dass der Wohlfahrtsstaat strukturell androzentrisch ist und der in ihm institutionalisierte Klassenkompromiss auf „Kosten der Frauen" geht (Gerhard/Schwarzer/Slupik 1988 sowie u.a. die Beiträge in Kickbusch/Rieder 1984; Sainsbury 1994a und Showstack Sassoon 1987).

Viele der insbesondere vergleichenden feministischen Analysen teilen als gemeinsamen Bezugspunkt die Kritik an der Ignoranz der Geschlechterverhältnisse in den Arbeiten von Gøsta Esping-Andersen, die für die *malestream*-Wohlfahrtsstaatsforschung zentral sind (vgl. dazu u.a. Sainsbury 1994b). Esping-Andersen führt in *The three Worlds of Welfare Capitalism* (1990) als Resultat seines Vergleichs von 18 Wohlfahrtsstaaten eine Typologisierung ein, die – über die Dimensionen der Staat-Markt-Verhältnisse, Stratifizierung und Dekommodifizierung – eine Dreiteilung von Wohlfahrtsregimen vornimmt: Das liberale Regime (u.a. Australien, Großbritannien, Kanada, USA) ist durch ein großes Vertrauen in den Markt gekennzeichnet, was nur zu geringen dekommodifizierenden Effekten führt. Der Staat soll lediglich auf bestimmte Risiken reagieren. Sozialfürsorge ist hier bedarfsgeprüft und Sozialversicherungsprogramme fallen eher bescheiden aus. Das konservativ-korporatistische Regime (u.a. Deutschland, Frankreich, Italien, Österreich) zeichnet sich zwar durch eine umfassende Sozialpolitik aus, diese hält aber soziale Unterschiede aufrecht, da sozialpolitische Rechte stark klassengebunden sind. Das sozialdemokratische Regime (u.a. Dänemark, Niederlande, Norwegen, Schweden) schließlich ist durch eine starke, respektive dekommodifizierende Sozialpolitik gekennzeichnet, deren Ansprüche universell formuliert sind mit dem Ziel, nicht nur sozialpolitische Mindeststandards zu sichern, sondern eine breitere Gleichheit herzustellen.

Feministische Kritiken machten deutlich, dass Esping-Andersen „die männliche Perspektive" (Langan-Ostner 1991: 305) in seiner Typologie verallgemeinert:

> „Kommodifizierung bzw. Dekommodifizierung wirkt geschlechterspezifisch verschieden und unterschiedlich je nachdem, ob Ausgangs- oder Schwerpunkt der Betrachtung ‚Familie' oder ‚Markt' ist. So hat z.B. die Expansion von Dienst-

> leistungen, die Art ihres Angebots usw. für Frauen und Männer sehr verschiedene – kommodifizierende oder dekommodifizierende – Wirkungen. Obwohl Esping-Andersen soziale Ungleichheit im Zusammenhang mit dem jeweils spezifischen Dienstleistungsprofil eines Wohlfahrtsstaatstypus diskutiert, behandelt er die Dienstleistung als zufällige Variable – ebenso wie das Geschlecht –, nicht als theoretisches Konstrukt. Deshalb spielen auch *haushaltsförmige* Dienstleistungen und die mit diesen verbundene, ungleichheitsrelevante Arbeitsteilung zwischen Frauen und Männern sowie zwischen Frauen in seinen Überlegungen keine Rolle." (Ebd.)

Von dieser Kritik ausgehend setzten Versuche ein, neue Typologisierungen zu entwickeln, die auch die Geschlechterdimension von Wohlfahrtsregimen einbeziehen (Daly 1994; Langan/Ostner 1991; Pfau-Effinger 2000). Mary Langan und Ilona Ostner unterscheiden wie Esping-Andersen das „moderne Modell", das „sozial ‚konservativ-institutionelle' Modell" und das „liberale oder residuale Regime" (Langan/Ostner 1991) und zeigen die jeweils geschlechtsspezifischen Ausgestaltungen auf: Das *moderne Modell*, das in skandinavischen Ländern vorfindbar ist, zeichnet sich durch ein hoch entwickeltes Dienstleistungssystem aus, das „die Arbeitsmarktintegration aller soweit wie möglich unterstützen" soll (ebd.: 307). Dies ermöglicht zwar, dass die Frauenerwerbsquote sehr hoch ist und Frauen über ihre individuelle Lohnarbeit auch in das wohlfahrtsstaatliche System integriert sind. Allerdings, so Langan und Ostner, zeigt sich ein Gender-Bias in der Art der Anstellung: Männer arbeiten vor allem in der Privatwirtschaft, Frauen hingegen mehrheitlich im öffentlichen Dienst. Deshalb, so kritisieren die Autorinnen, sind viele Frauen zwar wohlfahrtsstaatlich abgesichert, allerdings kommt es lediglich zu einer Verschiebung „von der persönlichen Abhängigkeit zur öffentlichen, von der Abhängigkeit vom Ehemann zu der vom Staat" (ebd.: 308). Die Geschlechtsspezifik des *konservativ-institutionellen* Modells zeigen Langan und Ostner an dem deutschen Wohlfahrtsstaat auf, dessen Sozialpolitik nicht wie das skandinavische Modell durch eine „universalisierte Arbeitsbürgerschaft", sondern „durch eine komplexe und komplizierte Politik der Differenzierung und Differenz – der Statussicherung und Besitzstandswahrung" gekennzeichnet ist (ebd.: 310). Ausgangspunkt für wohlfahrtsstaatliche Leistungen ist die ‚Normalarbeitsbiographie' des „männlichen, qualifizierten, kontinuierlich Erwerbstätigen" (ebd.: 311). Dies hat die geschlechterpolitische Konsequenz, dass Frauen, die durch gesellschaftliche Zuschreibungen, arbeits- und sozialrechtliche Steuerungen und durch steuerliche Regelungen wie dem Ehegattensplitting vermehrt diskontinuierliche Erwerbstätige sind, meist über ihre Ehemänner vermittelt wohlfahrtsstaatlich abgesichert sind.

> „Der Widerspruch für Frauen in diesem System besteht darin, daß ihnen – aller Rede der weiblichen Individualisierung, dem Zuwachs an Entscheidungsautonomie zum Trotz – die für unsere Gesellschaft so notwendige Arbeitsmarktindi-

vidualisierung und entsprechende strukturelle Voraussetzungen (wie z.B. in Skandinavien) vorenthalten werden." (Ebd.: 312)

Das *liberale Modell* baut weder auf ausgeprägten Transfer- noch Dienstleistungen auf, sondern stellt wohlfahrtsstaatliche Leistungen lediglich jenen zur Verfügung, die ohne ‚eigenes Verschulden' von Armut betroffen sind. Unterstellt wird dabei sowohl eine rigide Grenzziehung zwischen Markt und politischer Sphäre einerseits und zwischen Privatheit und Staat andererseits als auch eine Konstruktion der Individuen als individualistische Wesen, die alle gleich dem Staat und Markt gegenüber treten können (ebd.: 314; s.a. Jenson 1989). Aus geschlechterpolitischer Sicht begründen diese Prämissen jedoch strukturelle Ungleichheit, da geschlechtsspezifische Unterschiede negiert werden. „Frauen werden – folglich auch als Mütter – als mit Männern Identische [...] behandelt" (Langan/Ostner 1991: 315), was nach Langan und Ostner „das Gegenteil von Gleichbehandlung" (ebd.) ist. Das Fazit ihrer feministischen Erweiterung von Esping-Andersen ist für Langan und Ostner, dass alle drei Wohlfahrtsstaatsmodelle auf einem „impliziten ‚Geschlechtervertrag'" (ebd.) beruhen, über den geregelt wird, dass Reproduktionsarbeiten von Frauen zumeist unbezahlt übernommen werden und dass diese gesellschaftlich notwendigen Tätigkeiten nicht in den Radius wohlfahrtsstaatlicher Umverteilung fallen.

Jane Lewis nimmt die Ausprägung des Ernährermodells als Grundstock für ihre wohlfahrtsstaatlichen Ländervergleiche (Lewis 1992). Sie unterscheidet starke, gemäßigte und schwache Ernährermodelle (s.a. Ostner/Lewis 1998): Das starke Ernährermodell zeichnet sich durch eine weit verbreitete Teilzeitbeschäftigung von Frauen, wenig staatliche Kinderbetreuungsangebote und eine starke geschlechtsspezifische Differenzierung sozialer Absicherung aus und ist ihr zufolge in Deutschland, Großbritannien und Irland vorherrschend. Frauen werden in diesem Modell „als abhängige Ehefrauen behandelt" (ebd.: 221). Frankreich und Belgien haben ein modifiziertes Familienernährermodell, bei dem die Frauenerwerbsquote auch in Vollzeitberufen relativ hoch ist mit der Folge, dass Frauen in das Wohlfahrtssystem stärker integriert sind. Das schwache Familienernährermodell, das Lewis in Schweden und Dänemark umgesetzt sieht, charakterisiert die große Verbreitung des Doppelverdienermodells, was nicht zuletzt durch ein flächendeckendes Kinderbetreuungssystem ermöglicht wird. Dennoch liegt beispielsweise auch in Schweden die Hauptverantwortung für Reproduktionstätigkeiten bei Frauen (Lewis 1992: 169).

Als Tenor dieser Untersuchungen gilt, dass wohlfahrtsstaatliche Leistungen trotz nationalstaatlicher Unterschiedlichkeiten in allen westlichen Ländern auf privat erbrachter Reproduktionsarbeit von (zumeist) Frauen aufbauen. Unsichtbar gemacht wird dieser Zusammenhang durch die Gleichsetzung von Lohnarbeit und Arbeit einerseits und die Kategorisierung von Haus- und Pflegearbeit als private Tätigkeiten andererseits (Gerhard 1988: 14). Diese aus ehelicher, mütterlicher oder (schwieger-)töchterlicher ‚Liebe' oder ‚Verantwortung' im privaten Bereich der Familie erbrachten Leistungen ermöglichen erst, dass „[i]n bezug auf Fürsorge- und Reproduktionsarbeit [...] der Sozialstaat bis heute grosso modo Nachtwächterstaat" bleiben konnte (Sauer 2001: 132), „der nur eingreift, wenn die privaten Arbeits-, Lebens- und/oder Liebeszusammenhänge scheitern" (ebd.).

Teresa Kulawik lenkt das Augenmerk darauf, dass in der Wohlfahrtsstaatsforschung die empirischen Analysen einen starken Überhang gegenüber Theoretisierungen aufweisen. Daher schlägt sie vor, nicht nur spezifische *Policies* zu analysieren, sondern sich auch mit den Dimensionen von *Polity* und *Politics* des Wohlfahrtsstaates zu befassen und diesen als „eine Staatsform, ein *Modell politischer Herrschaft*" (Kulawik 1996: 47) zu verstehen. Für eine feministische Theoretisierung des Wohlfahrtsstaates bedeutet das, den Fokus auf „genuin politikwissenschaftliche Fragestellungen nach den Machtbildungsprozessen, den beteiligten Akteuren sowie den politischen Institutionen" (ebd.: 49) und deren Vergeschlechtlichung zu legen.

Für die Umsetzung ihres Anliegens, „Geschlecht *als machtpolitische Kategorie*" (Kulawik 2001: 137) in die Wohlfahrtsstaatsanalysen zu integrieren, rekurriert Kulawik auf diskurstheoretische Ansätze und macht damit deutlich, dass Wohlfahrtsstaaten nicht nur bestimmte Güter und Zugänge verteilen, sondern dass in diesen auch Repräsentationen ‚verteilt' werden. Diskursive Vorstellungen zu weiblichen und männlichen Identitäten und Interessen können so als „Bestandteil der Formierung und Entwicklung von Wohlfahrtsstaaten begriffen werden" (ebd.). Der Wohlfahrtsstaat basiert auf hegemonialen Vorstellungen von weiblichen und männlichen ‚Normalbiographien' und reproduziert diese auch. Kulawik zeigt auf, dass sich durch alle Wohlfahrtsstaatsregime – wenngleich mit Abstufungen insbesondere zwischen dem sozialdemokratischen und dem konservativ-korporativen Regime – die Gleichsetzung von Frauen und Mutterschaft zieht (ebd.).

In diskursiven Geschlechterkonstruktionen sieht Kulawik eine Erklärung für die Unterschiede der europäischen Wohlfahrtsstaaten: In ihrem Vergleich zwischen Deutschland und Schweden, zwei sozialhistorisch ähnliche Nationalstaaten mit divergenten Wohlfahrtsregimen, identifiziert sie Unterschiede in den Fiktionen von Maskulinismus, der in Deutschland „rigide" (ebd.: 139) und in Schweden „gemäßigt" (ebd.: 144) ausfällt. Der „rigide Maskulinismus" (ebd.: 139) in Deutschland drückte sich historisch „sowohl in extremen institutionellen Schließungsprozessen gegenüber Frauen aus [...] wie in der diskursiven Thematisierung der sozialen Frage" (ebd.: 149). Kulawik zeigt auf, wie diese Form des Maskulinismus dazu führte, dass „die soziale Staatsbürgerschaft der Arbeiter-Männer" reklamiert wurde, „indem Frauen jedweder Subjektstatus abgesprochen wurde" (ebd.). Demgegenüber resultierte der „gemäßigte Maskulinismus" (ebd.: 144) in Schweden in „geringeren institutionellen Barrieren gegenüber Frauen" (ebd.: 149) und in einer „Thematisierung der sozialen Frage, in der der Staatsbürgerstatus von Männern nicht in gleicher Weise auf der Objektivierung von Frauen gründete" (ebd.).

In eine ähnliche theoretische Richtung geht Nancy Fraser in ihrer Konzeption des Wohlfahrtsstaates als *Bedürfnisinterpret*, in dem Bedürfnisse nicht nur repräsentiert, sondern vielmehr hervorgebracht werden: Die „Interpretation der Bedürfnisse von Menschen selbst ist Gegenstand der politischen Auseinandersetzungen [...], manchmal sogar *der* eigentliche Gegenstand" (Fraser 1994: 223). Normvorstellungen von Bedürfnissen ‚von Frauen' und ‚von Männern' sind tief in die Struktur des Wohlfahrtsstaates eingeschrieben. Die „diskursiven oder ideologischen Dimensionen" (ebd.: 224) des Wohlfahrtsstaates, die bestimmte Bedürfnisse hervorbringen, stellen das Pendant zur materiellen Dimension geschlechtsspezifischer Wohlfahrtsstaatspolitiken dar. Geschlechterungleiche wohlfahrtsstaatliche Regelungen gehen daher einher mit der Durchsetzung herrschaftlicher Definitionen von Bedürfniszuschreibungen und Identitäten. Wohlfahrtsstaatliche Politiken konstruieren „die Frauen und die Bedürfnisse der Frauen nach gewissen spezifischen – und im Prinzip anfechtbaren – Interpretationen [...], auch wenn sie diesen Interpretationen eine Aura der Faktizität verleihen, die ihre Anfechtung entmutigt" (ebd.: 225).

In ihrer Analyse des US-amerikanischen Wohlfahrtsstaates arbeitet Fraser heraus, dass die beitragspflichtigen „‚maskulinen'" (ebd.: 233) Sozialversicherungsprogramme – „die Arbeitslosenversicherung [...], die Rentenversicherung [...], die Krankenversicherung mit Altersnachweis [...] und die Invaliditäts- oder Arbeitsunfähigkeitsversicherung derjenigen, die bezahlte Arbeit nachweisen können" (ebd.), „ihre Adressaten vorrangig als *Träger von Rechten*" einstufen (ebd.). Demgegenüber werden die Bezieher_innen von nicht beitragspflichtigen Fürsorgeprogrammen des Sozialversicherungssystems wie „der Familienbeihilfe, den Lebensmittelmarken, dem Programm der medizinischen Versorgung und dem Sozialwohnungsprogramm" (ebd.: 234), die Fraser als „feminin" bezeichnet (ebd.), „nicht in irgendeinem gewichtigen Sinn als Träger von Rechten" (ebd.), sondern als „‚Schnorrer', ‚Abweichler' und ‚menschliche Versager'" konstruiert (ebd.). Als theoretisches Fazit ist es für Fraser daher für eine feministische Analyse des Wohlfahrtsstaates unabdinglich, auch auf die Frage zu fokussieren, wer an der Konstruktion von ‚Bedürfnissen' und ‚Identitäten' beteiligt ist (ebd.: 224ff.). Als politisches Fazit leitet sie ab, dass es für feministische Politiken gilt, sich in die Kämpfe um Bedürfnis- und Identitätskonstruktionen einzumischen (ebd.).

Rezente feministische Analysen des Wohlfahrtsstaates setzen sich vor allem mit der Frage auseinander, welche geschlechterpolitischen Implikationen die Transformationsprozesse westlicher Wohlfahrtsstaaten haben. Ausgangspunkt für die Analysen ist, dass sich seit der Krise des Fordismus ein neues Wohlfahrtsstaatsregime herausgebildet hat, in dem „in offenen Ökonomien Produkt-, Prozeß-, Organisations- und Marktinnovationen" gefördert werden (Jessop 1997:

274), um „die strukturelle Wettbewerbsfähigkeit der Volkswirtschaft durch Interventionen auf der Angebotsseite so weit wie möglich zu stärken und die Sozialpolitik den Bedürfnissen einer Arbeitsmarktflexibilität bzw. den Zwängen des internationalen Wettbewerbs unterzuordnen" (ebd.). Umverteilende wohlfahrtsstaatliche Politiken treten zugunsten einer ‚Verschlankung des Staates' zurück; staatliche Versorgungs- und Pflegeleistungen werden zunehmend privatisiert. Begleitet wird dies von veränderten Regierungs- und Subjektivierungstechniken, die die Staatsbürger_innen vor allem als unternehmerische, gesellschaftliche Risiken eigenverantwortlich abdeckende Subjekte anrufen (u.a. Pühl 2003). Eingebettet sind die Transformationen westlicher Wohlfahrtsstaaten in globale Restrukturierungsprozesse, in deren Kontext die industrielle Produktion zunehmend in den globalen Süden und konkreter in Billiglohnproduktionsstätten mit gefährlichen und ausbeuterischen Arbeitsbedingungen ausgelagert werden (Bakker 1997; Wichterich 1998; Young 1998). Marianna Marchand benennt dabei zwei ineinander verwobene Globalisierungsprozesse: einen ‚maskulinistischen' in den hochtechnologisierten Zentren des Finanzkapitalismus und einen ‚feminisierten' der Dienstleistungen in der ‚Peripherie' (Marchand 1996: 586).

Die Neoliberalisierung der westlichen Wohlfahrtsstaaten und vor allem die Rückverlagerung gesellschaftlicher Risiken in die Privatheit haben eine eindeutige geschlechtliche Konnotation:

> „Subsidiarität als Privatisierung sozialer Risiken zielt auf eine Entvergesellschaftung von Reproduktionsarbeiten, die ‚Kommodifizierung' staatlicher Leistungen bedeutet also vielfach nichts anderes als ihre ‚Dekommodifizierung' als unbezahlte Frauenarbeit in der dafür gleichsam natürlich zuständigen Gemeinschaft – der Familie. Der ‚neue' Gesellschaftsvertrag – der ‚new deal', der in Aussicht gestellt wird – greift auf den ‚uralten' Geschlechtervertrag unbezahlter Arbeit von Frauen zurück." (Sauer 1997b: 118)

Ähnlich hält auch Isabella Bakker fest: „Die Reprivatisierung der Kosten der sozialen Reproduktion intensiviert die Fürsorgearbeit von Frauen und individualisiert die Risiken der lebenslangen Einkommensentwicklung durch private Ersparnisse und Rentenfonds" (Bakker 2004: 563). Die Reprivatisierungen des postfordistischen Wohlfahrtsstaat setzen voraus, „dass es einen unbegrenzten Nachschub an unbezahlter Frauenarbeit in der Familie gibt, die die wohlfahrtspolitischen Transformationen auffangen kann" (Sauer 2003c: 112). Dies korreliert allerdings mit „einem Konstrukt von Privatheit, das es längst nicht mehr gibt. Weder ist die Kernfamilie die dominante Lebensform, noch bildet die Idee eines einzigen Familieneinkommens die Wirklichkeit ab" (ebd.). Neben dieser Vergeschlechtlichung der Folgen einer neoliberalen ‚Verschlankung' des Wohlfahrtsstaates kommt es in diesem Kontext zu einem Wiedererstarken eines prekären Eingebundenseins vieler Frauen in wohlfahrtsstaatliche Absicherungen. Da Frauen stärker von Prekarisierungsprozessen der Lohnarbeit betroffen sind, wird ihr Anspruch auf wohlfahrtsstaatliche Absicherung ebenso prekärer (ebd.: 108ff.; vgl. Aulenbacher 2009; Völker 2009). Schließlich wirkt sich der im Namen von ‚Effizienz' forcierte Abbau des öffentlichen Sektors negativ auf Frauen aus, da „Frauen als Nutzerinnen als auch als Anbieterinnen von Dienstleistungen" (Bakker 2004: 558) von diesen Veränderungen besonders betroffen sind.

Teil dieser Veränderungen des Wohlfahrtsstaates ist ein Wandel der Familienpolitik. Diese ist in Deutschland insbesondere seit 2002 „von einem randständigen Bereich zu einem zentralen Politikfeld avanciert" (Auth/Buchholz/Janczyk 2010: 7). Die inhaltlichen Veränderungen der Familienpolitik werden als „Paradigmenwechsel von einer gleichstellungs- und transferorientierten hin zu einer bevölkerungspolitisch und ökonomisch motivierten Familienpolitik" interpretiert (ebd.: 12; s.a. Auth 2007; Wimbauer/Henninger 2008). Eine neue Ausrichtung der Familienpolitik wurde durch die rot-grüne Koalition unter der Federführung der Familienministerin Renate Schmidt (SPD) eingeleitet und vor allem unter der Familienministerin Ursula von der Leyen (CDU) ausgebaut. Die Erweiterung der Kleinkindbetreuung für unter Dreijährige, die Einführung eines einkommensbezogenen Elterngeldes und neue Freibeträge für Kinderbetreuung stellen die zentralen Reformen der Familienpolitik dar, die von den Regierungen als *nachhaltige Familienpolitik* bezeichnet wird. Jörg Nowak problematisiert, dass diese Maßnahmen vor allem auf die Erhöhung der Geburtenrate und auf einen raschen beruflichen Wiedereinstieg von Frauen nach der Geburt eines Kindes abzielen (Nowak 2009: 221ff.). Wenngleich sich die Maßnahmen zur besseren Vereinbarkeit von Familie und Beruf an Frauen und Männer richten, zeigt der Umstand, dass „60% der Männer, die Elterngeld beziehen, [...] dies nur für zwei Monate" machen, während „95% der Mütter, die die Leistung beziehen, [...] sie länger als zehn Monate [erhalten]" (Nowak 2010: 132) die geschlechterpolitische Beharrlichkeit, die auch der *nachhaltigen Familienpolitik* inhärent ist: Die primär Zuständigen für die Reproduktionsarbeit bleiben Frauen. Durch die Neuregelung der Freibeträge für Kinderbetreuung und Elterngeld soll darüber hinaus die Erwerbsquote und Geburtenrate bei Gutverdienenden angeregt werden (ebd.: 131). Nowaks Fazit zur aktuellen Familienpolitik fällt daher wie folgt aus:

> „Die mit dem Elterngeld verbundenen Fortschritte – die Vätermonate und das höhere und dafür kürzere Elterngeld, das Frauen mehr Unabhängigkeit und einen schnelleren Wiedereinstieg in den Beruf ermöglichen soll – werden durch die sozial selektive Ausgestaltung und die vorherrschenden geschlechtsspezifischen Arbeitsteilungen in Haushalt und Erwerbsarbeit beschränkt." (Ebd.: 132)

Nowak bezeichnet dieses Modell daher als „klassenselektives Ernährermodell" (ebd.: 133; s.a. 2009: 245). Seine Durchsetzung erklärt er im Rekurs auf Gramsci als Resultat einer *passiven Revolution*, in der

> „Forderungen der Frauenbewegung nach beruflicher Gleichstellung [...] nach jahrzehntelangem Stillstand der Gleichstellungspolitik zeitlich parallel zur Um-

> setzung der Agenda 2010 staatlich kooptiert [wurden] und zwar im Rahmen klassenpolitischer Strategien zur Senkung des Werts der Ware Arbeitskraft" (ebd.: 145).

Ähnlich verortet Katharina Hajek die nachhaltige Familienpolitik in neoliberalen biopolitischen Regulierungen von Bevölkerung, für die Familie ein zentrales demografisches Instrument für Politiken bleibt, die nun „nicht nur quantitativ auf mehr Geburten, sondern auch in qualitativer Hinsicht auf eine spezifische Sozialisation von Kindern und eine spezifische familial-private Lebensweise abzielen" (Hajek 2019: 186). Auch Anthea Kyere problematisiert die Selektivität der Familienpolitik und weist auf die Verwobenheit von Sexismus, Rassismus und Klassismus in gegenwärtigen Biopolitiken des deutschen Staates hin (Kyere 2021: 64). Als Beispiel nennt Kyere das 2007 eingeführte Elterngeld: „Während es offiziell um die Unterstützung aller Familien mit Kindern geht, richtet sich dieses Förderprogramm faktisch vor allem an Akademiker*innen bzw. als ‚hochqualifiziert' geltende gutverdienende Frauen. Denn es schließt implizit an einen Diskurs an, in dem problematisiert wird, dass in Deutschland die ‚Falschen' (die Prekarisierten) Kinder bekämen, während Akademiker*innen oft kinderlos blieben." (Ebd.: 65)

Insbesondere in den letzten Jahren finden intersektionale Arbeiten vermehrt Gehör in der Wohlfahrtsstaatsdebatte. Sie verweisen darauf, dass Aussagen über das Verhältnis von ‚den Frauen' zum Wohlfahrtsstaat, wie sie in den früheren feministischen Wohlfahrtsstaatsanalysen getätigt wurden, unterkomplex bleiben müssen, wenn sie nicht die Verwobenheit von Geschlecht, Klasse, nationalstaatlicher Zugehörigkeit, *race*, Behinderung usw. berücksichtigen. In Bezug auf Analysen der neoliberalen Veränderungen des Wohlfahrtsstaates fächern intersektionale Forschungen auf, dass die vergeschlechtlichten Folgen von Deregulierungs- und Privatisierungsprozessen entlang der Achsen Klasse, nationalstaatlicher Zugehörigkeit, *race*, Behinderung etc. unterschiedlich ausfallen. Alexandra Scheele hebt hervor, dass sich die Transformationen des deutschen Wohlfahrtsstaates nicht durch das „Schema der profitierenden Männer und der benachteiligten Frauen interpretieren" lassen (Scheele 2009: 168). So sind beispielsweise Frauen im Niedriglohnsektor schärfer vom Abbau wohlfahrtsstaatlicher Leistungen betroffen als gut verdienende Frauen. Ähnlich konstatiert Brigitte Aulenbacher, dass der Umbau der Wohlfahrtsstaaten die „marktgemäße Erbringung öffentlicher Leistungen" und die „Verlagerung von Aufgaben in die Privatwirtschaft und in die privaten Haushalte" (Aulenbacher 2007: 46) mit sich bringt, was zur Konsequenz hat, dass

> „vor allem Frauenarbeitsplätze abgebaut und erneut in erster Linie Frauen für unentgeltliche Arbeiten in die Pflichten genommen werden. Hausarbeit hingegen wird nicht zuletzt durch ihre Delegation an Migrantinnen in neuem Umfang und in neuer Weise vermarktlicht, was die bisherige Arbeitsteilung unter Frauen verändert, diejenige zwischen den Geschlechtern aber fortführt" (ebd.).

Aulenbacher macht zudem darauf aufmerksam, dass der postfordistische Wohlfahrtsstaat auch auf fordistischen Arrangements beruht, die für viele Frauen und Migrant_innen weiterhin Alltag sind:

> „Marktorientierte, postfordistische Rationalisierungsmaßnahmen in den einen Segmenten beruhen auf Vorleistungen in denselben oder anderen Segmenten, die national und international durch die Weiterentwicklung produktionsorientierter, fordistischer Verfahren erbracht werden; die Trennlinien verlaufen auch entlang von Arbeitsteilungen nach Geschlecht und Ethnie." (Ebd.)

Der Ausbau eines Care-Billiglohnarbeitssektors kann als Antwort auf den durch den neoliberalen Rückbau von Versorgungsleistungen ebenso wie die durch den Anstieg der Frauenerwerbsquote entstandenen Engpässe bei den Reproduktionstätigkeiten gesehen werden. In informellen und zunehmend auch formalisierten Arbeitsverhältnissen übernehmen insbesondere migrantische Frauen die Versorgung von alten, pflegebedürftigen Menschen und Kindern sowie Haushaltstätigkeiten. Diese Arbeitsverhältnisse sind nicht nur schlecht bezahlt, sondern prekär abgesichert. Feministische Studien haben hier die Arbeitsbedingungen, Bezahlung und Absicherung kritisiert (u.a. Benazha/Lutz 2019; Gutiérrez Rodríguez 2010; Haidinger 2013; Lutz 2008) und dargelegt, wie Geschlecht in der Verknüpfung mit nationalstaatlicher Herkunft als ‚Begründung' für die schlechten Arbeitsbedingungen und die geringe Bezahlung herangezogen wird: Die Arbeit beispielsweise der 24-Stunden-Pflegekräfte und Au-Pair-Helferinnen wird auch deshalb so gering entlohnt, weil die dafür notwendigen Kompetenzen nicht als Resultat von Ausbildung und Erfahrung gesehen werden, sondern als Fertigkeiten gelten, die migrantische Frauen ‚natürlicherweise' hätten(Gavanas/Williams 2004; Hess 2002). Die neoliberale Transformation des Wohlfahrtsstaates wird durch die Arbeit von migrantischen Frauen aufgefangen (vgl. Caixeta/ Gutiérrez Rodríguez /Tate/Vega Solis 2006; Gutiérrez Rodríguez 2005; Lutz 2007). Auch der neoliberale Wohlfahrtsstaat setzt folglich auf Arbeitsmarktpolitiken, die durch „Spuren aus der Kolonialgeschichte und einer globalen post(neo)kolonialen Ordnung geprägt" sind (Caixeta/Gutiérrez Rodríguez/Tate/Vega Solis 2006: 23). Fazit der intersektionalen Analysen der Transformationsprozesse des Wohlfahrtsstaates ist, dass diese zu größeren, auf *race* und Klasse „basierenden Disparitäten unter Frauen" führen (Bakker 1997: 69).

Die Selektivität des Wohlfahrtsstaates zeigte sich auch rasch in der Covid-19-Pandemie und dem staatlichen Umgang mit dieser. Arbeiten dazu haben sichtbar gemacht, wie zum einen intersektional-vergeschlechtlichte Logiken im Staat dazu geführt haben, dass aus einer Gesundheitskrise eine umfassende gesellschaftliche Krise wurde, und dass zum anderen der Staat aktiv auf intersektionale Ungleichheitsverhältnisse als Element seiner Krisenbewältigungspolitik zurückgreift (Ludwig 2021b). Bereits der neoliberale Abbau des Wohlfahrtstaates im Gesundheits- und Pflegebereich hat zu einer massiven „Entsorgung der

Sorge“ (Hartmann 2020) geführt. Schon vor der Corona-Krise konnten kranke und bedürftige Menschen oftmals nur mangelhaft versorgt werden und Alten- und Behindertenbetreuer_innen, Krankenpfleger_innen, 24-Stunden-Pfleger_innen und Reinigungskräfte erfuhren eine immense Verdichtung ihrer Arbeit. Diese durch den neoliberalen Staat vorangetriebene androzentrische Ökonomisierung des Gesundheits- und Pflegebereichs erwies sich als Bedingungsgefüge dafür, dass die Covid-19-Pandemie sich zu einer gesamtgesellschaftlichen Krise ausweiten konnte. „Paradigmatisch steht das Gesundheitswesen dafür, wie in den vergangenen Jahrzehnten Care-Arbeit der betriebswirtschaftlichen Logik von Kostenersparnis, Effizienz und Konkurrenz untergeordnet wurde, statt sie am Gemeinwohl, an den Bedürfnissen und Rechten der Patient*innen zu orientieren. Das Fallpauschalensystem, die Reduktion von Kliniken und Betten ohne Raum für Vorsorge, der Mangel an Pflegeperson und sein Burnout sowie die Produktion von Medikamenten dort, wo die Herstellung am preisgünstigsten ist – der ‚Covid Kapitalismus‘ stellt schnelle Profite über das Leben – so die feministische Ökonomin Tithi Batthacharya (Batthacharya/Dale 2020).“ (Wichterich 2020: 144f.)

Für die Beschäftigten in Krankenhäusern und Pflegeeinrichtungen, von denen mehr als 80% Frauen sind (Winker 2020: 395), führte dies nicht nur zu einer massiven Belastung in ihrer Lohnarbeit. Zugleich

> „zeigt sich in der Corona-Krise verdichtet, was bereits vorher im Gesundheits- und Pflegebereich ‚normaler Alltag‘ war: Dass jene oftmals migrantische Frauen* in prekär abgesicherten, schlecht bezahlten und mit wenig Prestige versehenen Jobs die durch den neoliberalen Staat entstandenen Versorgungsengpässe ausgleichen – durch Überstunden ebenso wie durch emotionale – unbezahlte – Arbeit am Krankenbett und auf der Pflegestation. Geschlechtliche Zuschreibungen von Sorge-Verantwortung und affektiver Arbeit fungieren also als Kompensationsmodus, um strukturelle Unzulänglichkeiten im Gesundheits- und Pflegebereich zu kompensieren. Aus einer geschlechtertheoretischen Perspektive zeigt sich folglich, dass die vom neoliberalen Staat forcierte androzentrische, ability-zentrierte ‚Entsorgung der Sorge‘ durch (affektive) vergeschlechtlichte Arbeit aufgefangen wird“ (Ludwig 2021b: 9).

Wie der Staat in der Corona-Krise aktiv auf multiple, miteinander verwobene Ungleichheitsverhältnisse zurückgreift, wird u.a. darin erkennbar, dass er Familie und Privatheit ganz direkt als essentielle Ressourcen seines Krisenmanagements einsetzt. „Dass Menschen neben ihrer bezahlten Arbeit Kinderbetreuung und home-schooling übernehmen sollen, zeigt genau jene Logik, die von feministischen Staatstheoretiker*innen von jeher kritisiert wurde: Die Annahme, dass Reproduktionsarbeit keine Arbeit sei und ‚nebenbei‘ erledigt werden könne.“ (Ebd.: 10) Für Frauen mit Kindern und insbesondere für Alleinerzieherinnen bedeutet(e) die Schließung von Kindergärten und Schulen eine enorme Zusatzbelastung (Speck 2020: 128; Wiedemann 2021: 213). Ebenso führt der staatliche Umgang mit der Corona-Krise zu einer verstärkten Auslagerung der Reproduktionsarbeit auf prekarisierte, gering bezahlte Frauen aus osteuropäischen Ländern und Ländern aus dem Globalen Süden in Familien, die sich das Outsourcen von Care-Arbeit leisten können. Im Umgang mit der Corona-Krise, so lässt sich schlussfolgern, macht der Wohlfahrtsstaat „die Privatisierung von Sorge-Arbeit, eine ungleiche geschlechtliche Arbeitsteilung, die neokoloniale Strukturierung von Arbeitsmarktpolitiken im Care-Bereich und heteronormativen Familialismus zu Fundamenten seiner Krisenbewältigungspolitik“ (Ludwig 2021b: 10).

Die Selektivität des Wohlfahrtsstaates in der Corona-Krise zeigt sich schließlich auch darin, dass die vom Staat bereitgestellten Maßnahmen zur Krisenbewältigung und des Konjunkturpakets einmal mehr androzentrischen Logiken folgen und die Figur des Vollzeit-Lohnarbeiters zur Grundlage nimmt: Obwohl Frauen mehr von Einkommenseinbußen und vorübergehenden Schließungen betroffener Wirtschaftsbereiche waren, konnten sie weniger oft Kurzarbeits- oder Arbeitslosengeld beziehen (Hammerschmid/Schmieder/Wrohlich 2020: 3). In ihrer Analyse des Krisenbewältigungs- und Konjunkturprogramms der deutschen Bundesregierung kommt Claudia Wiesner zu dem Schluss, dass dieses nicht den Ansprüchen von Geschlechtergerechtigkeit gerecht wird. Denn „etwa 73 % des Gesamtvolumens des Konjunkturpakets (gehen) an Bereiche, in denen mehrheitlich Männer vertreten sind. Nur 4,2 % des Gesamtfinanzvolumens entfallen auf Branchen und Bereiche, in denen mehrheitlich Frauen vertreten sind“ (Wiesner 2021). Zudem sind in dem Programm „keinerlei explizit gleichstellungspolitisch ausgerichtete Maßnahmen vor(gesehen)“, wie etwa Fördermaßnahmen für systemrelevante Berufe, in denen überwiegend Frauen beschäftigt sind (ebd.).

Aus den vielfältigen feministischen Untersuchungen des Wohlfahrtsstaates der letzten Jahrzehnte resultieren divergierende Einschätzungen, ob und inwieweit dieser für feministische Politiken genutzt werden kann. So weisen einerseits Kritiker_innen darauf hin, dass der Wohlfahrtsstaat lediglich eine Verschiebung vom privaten zum öffentlichen Patriarchat sei, indem Frauen weniger von den Ehemännern und Vätern, stattdessen aber mehr von staatlichen Strukturen abhängig werden. Anette Borchorst und Birte Siim beschreiben daher den Wohlfahrtsstaat als „social patriarchy“ (Borchorst/Siim 1987: 129), in dem sich Abhängigkeiten des familiären Patriarchats in transformierter Weise wiederfinden. Darüber hinaus betonen Kritiker_innen, dass die geschlechtsspezifische Arbeitsteilung insgesamt durch den Wohlfahrtsstaat nicht nur nicht verändert, sondern vielmehr institutionalisiert und weiter festgeschrieben wird (ebd.; ähnlich kritisch Eisenstein 1984). Dem wiederum halten Befürworter_innen entgegen, dass der Wohlfahrtsstaat für Frauen ein durchaus relevantes Terrain für Gleichstellung ist, da er trotz aller Widersprüchlichkeiten Frauen den Status des politischen Subjekts ermöglicht (Dahlerup 1990; Hernes 1986), die persönlichen Abhängigkeitsbeziehungen von Frauen in der Ehe aufbricht (Dahlerup 1987: 120; Gerhard 1988; Hernes 1986) und auf diese Weise die Grenzen zwischen Öffentlichkeit und Privatheit verändert (Siim 1990: 56; Dahlerup 1987: 121).

III.8 Geschlecht und internationale Politik

Feministische Interventionen in das Feld der Internationalen Politik setzten, insbesondere im deutschsprachigen Raum, erst spät ein und zählen auch gegenwärtig nicht zu den Kerngebieten feministischer Staatstheorie (Brunner/Eichler/Purkarthofer 2008: 138; Locher-Dodge 1998; Ruppert 1998a: 9).[5] Die leitenden Fragen, um die feministische Analysen internationaler Politik kreisen, bringt Uta Ruppert wie folgt auf den Punkt: „Nach welchen Kriterien ist ‚Männlichkeit' als empirisch ganz offensichtlich zentraler Bezugspunkt der internationalen Politik konstruiert? Welche Rolle spielen demgegenüber welche Fiktionen von ‚Weiblichkeit'?" (Ruppert 1997: 256). Ziel feministischer Interventionen in den Bereich der Internationalen Politik ist, sich in „die disziplinäre Bestimmung dessen, was als relevant und irrelevant, was als politisch und unpolitisch gilt", einzumischen (Locher-Dodge 1998: 435). Auf diese Weise soll das Feld der Internationalen Politik erweitert werden: „The implication [...] here is that asking ‚strange' questions and starting from ‚strange' ontological places will result in a rather different picture of international politics that which was previously avaibale to us" (Zalewski 1994: 412). Aufgrund dieser feministischen Notwendigkeit einer Erweiterung des Feldes der Internationalen Politik schlägt Christine Sylvester vor, das Feld der „International Relations" in „Relations International" umzubenennen, um „the varieties of connection, including politics across the lines, fences, wires, walls, imaginations, sound bites and immigration and customs guardhouses of the world" (Sylvester 1994: 219) sichtbar zu machen.

Ausgangspunkt feministischer Analysen ist die These, dass die Ausgestaltung der Politik auch auf dem internationalen Terrain „einer instrumentellen Rationalität [folgt], die in kaum noch zu übertreffender Weise entlang der klassischen Konstruktion von Männlichkeit definiert ist" (Ruppert 1997: 258). Die zugrunde liegenden Annahmen von nationalstaatlicher Souveränität, Autonomie und Sicherheit sind androzentrisch ausgestaltet: „Charakteristika, die mit Männlichkeit assoziiert sind, wie Stärke, Aggressivität und instrumentelle Rationalität, werden auf das Verhalten von Staaten projiziert, deren Erfolg als Akteure vom Besitz und der Nutzung jener männlichen Eigenschaften abhängt" (Locher-Dodge 1998: 431; s.a. Brunner/Eichler/Purkarthofer 2008; Harders 2004; Ruppert 1997). Der Androzentrismus der internationalen Politik spiegelt

5 Im Folgenden bezieht sich die Schreibweise ‚Internationale Politik' auf die Disziplin, während ‚internationale Politik' den Gegenstand meint.

sich auch in der Idealkonstruktion des Staatsmannes auf dem internationalen Terrain wider:

> „Dem emotionslosen, autonomen und gleichzeitig kampfbereiten Staatsmann obliegt im Staatsinteresse die Kontrolle über den Auslöseknopf für den atomaren Ernstfall. Seine ‚männlichen' Eigenschaften befähigen ihn, eventuelle moralische Bedenken oder gar gefühlsgeleitete Ängste zu kontrollieren, um ‚objektive' Entscheidungen zu treffen." (Ruppert 1997: 258)

Schließlich zeigt sich der Androzentrismus internationaler Politik auch in der Gleichsetzung von Politik und Öffentlichkeit, die als „allein relevante[r] Ort für die Entstehung und Austragung bzw. Bearbeitung von internationalen (Macht) Konflikten" gilt (Ruppert 1998a: 12; s.a. Brunner 2005: 14ff.; Locher-Dodge 1998: 429). Dies führt dazu, dass jene Lebensbereiche, die als ‚weiblich' respektive ‚privat' gelten, aus dem Terrain der internationalen Politik ausgeschlossen werden. Eine feministische Perspektive ist daher bestrebt, diese Lebensbereiche und -erfahrungen in die Analyse internationaler Politik zu integrieren und damit „zur Vervollständigung des Bildes der Internationalen Beziehungen" beizutragen (Locher-Dodge 1998: 437). Ziel ist, durch das Sichtbarmachen von Frauen als Akteurinnen der internationalen Politik – sei es als „Arbeiterinnen in der Rüstungsindustrie, als Schwestern in den Lazaretten oder gar als Soldatinnen" (ebd.), als Politikerinnen und Akteurinnen in NGOs – das Bild von einer ausschließlichen Männerdomäne zu korrigieren.

Dass „the real landscape of international politics [...] less exclusively male" ist (Enloe 1989: 1), zeigt Cynthia Enloe in ihrer Auseinandersetzung mit der Frage „Where are the women?". In ihren vielschichtigen Antworten legt sie dar, dass Frauen als Ehefrauen, Sekretärinnen, Sachbearbeiterinnen ebenso wie als Sexarbeiterinnen in Militärbasen durchaus aktive Akteurinnen internationaler Politik sind, wenngleich sie ihre Aktivitäten zumeist im Bereich der ‚Privatheit' vollziehen (Enloe 1989). In ihrer Analyse der Bedeutung von Diplomatinnenehefrauen in der Geschichte westlicher Nationalstaaten zeigt sie auf, wie diese seit jeher in ihren Privathaushalten eine informelle Atmosphäre herstellten, die diplomatischen Verhandlungen zuträglich sind.

> „An ambassador's wife finely honed skills promote not only evening-gown trade, but also sales of technology, weapons and financial services. A diplomat's wife has become part of an international strategy to reduce trade imbalances. By playing that part well, diplomatic wives also oil the wheels of international arms trade." (Ebd.: 100)

Enloe konstatiert daher, dass das Persönliche nicht nur politisch ist, sondern auch international und umgekehrt (ebd.: 196f.; s.a. Pettman 1996).

In der Auseinandersetzung mit Krieg – einem der zentralen Felder feministischer Arbeiten im Bereich internationaler Politik – wurden weitere Antworten auf die Frage nach den „impliziten Geschlechtsrollenannahmen" (Ruppert

1997: 256) in der internationalen Politik erarbeitet: Augenscheinlich ist, dass „[i]nternationale Politik, besonders in ihren kriegerischen Varianten, […] allein personell eine überwältigend ‚männliche' Angelegenheit zu sein [scheint]" (Harders 2004: 230), da Armeen, Verteidigungs- und Außenministerien zumeist von Männern besetzt sind. Christine Eifler zeigt auf, dass auch nach der Öffnung des Militärs für Frauen in vielen europäischen Nationalstaaten diese sich „innerhalb des Militärs in einer randständigen Position befinden" (Eifler 2002: 165) und es nicht zu signifikanten Veränderungen bezüglich Struktur und interner Hierarchie des Militärs oder bezüglich der vergeschlechtlichten Konnotation des Soldatenberufs gekommen ist.

Neben dieser personellen Männlichkeit von Kriegen fokussieren feministische Analysen jedoch vor allem den vergeschlechtlichten und sexualisierten Subtext von Kriegen und zeigen die Bedeutung von hegemonialen Männlichkeits- und Weiblichkeitskonstruktionen für Kriege und die Definition von Krieg und Frieden (Sylvester 1994; ähnlich auch Brunner 2005: 10ff.; Rosenberger 1998a: 173). Die Vorstellungen einer ‚normalen' kriegerischen Männlichkeit und einer ‚normalen' schutzbedürftigen Weiblichkeit – die zugleich als „zu schützende[s] Symbol nationaler Identität" (Harders 2004: 241) auftritt – sind nicht nur in die patriarchale, heteronormative und koloniale Geschichte der Nationalstaaten tief eingeschrieben.[6] Auch gegenwärtig stellen Geschlechterkonstruktionen wichtige Elemente für die Legitimierung von Kriegen dar. So wurden der Krieg in Afghanistan 2001 und der Krieg im Irak 2003 auch damit legitimiert, den ‚unterdrückten Frauen' Emanzipation *bringen* zu wollen, was sowohl von der US-amerikanischen und europäischen Politik als auch von US-amerikanischen Feminist_innen wie beispielsweise Jean Elshstain und Catherine MacKinnon ins Feld geführt wurde (Elshtain 2003; MacKinnon 2006). Katharina Schoenes analysiert die legitimierende Funktion des Rekurses auf ‚die Frauenrechte' bei der Beteiligung der deutschen Bundeswehr am Afghanistankrieg und legt dar, dass dabei „das rescue narrative, das auf der diskursiven Konstruktion dreier Subjektivitäten basiert: der eines passiven weiblichen Opfers, der eines männlichen Aggressors und der eines männlichen Beschützers" (Schoenes 2011: 80), eine zentrale Bedeutung einnahm (s.a. Hunt 2006; Kassel 2004). In dieser Aktivierung der kolonialen Vorstellung „white men saving brown women from brown men" (Spivak 1994: 92) lässt sich auch die Verbindung von rassisierenden und vergeschlechtlichenden Diskursen ablesen.

6 Harders verweist in diesem Zusammenhang auf den Militärhistoriker Martin van Creveld, der den „wahren Grund" für Kriege wie folgt bestimmt: „So abscheulich die Tatsache auch sein mag, der wahre Grund, weshalb wir Krieg führen, ist der, daß Männer gern kämpfen und daß Frauen Männer gefallen, die bereit sind, für ihre Sache zu kämpfen" (van Creveld 1998, zitiert in Harders 2004: 231). Damit trifft van Creveld wohl den Kern vergeschlechtlichter Metaphern um Krieg.

In ihrer Analyse der insbesondere seit ‚9/11' einsetzenden Diskurse über den ‚Security State' einerseits und den stets bedrohlichen ‚Schurkenstaaten' andererseits kommt auch Young zu dem Schluss, dass hier eine patriarchale Logik (re-)aktiviert wird: Denn diese Gegenüberstellung von westlichem ‚Sicherheitsstaat' und nicht-westlichem ‚Schurkenstaat' setzt ersteren mit der Figur des Ritters gleich, der in die feindliche Welt zieht, um die Zuhausegebliebenen vor den Bedrohungen zu schützen.

> „In this patriarchal logic, the role of the masculine protector puts those protected, paradigmatically women and children, in a subordinate position of dependence and obedience. To the extent that citizens of a democratic state allow their leaders to adopt a stance of protectors toward them, these citizens come to occupy a sub-ordinate status like that of women in the patriarchal household. We are to accept a more authoritarian and paternalistic state power, which gets its support partly from the unity a threat produces and our gratitude for protection. At the same time that it legitimates authoritarian power over citizens internally, the logic of masculinist protection justifies aggressive war outside." (Young 2003: 2)

Dies führt, so Young, zu verschärften (patriarchalen) Unterwerfungsformen der Staatsbürger_innen unter den Sicherheitsstaat: „[O]bey our commands and support our security actions, and we will ensure your protection" (ebd.: 3; vgl. dazu auch Sharoni 2008). Simone Wisotzki weist darauf hin, dass diese Legitimationsformen von Kriegen auch über eine „Hierarchisierung von Männlichkeitskonstruktionen" operieren:

> „Positive wird mit negativer Männlichkeit kontrastiert – während dem einen die Rolle des Schutzes der Frauen zukommt, wird der andere als Gewalttäter stilisiert. Solche Formen argumentativ polarisierter Geschlechtlichkeit tragen letztlich zur Legitimation von Gewalteskalation und zum Erhalt des globalen Kriegsgeschehens bei." (Wisotzki 2011: 20)

Ein „Engendering des konkreten Kriegs- und Friedensgeschehens" (Harders 2004: 238) bringt die vermeintlich ‚privaten Nebenaspekte' von Krieg ans Licht, die durch die Grenzziehung zwischen Öffentlichkeit und Privatheit in androzentrischen Auseinandersetzungen mit Krieg verschwiegen bleiben (Seifert 1993; Ruppert 1998b). So haben Feminist_innen aufgezeigt, dass die „Stationierung ausländischer Truppen [...] oft die sexuelle Ausbeutung von Frauen [verschärft], weil rund um Truppenstandorte Prostitution zu einer wichtigen und nachgefragten Dienstleistung wird" (Harders 2004: 245; vgl. auch Cockburn/ Hubic 2002). Enloe weist in diesem Kontext darauf hin, dass, wenngleich Militärbasen und Sexarbeit enge Verbindungslinien aufweisen, diese im globalen Norden zumeist unsichtbar bleiben, jedoch im globalen Süden als Problem verhandelt werden:

> „Military bases and prostitution have been assumed to ‚go together'. But it has taken calculated policies to sustain that fit: policies to shape men's sexuality, to ensure battle readiness, to determine the location of businesses, to structure women's economic opportunities, to affect wives, entertainment and public health. It is striking that these policies have been so successfully made invisible around bases – local and foreign – in North America and Western and Eastern Europe, whereas they have attracted so much notoriety around bases in the poorer countries of the Third World." (Enloe 1989: 81)

Sexarbeiterinnen, die in Militärbasen im globalen Süden arbeiten, werden oft als ‚gefährlich' imaginiert – insbesondere als potenziell HIV-positive Menschen. Mit diesem *Othering* wird eine rassistische Grenze zwischen den Soldaten aus dem globalen Norden und den Sexarbeiterinnen aus dem globalen Süden ebenso wie zwischen den Ehefrauen der Soldaten und den Sexarbeiterinnen gezogen: „The armed forces need women to maintain their bases, but they need those women to imagine that they belong to mutually exclusive categories" (ebd.: 91).

Ruth Seifert rückt die zentrale Bedeutung von sexualisierter Gewalt in Kriegshandlungen ins Licht der Aufmerksamkeit. Sie legt dar, dass Vergewaltigungen in Kriegen „als der letzte symbolische Ausdruck der Demütigung des männlichen Gegners" (Seifert 1993: 93) und daher als „Kommunikationsfunktion von Mann zu Mann" (ebd.: 94) eingesetzt werden, in der Frauen als Objekt und Besitz der Männer fungieren. Darüber hinaus macht die Gleichsetzung des weiblichen Körpers mit dem ‚Volkskörper' Frauen zu „taktische[n] Ziele[n] von besonderer Bedeutung":

> „Aufgrund ihrer kulturellen Position beziehungsweise ihrer Bedeutung in der Familienstruktur sind sie zentrales Angriffsziel, will man eine Kultur zerstören. [...] Die Vergewaltigung von Frauen einer Gemeinschaft kann demnach als symbolische Vergewaltigung des Körpers dieser Gemeinschaft betrachtet werden." (Ebd.: 99ff.)

Trotz dieser zentralen Bedeutung von Vergewaltigung als Kriegstechnik wird diese Form von Kriegsgewalt jedoch nach Kriegsende sowohl in der offiziellen Geschichtsschreibung als auch in der Nachkriegspolitik zumeist durch eine „Logik des Schweigens" (ebd.: 106) in die Privatheit verschoben und unsichtbar gemacht. Aus einer feministischen Perspektive kann daher das Ende des ‚offiziellen Krieges' keineswegs mit einem Ende von Gewalt gleichgesetzt werden, da gerade das „Marginalisieren, Unterdrücken oder auch ‚Naturalisieren' von Vergewaltigung" (ebd.: 107) die zugefügte Gewalt nach offiziellem Kriegsende fortbestehen lässt (vgl. dazu auch Eifler 1999; Enloe 1993). Harders betont ebenso, dass das offizielle Ende des Krieges nicht notwendiger Weise das Ende von Gewalthandlungen bedeutet. Dies macht sie deutlich, indem sie das signifikante Ansteigen von Gewalthandlungen gegen Frauen in der Familie nach der Rückkehr von Soldaten aufzeigt (Harders 2004: 245). Konsequenterweise bedeutet eine feministische Auseinandersetzung mit Krieg und Geschlecht daher, dass die Definition von Krieg erweitert werden muss:

> „Die kritische feministische Reperspektivierung der Begriffe Krieg und Frieden führt, weil feministische Forschung nicht nur Gewaltanwendung zwischen Staaten, sondern auch Gewaltverhältnisse im Inneren eines Staates betrachtet, schließlich zu einem offenen Kriegsbegriff." (Ebd.: 236)

Aus Analysen des Androzentrismus in der Definition von Krieg und Frieden haben insbesondere Differenz-Feministinnen geschlossen, dass die internationale Politik friedlicher werden würde, würden Frauen mehr Entscheidungskompetenzen haben (u.a. Reardon 1985). Insbesondere aus der Mütterlichkeit werden eine weibliche Fürsorge und Verantwortlichkeit abgeleitet – und darin wird ein möglicher Gegenentwurf zu männlichen Kriegstätigkeiten gesehen. ‚Weibliche Werte' wie Friedfertigkeit und Emotionalität werden als Weg gesehen, die bestehende, auf Autonomie, Dominanz, Krieg und Rüstungswettlauf basierende internationale Politik zu verändern. Mechthild Rumpf jedoch macht darauf aufmerksam, dass die Gleichsetzung von weiblich und friedvoll den empirischen Evidenzen nicht stand hält, der „männliche[n] Projektion" (Rumpf 1995: 223) der friedfertigen Weiblichkeit Vorschub leistet und darüber hinaus den Blick auf die Mittäterinnenschaft von Frauen in Kriegshandlungen verstellt. So zeigt Ulrike Wasmuth in ihrer Analyse des „weiblichen Gesichts des Krieges" (Wasmuth 2002) auf, dass Frauen historisch nie nur Opfer von Kriegen waren, da etwa die Zustimmung zu Kriegen, die Versorgung mit Waffen, Nahrung und Information auch von Frauen organisiert wurde und Frauen in Kriegen ebenso aktiv Gewalt ausübten. In diesem Sinne treiben in Kriegssituationen nicht nur Militär und Polizei die Militarisierung von Gesellschaften voran, so Enloe, sondern ebenso Sachbearbeiterinnen in Verteidigungsministerien, Lehrerinnen und Frauen in zivilgesellschaftlichen Vereinen (Enloe 1989).

In den letzten Dekaden haben sich die Formen kriegerischer Auseinandersetzung verändert. Kreisky bringt die neuen Kriege mit veränderten Formen von Staatlichkeit und Männlichkeit in Zusammenhang: Einerseits werden – als Folge staatlicher Deregulierung – Kriege vermehrt entstaatlicht, kommerzialisiert und mit privaten Sicherheits- und Kriegsdienstleistungen geführt (Kreisky 2008: 150). Andererseits schließen sich im Kontext des Brüchiger-Werdens der Gleichsetzung von Männlichkeit und Erwerbstätigkeit Männer nicht nur den staatlichen Armeen, sondern zunehmend „Privatarmeen" an (ebd.: 157). Die

> „unsicherer werdenden männlichen Lebenswelten werden durch ‚gewaltgestützte Hierarchien' geprägt […]. Um ‚heroische Anführer' scharen sich zuverlässig (in der Hauptsache männliche) Gefolgschaften. Die Rekrutierung dieser Gefolgschaften erfolgt auf Antrieb besonderer Schutzbedürfnisse, massiver Existenzängste, direkten Zwangs und offener Gewalt. Letztlich aber ist es nur banale Hoffnung auf ein besseres Leben, die das (in der Hauptsache männliche)

Fußvolk neuer Kriege wie organisierter Gewalt schafft und auch bei der Stange hält" (ebd.: 147).

Schließlich hat für feministische Analysen internationaler Politik in den letzten Jahren die Auseinandersetzung mit dem vergeschlechtlichten Aspekt der Internationalisierung von Staatlichkeit an Bedeutung gewonnen. Seit der Krise des Fordismus lassen sich insbesondere ab den 1980er Jahren Restrukturierungen von Staatlichkeit beobachten, die dazu führen, dass „einerseits bei innenpolitischen Entscheidungen zunehmend der internationale Kontext von strategischer Bedeutung ist, und daß andererseits sich staatliche Politik zunehmend mit einer Reihe von extra-territorialen und transnationalen Prozessen befasst" (Jessop 1997: 273; s.a. Brand 2007; Brand/Görg/Wissen 2007; Genetti 2010; Jessop 1994; Sauer 2003b). Damit einhergehend verändern sich die Formen staatlichen Regierens, was mit dem Stichwort „*Governance*" gefasst wird:

> „*Governance* bezeichnet neuartige Entscheidungs- bzw. Steuerungsmuster auf supranationaler sowie nationaler Ebene [...]. Das Merkmal dieser neuartigen Verhandlungsnetzwerke ist es, dass (national-)staatliche Akteure nicht mehr dominant sind, sondern dass vielmehr gesellschaftliche Akteure wie Gewerkschaften, Sozialverbände und NGOs schon frühzeitig in den Politikprozess eingebunden werden. *Governance* ist so [...] ein Konzept, das bürokratisch-staatliche Steuerung und Hierarchien abbauen und Regierungen auf Partizipation, aber auch Effizienz verpflichten will (Stichwort *Good Governance*)." (Sauer 2004: 111)

Aus einer feministischen Perspektive werden diese Veränderungen im Hinblick auf die Frage analysiert, inwiefern dabei der geschlechtliche Subtext von Staatlichkeit, wie er in westliche Nationalstaaten eingeschrieben ist, aufweicht.

Darüber hinaus interessiert die Frage, ob *Global Governance* „ein Verfahren [sein kann], um partizipativere und geschlechtergerechtere Formen politischer Entscheidungsfindung zu etablieren, um Frauen besser zu repräsentieren und um politische Institutionen responsiver zu gestalten" (Sauer 2009c: 105f.). Barbara Holland-Cunz und Uta Ruppert kommen zu dem Ergebnis, dass *Global Governance* durchaus einen Zugewinn an Entscheidungsmöglichkeiten und Partizipationsformen für Frauen mit sich bringen kann und damit das für den Nationalstaat charakteristische maskulinistische Modell von Politik unterwandern kann. Hierbei beziehen sie sich weniger auf bereits real existierende Strukturen von *Global Governance*, sondern mehr auf dessen Potenziale:

> „Aus politiktheoretischer Perspektive liegt eine positive Bewertung von Governance-Prozessen nahe. Die Emphase der politischen Theorie für verhandlungsdemokratische Institutionenarrangements erwächst aus der Kritik der mangelhaften Partizipationschancen repräsentativdemokratischer Verfahren einerseits und der unterstellten weitreichenden Problemlösungsfähigkeit verhandlungsdemokratischer Formen andererseit." (Holland-Cunz/Ruppert 2000: 14; s.a. Holland-Cunz 2000)

Ruppert sieht in *Governance*-Prozessen eine Möglichkeit, die prinzipielle geschlechtliche Ausgestaltung internationaler Politik zu verändern und schlägt vor, *Global Governance* als „Paradigmenwechsel von der klassischen *inter-nationalen* hin zur *globalen* Politik" (Ruppert 2000: 54) zu sehen, die durchaus auch aus feministischer Perspektive Chancen birgt:

> „Im Gegensatz zu traditionellen, rationalistisch-staatszentrierten Sichtweisen internationaler Politik, die in ihrem Beharren auf den offenkundig längst brüchigen Grenzen zwischen Außen und Innen und zwischen Staaten- und Gesellschaftswelt gleichsam die letzte politikwissenschaftliche Bastion der rigiden Trennung von Öffentlichkeit und Privatheit verkörpern, sollte die ‚feministische Brauchbarkeit' inklusiv partizipatorisch gedachter Konzepte von Global Governance durchaus hoch veranschlagt werden." (Ruppert 2000: 52f.)

Dies führt Ruppert nicht auf die zunehmende Bedeutung von NGOs im Kontext von *Global Governance* zurück. Denn NGOs galten bereits vor *Global Governance* in Debatten über transnationale Politik und Interdependenz als relevante Akteure internationaler Politik.

> „Der entscheidende Unterschied bzw. Fortschritt liegt vielmehr darin, mit welcher *Grundsätzlichkeit* Global Governance jene Begriffe und Bedeutungen internationaler Politik, die ursächlich sind für deren geschlechtlichen Charakter, hinterfragt." (Ebd.: 53)

Holland-Cunz und Ruppert sehen diese Möglichkeiten geschlechterpolitischer Veränderungen der internationalen Politik durch *Global Governance* auch nicht durch den Umstand gemindert, dass „das Ideal mit der Wirklichkeit (noch) nicht korrespondiert", sondern begreifen dies als Herausforderung für globale zivilgesellschaftliche Akteur_innen, „entstehende Governance-Strukturen mitzugestalten" (Holland-Cunz/Ruppert 2000: 14).

Sauers Analyse von *Global Governance* fällt ambivalent aus: Wenngleich sie positiv hervorhebt, dass seit den 1990er Jahren Frauenrechte in der internationalen Politik nicht zuletzt durch frauenpolitische Interventionen in *Governance*-Strukturen sukzessive Anerkennung fanden, bleibt sie angesichts der Persistenz des Maskulinismus in der Ausgestaltung von Politik auf supranationaler Ebene skeptisch ob des feministischen Potenzials von *Global Governance*:

> „[A]uch supranationale Institutionen sind historisch unter Ausschluss von Frauen entstanden, auch ihnen ist ein maskulinistischer Bias eingeschrieben. Die Apparate internationaler Staatlichkeit sind ganz offensichtlich ‚bemannt'. In mächtigen Institutionen wie der Weltbank, dem IWF, der Europäischen Zentralbank oder der WTO sind Frauen signifikant unterrepräsentiert. [...] Darüber hinaus sind Frauen nicht nur in den großen Organisationen von ‚Global Governance' marginalisiert, sondern auch in den NGOs." (Sauer 2003b: 632)

Dass in den *Governance*-Verfahren zivilgesellschaftliche Expert_innen und Lobbyist_innen immer mehr Einfluss auf politische Entscheidungen erlangen, bedeutet somit letztlich einen geschlechterpolitischen Rückschritt, da Geschlecht immer noch als *gatekeeper* im Zugang zu diesen oftmals informellen Netzwerken und intransparenten Gremien fungiert (Sauer 2009: 114; s.a. Klatzer/Schlager 2012; Ludwig 2013: 472). Die „Informalisierung von Politik" (Sauer 2009c: 114) im Kontext von *Global Governance* schwächt

> „Repräsentationsorgane wie z.B. Parlamente, in die sich Frauen einen quotierten Zugang erkämpft haben und stärk[t] demgegenüber die Entscheidungsfindung in politischen Hinterzimmern, zu denen Frauen schwerer Zugang haben und an denen das Instrument der Quote scheitert. Männerbündische Seilschaften können dort gegebenenfalls unbehelligt walten" (ebd.).

Ähnlich skeptisch hält Christa Wichterich fest:

> „*Opportunity windows* und Verhandlungsspielräume öffnen sich umso weniger, je härter die Ressorts und Politikfelder sind, d.h. je näher sie an den *high politics* von Finanz-, Wirtschafts-, Sicherheits- und konventioneller Außenpolitik sind. Partizipationsterrains können Frauen – und z.B. auch ethnische Minderheiten – sich zunächst in bedeutungs- und machtschwächeren Feldern erschließen." (Wichterich 2000: 72)

Besonders deutlich zeigen sich diese geschlechtlichen Ausschlüsse in der Bearbeitung der Finanz- und Wirtschaftskrise 2008 ff. in der Europäischen Union (Klatzer/Schlager 2012). Elisabeth Klatzer und Christa Schlager gehen davon aus, dass es „im Lichte der Krise zu einem bedeutenden Um- und Ausbau der wirtschaftspolitischen Steuerung" in der EU kommt (ebd.: 23), weshalb sie auch von einer „Economic Governance" (ebd.) sprechen. Diese wird vor allem durch die Europäische Kommission, den Rat der Wirtschafts- und Finanzminister, den Europäischen Rat und einzelne Mitgliedstaaten forciert und zeichnet sich durch ein „hohes Maß an Übertragung heikler wirtschafts- und budgetpolitischer Entscheidungen an demokratisch nicht legitimierbare kleine elitäre Gruppen innerhalb der Bürokratie mit erheblichem Machtzuwachs der Finanzbürokratie in Kommission und Mitgliedstaaten" aus (ebd.: 27). Die „Machtkonzentration in der Hand weniger AkteurInnen und Institutionen" (ebd.: 28) erachten Klatzer und Schlager bereits als eine geschlechterpolitische Maßnahme,

> „da diese finanzpolitischen Institutionen nicht nur zu einem viel höheren Ausmaß von Männern dominiert sind als viele andere Teile der Bürokratie, sondern auch nach wie vor von sehr maskulinen Normen und Traditionen geprägt sind [...]. Insbesondere nationale Parlamente verlieren durch diese Verschiebungen hin zu regelgebundenen, bürokratiegeleiteten Verfahren an Einfluss, was wesentliche Auswirkungen auf die Repräsentation und den Einfluss von Frauen auf relevante Entscheidungsprozesse hat. Mühsam erkämpfte Terraingewinne von Frauen in demokratischen Institutionen werden somit durch die Machtverschiebungen bezüglich substantieller Mitbestimmung innerhalb der MS [Mitgliedstaaten, GL] und hin zur supranationalen Ebene zu einem großen Teil zunichte gemacht" (ebd.: 28).

Parallel zu dem Einflussgewinn von Frauen in traditionellen (nationalstaatlichen) Institutionen,

> „hat sich die effektive Entscheidungsmacht auf ausgewählte EU Institutionen und andere internationale Institutionen, wie den Internationalen Währungsfonds, multinationale Unternehmen sowie Finanzinstitutionen und -märkte verschoben. Diese stellen Terrains von Maskulinität und männlich dominierter Macht dar, die zunehmend Macht über politische Entscheidungsprozesse gewinnen" (ebd.: 28f.).

Eine Folge davon ist, dass die ‚Krisenlösungspolitiken', die auf europäischer suprastaatlicher Ebene formuliert werden, massive androzentrische Schlagseiten aufweisen:

> „Basierend auf den vorherrschenden Geschlechterverhältnissen wird davon ausgegangen, dass die gesellschaftliche Reproduktion unabhängig von den jeweiligen makroökonomischen Regeln weiterhin funktioniert und insbesondere Frauen den Ausfall öffentlicher gesellschaftlicher und reproduktiver Dienstleistungen kompensieren." (Ebd.: 30)

Die von der EU als Krisenbewältigungspolitiken eingesetzten Maßnahmen verstärken folglich maskulinistische Politiken ebenso wie materielle Geschlechterungleichheiten. Eine restriktive Fiskalpolitik und die geldpolitischen Maßnahmen führen zu einem Anstieg an Armut bei Frauen sowie zu einer Zunahme an unbezahlter Reproduktionsarbeit (Klatzer/Schlager 2019: 107). Diese Politiken werden jedoch in den offiziellen maskulinen EU-Politiken nicht thematisiert, sondern als ‚gegeben' vorausgesetzt (ebd.: 108). Die von Klatzer und Schlager beschriebenen umfassenden politischen wie ökonomischen Effekte der ‚Economic Governance' interpretieren sie als „Kern" des „maskulin-autoritären Herrschaftsprojekts" (2019), zu dem sich aus ihrer Perspektive die EU zunehmend entwickelt.

III.9 Geschlecht und Bevölkerungspolitik

Körper- und Bevölkerungspolitiken sind seit der Entstehung moderner westlicher Staaten fester Bestandteil nationaler und internationaler Politik. Ebenso seit jeher sind besonders Frauen Ziel bevölkerungspolitischer Eingriffe, da die Kontrolle, Verhinderung und Förderung von Fortpflanzung bis in die Gegenwart dem weiblichen Geschlecht zugeschrieben wird (u.a. Kontos 1996; Schulz 2004; Wichterich 1994). Hierin zeigt sich die Wirkmächtigkeit hegemonialer Konstruktionen moderner Weiblichkeit, die „Frauen auf ihren Körper und seine generativen Funktionen" reduzieren (Kontos 1996: 138). Konsequenterweise gilt bis heute die Reproduktion der Gattung als weibliche Aufgabe. In biopolitischen staatlichen Regulierungen der Bevölkerung stand und steht daher die Gebärfähigkeit und -‚willigkeit' von Frauen im Zentrum, während Männer weitaus weniger von diesen adressiert werden (u.a. Honegger 1992; Kontos 1997; Schiebinger 1993; Schultz 2012). Die Kämpfe für eine Aufhebung der strafrechtlichen Verfolgung von Abtreibungen können neben der Forderung nach Selbstbestimmung über den Körper als eine Zurückweisung dieser Vorstellung einer ‚naturgegebenen' Verantwortung für generative Reproduktion gesehen werden. Dass sowohl in Deutschland als auch in Österreich Abtreibungen bis in die Gegenwart dennoch nicht generell, sondern nur unter Einhaltung bestimmter gesetzlich festgelegter Bedingungen straffrei sind[7], zeigt zugleich die Beharrlichkeit, mit der Staaten Frauen als Hauptverantwortliche für Bevölkerungspolitik adressieren.

Feministische staatstheoretische Analysen von Bevölkerungspolitik zielen auf eine Politisierung des ‚Privaten' und ‚Natürlichen' ab. Darüber hinaus geht es auch

> „um die Politisierung der Tatsache, dass dieses vermeintlich Private hochgradig staatlich reguliert ist – nicht nur durch explizite eugenische, pronatalistische (geburtenfördernde) oder antinatalistische (geburtenreduzierende) Bevölkerungspolitik, sondern durch Gesundheitspolitik wie Abtreibungsgesetze, Familien- und Sozialpolitik oder den wissenspolitischen Rahmen der Bevölkerungsstatistik. Eine Politisierung des Privaten meint in diesem Zusammenhang also immer schon eine Politisierung der Verstaatlichung des Privaten" (Schultz 2009: 183f.).

Regulierungen des generativen Verhaltens von Bevölkerungen der ‚eigenen' als auch anderer Nationen stellten von Beginn an eine elementare Form der Machtausübung moderner westlicher Staaten dar. Bevölkerungspolitik und moderne Nationalstaatlichkeit sind somit seit jeher auf das Engste miteinander verwoben: Erstere ist „konstitutiv für moderne Staatlichkeit" (Schultz 2006: 60) und die „Nation-Form" ist „der Bevölkerungspolitik immanent": „Denn die zu beeinflussende Bezugsgröße ist die nationale Bevölkerung, deren Größe oder Zusammensetzung verändert werden soll" (Schultz 2012: 113). Mit der Herausbildung des modernen westlichen Staates wurde die Bevölkerung „zu einem

---

7 In Deutschland sind Schwangerschaftsabbrüche innerhalb der ersten 12 Wochen nach der Teilnahme an einer *Schwangerschaftskonfliktberatung* und dem Verstreichen einer dreitägigen Bedenkzeit straffrei. Ebenso straffrei sind Schwangerschaftsabbrüche innerhalb der ersten 12 Wochen, wenn die Schwangerschaft Folge einer Vergewaltigung oder einer vergleichbaren Sexualstraftat ist. Liegt eine medizinische Indikation vor, die Anlass gibt zur Annahme, dass die Geburt des Kindes zu schweren körperlichen oder psychischen Beeinträchtigungen der Mutter führt, ist ein Schwangerschaftsabbruch während der gesamten Zeit der Schwangerschaft straffrei. In Österreich ist ein Schwangerschaftsabbruch innerhalb der ersten drei Monate straffrei, wenn sich die betroffene Frau einer ärztlichen Beratung unterzogen hat. Lässt die Schwangerschaft eine ‚Gefahr' einer schweren körperlichen oder psychischen Störung der Frau befürchten, ist die Schwangere noch nicht 14 Jahre alt oder besteht die ‚Gefahr', dass das erwartete Kind schwer ‚behindert' ist, ist ein Abbruch in der gesamten Schwangerschaft möglich.

Volks‚körper'", „dessen Quantität steuerbar ist und für dessen Qualität die Gesellschaft Gütekriterien entwickeln kann" (Wichterich 1994: 112).

Gesteuert wurde die ‚Qualität' ab dem 19. Jahrhundert, „indem die Fortpflanzung der sogenannten Tüchtigen (positive Eugenik) gefördert und jene der sogenannten Minderwertigen (negative Eugenik) verhindert" wurde (Aufhauser 2001: 14). Das Aufkommen der Statistik im 19. Jahrhundert ebenso wie Theorien über eine ‚gesunde' Bevölkerung von Thomas Robert Malthus und Herbert Spencer stellten Wissensregime bereit, die eugenische Politiken legitimierten und diese mit dem ‚Allgemeinwohl' des Nationalstaates verbanden. Für Antje Schulz steht „Bevölkerungspolitik von Anfang an in engem Zusammenhang mit den Ängsten der wohlhabenderen Bevölkerungsteile [...], die den Verlust von Wohlstand und Macht fürchteten" (Schulz 2004: 72). In ihrer Argumentation bezieht sich Schulz auf Foucaults Arbeiten zu Bio-Macht. Nach Foucault entstand diese im 18. Jahrhundert im Zuge der Genese des modernen Staates. Anders als die souveräne Macht, die über Leben und Sterben der Untertanen entscheidet, zielt die Bio-Macht darauf ab, „leben zu ‚machen' und sterben zu ‚lassen'" (Foucault 1999: 278). Daraus folgert Foucault: „Zum ersten Mal in der Geschichte reflektiert sich das Biologische im Politischen" (Foucault 1983: 138), wodurch es zu einer „Machtergreifung auf den Menschen als Lebewesen" und mithin zu einer „Verstaatlichung des Biologischen" kam (Foucault 1999: 276). Eine zentrale Wirkweise von Bio-Macht ist, zwischen Menschen, die Teil einer optimierbaren Bevölkerung, und Menschen, die Teil einer zu minimierenden Bevölkerung sind, zu unterscheiden. Bio-Macht operiert über eine „Zäsur zwischen dem, was leben, und dem, was sterben muß" (ebd.: 295).

Die Geburt der Bio-Macht ging auch einher mit neuen Subjektivierungsweisen, die die Subjekte des bürgerlichen Staates als ‚selbstverantwortliche' anrufen, die verantwortungsvoll mit ihrer Sexualität und Fortpflanzungsfähigkeit umzugehen haben, um die Qualität der Bevölkerung und die Stärke des Staates zu sichern (Mosse 1985; Lorey 2007). Hier wurden, wie Silvia Kontos aufzeigt, vor allem Frauen als Mütter dazu angehalten, Verantwortung für die Reproduktion, die Bevölkerung und das Allgemeinwohl des Staates zu übernehmen. Durch die Gleichsetzung von Frau, Natur und Körper wurde ‚Mutterschaft' eine machtvolle Konstruktion, über die Frauen in staatliche Biopolitiken eingebunden wurden (Kontos 1997: 359).

Neben dieser Anrufung von Frauen als (selbst-)verantwortliche Mütter operierte Biopolitik bei all jenen Menschen, die als unfähig zur Selbstverantwortung galten – wie „Alkoholiker, Geisteskranke sowie Menschen mit Erbkrankheiten, Syphilis, Missbildungen, Körperschwäche, Gicht oder Kropf" (Schulz 2004: 69), aber auch sozial oder moralisch ‚Unangepasste' – über direkte staatliche Geburtenkontrollen bis hin zu Zwangssterilisationen (ebd.; s.a. Zimmermann 1988). Diese eugenische Selektion fand ihren Höhepunkt im Nationalsozialismus, wo auf der Grundlage des 1933 erlassenen *Gesetzes zur Verhütung erbkranken Nachwuchses* ca. 400.000 Menschen zwangssterilisiert wurden, während

Abtreibungen von ‚rassisch wertvollem' Nachwuchs mit der Todesstrafe sanktioniert wurden. Nach 1945 verschwand zwar der Begriff ‚Eugenik' aus der Bevölkerungspolitik. Dennoch aber prägten

> „eugenische Gedanken [...] auch in der Nachkriegszeit den nationalen und zunehmend internationalisierten bevölkerungspolitischen Diskurs. Mit Verweis auf die Existenz ähnlicher Gesetze im Ausland wurde das Gesetz zur Verhütung erbkranken Nachwuchses in Deutschland als nicht spezifisch nationalsozialistisch rehabilitiert" (Schulz 2004: 69).

Daphne Hahn geht daher von einer „Modernisierung der Biopolitik" (2000) in Deutschland nach 1945 aus, die vor dem Hintergrund sinkender Geburtenzahlen darauf zielt, dass „einerseits gesunde Kinder um jeden Preis geboren werden [sollen], weshalb sich die Zulässigkeit des Abbruchs auf medizinische Indikatoren begrenzt, andererseits als lebensunwert definiertes Leben weiterhin möglichst vermieden werden" soll (ebd.: 76). Die *Modernisierung der Biopolitik* spiegelt sich ihr zufolge darin, dass in den letzten Jahrzehnten zunehmend weniger Zwangsmaßnahmen angewandt werden, dafür aber durch weitreichende, teilweise verpflichtende Beratungen in Ehe- und Familienberatungsstellen versucht wird, erwünschtes reproduktives Verhalten zu generieren (ebd.).

Ähnlich argumentiert Ulrike Klöppel in ihrer Analyse biopolitischer Regulierungen im Kontext der Herstellung von Zweigeschlechtlichkeit bei intergeschlechtlichen Menschen. Sie zeigt, dass in diesem Kontext die medizinischen Familienberatungen „nicht einfach als Fortführung eugenischen Denkens unter dem Deckmantel der Freiwilligkeit" (Klöppel 2012: 236) zu interpretieren sind, da die „Entscheidung lebenswert/lebensunwert/therapiebedürftig [...] nicht imperativ durch medizinische Normen und das bio-politische Ziel der Verbesserung des ‚Volkskörpers' vorgezeichnet" ist (ebd.) und auch „keine staatlichen Zwangsmaßnahmen nach sich" zieht (ebd.). Vielmehr können diese Beratungen als neoliberale biopolitische Strategien gesehen werden, da die Entscheidungen individualisiert sind und „das Beratungssetting eine an der Maximierung der Lebensqualität ausgerichtete Selbstregulierung verlangt, die wiederum als Voraussetzung einer allgemeinen Optimierung der Leistungsfähigkeit und Produktivität der Bevölkerung angesehen wird" (ebd.: 237).

Mittels vielfältiger Methoden der pränatalen Diagnostik wurden in den letzten Jahren die Möglichkeiten ausgeweitet, um bereits vor der Geburt auf die ‚Qualität' der Bevölkerung einzuwirken. Mit Ultraschall-, Blutuntersuchungen und gegebenenfalls operativen Eingriffen werden „Hinweiszeichen für eine Normabweichung" (Kurmann 2002: 11) in der Schwangerschaft gesucht. Nach Susanne Schultz ist das „Regime der Pränataldiagnostik" mittlerweile „in Deutschland zu einer Routine geworden" (Schultz 2009: 188). Schultz konstatiert hier einen „Übergang von einem expliziten zu einem eher impliziten staatlichen Regime" (ebd.: 189), da dieses zum einen nicht über direkte staatliche Zwangsmaßnahmen operiert, sondern über individualisierte Praktiken. Zum anderen kam es mit der Neuregelung des §218 des Strafgesetzbuches 1995 in Deutschland zu einer einschneidenden Veränderung der Regelungen von Schwangerschaftsabbrüchen, die ebenso als Ausdruck der ‚modernisierten Biopolitik' gesehen werden kann: Die Straffreiheit einer Abtreibung ist nun nicht mehr direkt an eine medizinische Indikation beim Fötus gebunden, sondern an den Nachweis einer schweren psychischen Beeinträchtigung der Mutter aufgrund der Geburt eines ‚geschädigten' Kindes. In diesem Fall sind Abtreibungen ohne zeitliche Befristung und Beratung möglich. De facto hat diese Veränderung zu einer Ausweitung der Pränataldiagnostik geführt (ebd.: 192). Schultz konstatiert „eine steigende Nachfrage von Schwangeren nach immer neuen Tests und eine enorme Bereitschaft [...], auch die privat zu bezahlenden Frühtests als so genannte IGeL-Leistungen käuflich zu erwerben" (ebd.).[8]

Als Gründe dafür führt Schulz die „Internalisierung eines bestimmten Menschenbildes von Behinderung – als vermeidbar und zu vermeiden" – und „ökonomischen Druck, die reproduktive Biographie und Zukunft möglichst genau und risikoarm planen zu wollen", an (ebd.). Sie sieht es daher als angemessen, von Pränataldiagnostik als ‚Eugenik von unten' zu sprechen, hebt aber zugleich hervor, dass die staatliche Makroebene der Verwaltung von Bevölkerungen keineswegs obsolet geworden ist:

> „Denn *erstens* sind genetische Qualitätsnormen ein auf Bevölkerungsgruppen, nicht auf das noch nicht geborene Individuum und dessen Körper orientiertes Wissen. Dieses Wissen nimmt auf der Grundlage von Durchschnittswerten, Wahrscheinlichkeiten, Kriterien von Normalität und Anormalität Bezug auf bestimmte Bevölkerungsgruppen. *Zweitens* sind die individuellen Praktiken in ein staatlich indirektes Regime der Pränataldiagnostik eingebettet." (Ebd.)

Seit Juli 2011 ist auch in Deutschland – als eines der letzten Länder Europas – die Präimplantationsdiagnostik an Embryonen erlaubt. Sigrid Graumann sieht in der Präimplantationsdiagnostik einen „qualitativ neuen Schritt" in der „Medikalisierung und Technisierung der Fortpflanzung" (Graumann 2002: 67), da dabei die zentralen Stränge der bisherigen Reproduktionstechnologie, die In-vitro-Fertilisation und die pränatale Gendiagnostik, miteinander verbunden werden:

> „Erstens wird die Zeugung zum Zweck ihrer Kontrollierbarkeit – und nicht nur um Barrieren zu überwinden, die einer ‚natürlichen' Befruchtung im Weg stehen – aus dem Körper der Frau ins Labor verlegt. Zweitens findet eine Qualitätskontrolle der so gezeugten Embryonen in Form einer gendiagnostischen Prüfung der Embryonen statt. Als Prüfkriterien werden Erbanlagen der Embryonen herangezogen, denen Entwicklungsfähigkeit oder unerwünschte oder er-

8 Als IGeL-Leistungen werden individuelle Gesundheitsleistungen bezeichnet, die Ärzt_innen gesetzlich krankenversicherten Patient_innen anbieten können und von diesen selbst finanziert werden.

wünschte Eigenschaften des zukünftigen Kindes zugeschrieben werden können." (Ebd.)

Bettina Bock von Wülfingen analysiert jene Diskurse, die die Änderung des Embryonenschutzgesetzes begleiteten und die Präimplantationsdiagnostik schließlich ermöglichten. Sie kommt zu dem Fazit, dass es hier von einer Verschiebung des „Topos des Risikos" hin zu „Liebe und Freiheit" kam, was sie als Ausdruck einer neoliberalen Rationalität interpretiert, da individuelle Entscheidungen und Freiheiten ins Zentrum gerückt werden:

> „Statt früheren Problematisierungen etwa der Verantwortung der Einzelnen gegenüber der Gesellschaft in Bezug auf ein ‚Behinderungsrisiko' standen nun das ‚Recht auf Wahlmöglichkeit' (‚pro choice') [...] und die Befreiung von Restriktionen durch die Natur einerseits und durch die Gesellschaft andererseits im Vordergrund. Der Topos der Liebe bezog sich auf das Wunsch-Kind und betraf den Partner oder die Partnerin – die Liebe beider resultiere in einem Kinderwunsch und das damit verbundene Recht auf ‚eigenen' Nachwuchs zu unterstützen [...]. Dabei wurden nicht nur Freiheit, sondern auch Gleichberechtigung als relevante Werte aufgerufen." (Bock von Wülfingen 2012: 77)

Noch vor der Einführung der Präimplantationsdiagnostik in Deutschland war diese ein kontrovers diskutiertes Thema (vgl. dazu u.a. Bollag/Homann 2002). Feminist_innen, die der Präimplantationsdiagnostik skeptisch gegenüber stehen, heben hervor, dass In-vitro-Fertilisationen generell insbesondere für Frauen eine hohe physische und psychische Belastung mit sich bringen und auch die diskursive Aufladung biologischer Mutterschaft verstärken (ebd.: 59). Darüber hinaus wurde befürchtet,

> „dass durch das Angebot der PID [Präimplantationsdiagnostik, GL] der gesellschaftliche Druck auf Frauen zunehmen würde, nur gesunde Kinder zu gebären. Die PID wird international mittlerweile schon in fast der Hälfte der Fälle zur Suche nach Chromosomenveränderungen im Rahmen der ‚normalen' IVF [In-Vitro-Fertilisation, GL], besonders bei älteren Frauen, angewandt [...]. Damit sollen die Erfolgsraten der IVF gesteigert werden. Das bedeutet, dass bei einer Zulassung und Ausweitung der PID ein erheblicher Druck auf Kinderwunsch-Patientinnen entstehen würde, einer ‚Qualitätskontrolle' ihrer Embryonen zuzustimmen" (Graumann 2002: 31).

Demgegenüber wird von Befürworter_innen ins Feld geführt, dass mittels Präimplantationsdiagnostik medizinisch indizierte Abtreibungen vermieden werden können und eine Lockerung des Embryonenschutzes zu therapeutischen Zwecken auch neue Wege zur Krankheitsbekämpfung eröffnen kann (Bollag/Homann 2002).

Kathrin Braun problematisiert an gen- und reproduktionstechnologischen Praktiken generell, dass diese

„häufig technische Lösungen für soziale Probleme dar[stellen] (biographische Verzögerung der Familiengründung von Frauen aufgrund der Unvereinbarkeit von Familie und Beruf, soziale Diskriminierung von Menschen mit Behinderungen und ihren Angehörigen, speziell der Frauen, die für sie sorgen, Wunsch nach einem ‚genetisch eigenen' Kind, gerade auch von Männern), die eigentlich soziale Lösungen erfordern" (Braun 2003: 154).

Neben der Ausweitung pränataler Diagnostikverfahren zeichnet sich die pronatalistische Seite der ‚modernisierten Biopolitik' durch die stetige Ausweitung medizinischer Behandlungen der als ‚Krankheit' definierten Sterilität aus.

„Die Dynamik der In-vitro-Fertilisation und ihrer Modifikationen zeigt sich in einer enormen Erweiterung sowohl der Angebote wie der Zielgruppen oder Anwenderinnen. Um die Wirksamkeit der Methode zu steigern, wurden von Anbeginn auf allen Stufen der In-vitro-Fertilisations-Behandlungen Veränderungen vorgenommen. Bereits Ende der achtziger Jahre zeichnete sich eine deutliche Erweiterung des Anwendungsgebiets ab [...]. Man versuchte in den häufigen Fällen, wo es bei der In-vitro-Fertilisation nicht zu einer Befruchtung kam, mit Hilfe von Enzymen oder Laser den Spermien mechanisch den Weg in die Eizelle zu bahnen. Diese zunächst wenig erfolgreichen Bemühungen führten zu Beginn der neunziger Jahre zur Einführung der so genannten Intrazytoplasmatischen Spermieninjektion (ICSI), einer Methode, bei der aus dem Ejakulat eine einzelne Samenzelle mit Hilfe einer Mikropipette entnommen und direkt in das Innere der Eizelle (Zytoplasma) injiziert wird." (Berg 2003: 23f.)

Die Methode der Intrazytoplasmatischen Spermieninjektion setzte sich rasch als erfolgreiche Behandlung männlicher Unfruchtbarkeit durch und wurde inzwischen in den Leistungskatalog der Krankenkassen aufgenommen (ebd.: 28).

Neben assistierter Reproduktion greift der Staat auch mittels anderer Anreize in das generative Verhalten ‚seiner' Bevölkerung ein: So dienen „Kinder- und Mutterschaftsgeld, Elternurlaub, Erziehungsgeld und Steuererleichterungen [...] dazu, die Geburtenrate vor einem weiteren Absinken zu bewahren" (Schulz 2004: 80). Dass diese pronatalistischen Anreize entlang von Klasse, *race*, nationalstaatlicher Zugehörigkeit, ‚Behinderung'/Nicht-‚Behinderung', Heteronormativität usw. selektiv verteilt werden, zeigt Schulz auf:

„So berichten Frauen aus Migrantinnenprojekten immer wieder, dass sie Abtreibungen leichter durchsetzen konnten als deutsche Frauen. Neben Migrantinnen sind es vor allem Frauen mit Behinderungen und einkommensschwache Frauen, denen vergleichsweise häufig Sterilisationen und Gebärmutterentfernungen sowie hormonelle Langzeitverhütungsmittel empfohlen werden." (Ebd.)

Ähnlich verweist Wichterich auf die rassistische Elemente der ‚modernisierten Bevölkerungspolitik' am Beispiel der USA, wo diskutiert wurde, ob die Vergabe der Langzeitkontrazeptiva *Norplant* von einem Sozialhilfebezug abhängig gemacht werden soll (Wichterich 1994: 118).

Anthea Kyere zeigt für Deutschland auf der Basis von Interviews mit geflüchteten Frauen, dass diese „im Gesundheitssystem sowohl mit Ausschlüssen aus einer adäquaten Versorgung konfrontiert sind, als auch mit einer mangelhaften Weitergabe von Informationen, entwürdigender Kommunikation und rassistischer Diskriminierung" (Kyere 2021: 66). Kyere schlussfolgert daher, dass ein „systematisch fest verankerter vergeschlechtlichter Rassismus und ein damit verwobener Klassismus [...] noch heute das hegemoniale Bild des deutschen Nationalkörpers" prägen und „im selektiven Pronatalismus der Politik sichtbar" werden (ebd.: 67).

Bock von Wülfingen hebt die heteronormative Selektivität der gegenwärtigen Reproduktionsmedizin und -politik hervor: In Deutschland und Österreich dürfen Befruchtungskliniken nur den Kinderwunsch heterosexueller Paare behandeln (Bock von Wülfingen 2002: 73). Ihr zufolge wird dies durch einen Diskurs gestützt, wonach „genetische Nähe auch emotionale Nähe" bedinge (ebd.). Daraus wird der Umkehrschluss abgeleitet, dass Eltern zu Kindern, in denen sie „keinen phänotypischen (körperlichen) Ausdruck genetischer Ähnlichkeit wiederfinden können", „eine größere Distanz aufbauen" (ebd.).

Anne Waldschmidt macht mit dem Begriff der „genetischen Selbstnormalisierung" (2003: 95) deutlich, dass die ‚*ability*'-zentrierte Schlagseite gegenwärtiger Bevölkerungspolitik, wie sie durch die Pränataldiagnostik stark angetrieben wird, nicht nur mit staatlichem Zwang erklärt werden kann. Vielmehr sieht sie diese auch vorangetrieben durch die „Beteiligungsbereitschaft von Frauen, auf die die neoliberale Gesellschaft [...] abhebt" (ebd.: 99). Wenngleich zwar gesetzlich geregelt ist, dass Abtreibungen bei ‚behinderten' Embryonen bis kurz vor der Geburt möglich sind, werden diese im Fall eines pränataldiagnostischen ‚Verdachts' als ‚freie Entscheidung' der Eltern im Namen von Selbstbestimmung und Selbstverantwortung umgesetzt.

> „Autoritäre Herrschaftspraktiken der Normierung sind selten geworden; nun wirken subtile und feinmaschige Machtmechanismen der Normalisierung. Die genetische Beratung benutzt nicht mehr den direkten Ratschlag, sie will die selbstverantwortliche Entscheidung befördern, die aber oft genug in Verantwortungslast endet." (Ebd.: 106)

Ähnlich gehen Theresia Degener und Swantje Köbsell von einer „neuen Eugenik" aus (Degener/Köbsell 1992: 16), die über Freiheit und Selbstbestimmung und nicht mittels staatlichem Zwang operiert. Weit verbreitete Ablehnung von und Angst vor ‚Behinderungen' und eine ebenso weit verbreitete Annahme, dass „Gesundheit, Produktivität und Funktionieren" (ebd.: 23) Teil eines ‚guten Lebens' darstellen, sind die subtilen Techniken dieser neuen Eugenik.

Um die komplexen Veränderungen der „Biopolitik des Kinderbekommens" (Schultz 2012: 110) in Deutschland im letzten Jahrzehnt theoretisch erfassen zu können, schlägt Susanne Schultz in ihrer „staatskritischen intersektionalen" Analyse (ebd.) drei theoretische Dimension vor: Eine „Analyse der intersektionalen Grundstruktur moderner Biopolitik", „eine hegemonietheoretische Analyse dynamischer Verschiebungen innerhalb dieser Anordnungen als Frage der strategischen Selektivität des Staates" und „eine Analyse der Gouvernementalität individuellen ‚reproduktiven Verhaltens'" (ebd.). Damit möchte sie aktuelle Tendenzen, Hierarchisierungen und Widersprüche von Fortpflanzungspolitik in den Blick bekommen. Die *erste* Dimension ermöglicht es Schultz, das Zusammenwirken der Makroebene der „Verwaltung von Bevölkerungen" mit der „Politik der Beeinflussung des individuellen Körpers und des ‚reproduktiven Verhaltens'" auf der Mikroebene (ebd.) zu fassen.

> „Erstere Ebene ist vor allem durch utilitaristische Kategorien, die auf Klassenzuschreibungen basieren, sowie durch rassistische, ethnisierende bzw. eugenische Zuschreibungen geordnet, also durch Zuschreibungen der Qualität, Nützlichkeit, Produktivität und politischen Anpassungsfähigkeit bestimmter Bevölkerungsgruppen. Demgegenüber ist die biopolitische Mikroebene durch das Geschlechterregime strukturiert." (Ebd.)

Das Verhältnis charakterisiert sie als „Zweck-Mittel-Verhältnis" (ebd.), da die Mikroebene im Hinblick auf die Ziele auf der Makroebene geformt werden soll. Darin sieht Schultz die biopolitische Grundstruktur des modernen westlichen Staates, die es notwendig macht,

> „die Politik des Kinderbekommens immer schon als eine Politik zu analysieren, in der sich Rasse(nhygiene), Klasse und Geschlecht nicht einfach nur irgendwie durchkreuzen oder auf je historisch spezifische Weise addieren, sondern grundsätzlich unterschiedlich in die Makro- und Mikroebene der Biopolitik strukturell eingelassen sind" (ebd.: 111).

Mit diesem theoretischen Instrumentarium arbeitet sie in ihrer Analyse gegenwärtiger Familienpolitik heraus, dass diese selektiv pronatalistische Ziele verfolgt (ebd.): Die klassenpolitische Schlagseite manifestiert sich in der angestrebten Erhöhung der Geburtenrate bei Akademiker_innen, die durch spezifische Kinderbetreuungsangebote ebenso wie durch die Einführung des Elterngeldes 2007 erreicht werden soll. Die rassistische Schlagseite sieht Schultz darin, dass die Anhebung der Geburtenrate „gegenüber einer konkurrierenden demografischen Option, die jüngere Erwerbsbevölkerung durch Immigration zu erhöhen, in Stellung gebracht wird" (ebd.: 113). Wenngleich also in rezenten tagespolitischen Debatten die Vereinbarkeit von Familie und Beruf für ‚Frauen' als wichtiges Ziel benannt wird, sollen damit primär gut ausgebildete mehrheitsdeutsche Frauen adressiert werden.

Die *zweite* Dimension, die Schultz in ihrer staatstheoretischen Konzeptualisierung von Biopolitik entwirft, bezieht sich aus hegemonietheoretischer Perspektive auf die „Dynamik des bevölkerungspolitischen Konfliktfeldes" (ebd.: 114), das sie zwischen einer prinzipiellen Offenheit von gesellschaftlichen Kämpfen und der Beharrlichkeit staatlicher Politiken ansiedelt, die sie mit der strategischen Selektivität des Staates begründet (ebd.). Vor diesem Hintergrund sieht Schultz die aktuelle Familienpolitik durch ein Paradox gekennzeichnet: Offenbar gelang es, diese als „frauenfreundliche Reformpolitik“ (ebd.: 117) zu rahmen, obwohl sie trotz Veränderungen, die zu einer verbesserten Vereinbarkeit von Familie und Beruf für manche Frauen beitragen sollen, weiterhin „viele Elemente des konservativen Familienernährer-Modells der westdeutschen Nachkriegspolitik intakt lässt – insbesondere für die unteren sozialen Schichten“ (ebd.). Dass sich eine Familienpolitik, die auf liberal-konservativen Elementen ebenso wie auf klassistischen und rassisierenden Ausschlüssen beruht, als erfolgreich durchsetzen konnte, begründet Schultz mit der strategischen Selektivität des Staates: Diese führte dazu, dass liberale frauenpolitische Forderungen nach Vereinbarkeit von Beruf und Familie Eingang in die Modernisierung von Familien- und Bevölkerungspolitik fanden, während radikalere (familien-)politische Forderungen marginalisiert wurden.

Die *dritte* Dimension von Schultz‘ theoretischem Modell bezieht sich auf staatliche Regierungstechniken, die Subjekte zu gewünschten reproduktiven Verhaltensweisen mittels Selbsttechnologien führen (ebd.: 119). Im Anschluss an Foucaults Gouvernementalitätsvorlesungen argumentiert sie, dass familienpolitische Maßnahmen auch darüber operieren, bestimmte Frauen- und Mütterlichkeitsideale zu verbreiten, die Frauen zu wünschenswerten reproduktiven Verhaltensweisen motivieren. Die Gouvernementalität des gegenwärtigen biopolitischen Projekts basiert nach Schultz darauf,

> „das individuelle ‚reproduktive Verhalten‘ in den Mittelpunkt der politischen Verhandlungen zu stellen […]. Verschiedene Subjektivitäten entstehen hier, die darauf ausgerichtet sind, doppelte Ausschlüsse zu produzieren. Erstens beruht die Rede über Familien oder Kinderlose auf einer Ausblendung der Geschlechterverhältnisse“ (ebd.: 124),

da nur Frauen nicht aber auch Männer adressiert werden, wodurch die Zuständigkeit von Frauen für die Reproduktion festgeschrieben wird. Den zweiten Ausschluss sieht Schultz darin, „dass hier die Situation von AkademikerInnen oder sozial Privilegierten verallgemeinert wird, während die Lage derjenigen ausgeblendet wird, die von den aktuellen familienpolitischen Anreizen nicht profitieren oder eindeutig benachteiligt werden“ (ebd.: 124). Mit ihrem dreidimensionalen Analysemodell gelingt es Schultz, die Widersprüchlichkeiten und Beharrlichkeiten gegenwärtiger Biopolitik in umfassender Weise zu erfassen. Auch Anthea Kyere weist auf die Verwobenheit von Sexismus, Rassismus und Klassismus in gegenwärtigen Biopolitiken des deutschen Staates hin (Kyere 2021: 64) und nennt hier als Beispiel das 2007 eingeführte Elterngeld.

Unter der Voraussetzung, dass eine heterosexuelle Eheschließung auch Zugänge zu Reproduktionstechnologien ermöglicht, interessieren als ein Aspekt von Biopolitik auch Eheschließungspolitiken. Dass diese nicht nur fundamental heteronormativ, sondern auch fundamental nationalistisch und rassistisch sind, zeigt Irene Messinger in ihrer Arbeit zu fremden- und strafrechtlichen Regelungen von Eheschließungen in Österreich zwischen ‚Drittstaatsangehörigen' und Österreicher_innen (Messinger 2012). Die Erteilung einer Niederlassungsbewilligung für verheiratete ‚Drittstaatsangehörige' ist nicht nur an ein bestimmtes Einkommen gebunden – was als klassistische Politik gewertet werden kann –, sondern auch an den Nachweis von Deutschkenntnissen. Dass seit 2006 der Antrag auf Erteilung des Aufenthaltstitels ‚Familienangehörige_r' im Regelfall nur noch vom Ausland aus gestellt werden kann, kann ebenso als rassistische biopolitische Strategie interpretiert werden, die ein gemeinsames Familienleben von Österreicher_innen und ‚Drittstaatsangehörigen' erschweren soll.

Darüber hinaus führt Messinger vor, wie binationale Ehen auch durch staatliche Kontrollen, die sogenannte ‚Aufenthaltsehen' verhindern sollen, diskriminiert werden. In ihrer Analyse führt sie vor, wie hier durch die Politik der Fremdenpolizei ebenso wie der Verwaltungsbeamt_innen in Standesämtern und den Behörden, bei denen Niederlassungsbewilligungen für die_den nicht-österreichische_n Partner_in beantragt werden, versucht wird, binationale Ehen a priori zu verdächtigen und zu verhindern: „Die [...] Konstruktionen zu ‚Scheinehen' werden genutzt, um binationale Ehen bestimmten Rechtsnormen hinsichtlich der zu erfüllenden Ansprüche zu unterziehen und sie, als ‚Aufenthaltsehe' konstruiert, [...] vom Aufenthaltsrecht auszuschließen" (ebd.: 239). Die Basis für die Konstruktion eines Verdachts einer ‚Scheinehe' leitet sich dabei aus einem angenommenen Gegenbild eines unterstellten Ideals einer ‚normalen' Ehe ab, bei der beide Partner_innen die gleiche nationalstaatliche Zugehörigkeit haben und bei der unterstellt wird, dass es jenseits von Liebe keine, schon gar keine ökonomischen Vorteile geben kann, die zu einer Eheschließung führen.

Feminist_innen, die sich mit Bevölkerungspolitiken in globaler Perspektive auseinandersetzen, machen sichtbar, dass staatliche Bevölkerungsregulierungen im globalen Norden jenen von Ländern im globalen Süden diametral entgegenlaufen: Während im globalen Norden politische und moralische Kampagnen vor allem die Mehrheits-Frauen zur Geburt von mehr Kindern anregen sollen, zielen transnationale Bevölkerungspolitiken, die sich an Länder des globalen Südens richten, darauf ab, die Geburtenraten zu senken. ‚Begründet' werden diese transnationalen bevölkerungspolitischen Eingriffe durch den Diskurs über die sogenannte ‚Überbevölkerung', der sich seit den 1950er Jahren Schritt für Schritt durchgesetzt hat (Schultz 2006: 64ff.). Als Folge werden insbesondere in den Strukturanpassungsprogrammen seit den 1980er Jahren die finanziellen Leistungen in der ‚entwicklungspolitischen Zusammenarbeit' an die Reduktion der Kinderzahlen gekoppelt und bevölkerungspolititische Maßnahmen zur Reduktion der ‚Überbevölkerung' nach Vorgabe des globalen Nordens in den Ländern des globalen Südens implementiert (ebd.: 171). Seit den 1990er Jahren übernahm die Weltbank

> „eine führende Rolle bei der Implementierung so genannter Gesundheitssektorreformen, über die auch der Auf- bzw. Ausbau von Familienplanungsprogrammen vorangetrieben wurde […]. Damit löste die Weltbank die WHO […] als bedeutendste Agentur zur Durchsetzung von Familienplanungsprogrammen innerhalb des Gesundheitssektors ab" (ebd.: 113f.).

So wird „auf staatlicher Ebene die Verschuldung der Staatshaushalte bei bi- oder multilateralen Verhandlungen genutzt, um Bevölkerungskontrolle zur Bedingung für weitere Kreditvergabe und andere Entwicklungsprogramme zu machen" (Wichterich 1994: 120).

Auch in globalen Bevölkerungspolitiken sind Frauen ‚Hauptobjekt' staatlicher Eingriffe. Aufgrund der hegemonialen Annahme, ihnen komme eine „‚Schlüsselrolle' für die demographische Entwicklung" zu (Hummel 2006: 28), werden die ‚entwicklungspolitischen' biopolitischen Vorgaben vor allem über den Zugriff auf Frauen zu erreichen versucht (Mertens 1998; Wichterich 1994). Kritiker_innen sehen daher in transnationalen und nationalen Bevölkerungspolitiken Machttechniken, um Privilegien zu verteidigen und diese zugleich durch vergeschlechtlichende und rassisierende Differenzierungen von Menschen unsichtbar zu machen (Kozuch 1999: 61ff.; vgl. auch Ginsburg/Rapp 1995; Schulz 2004). Der Diskurs über die angebliche ‚Überbevölkerung' dient somit „als Legitimation zahlreicher antinatalistischer Maßnahmen",

> „die zum Großteil in den Ländern des Südens durchgeführt wurden. Erste ‚Experimentierfelder' waren unter anderem Indien, Pakistan und zahlreiche Länder Lateinamerikas. Im Rahmen von sogenannten Familienplanungsprogrammen wurden dort vor allem Sterilisationen durchgeführt sowie in großen Mengen Pillen und Spiralen verteilt" (Schulz 2004: 71).

Heide Mertens zeigt, wie in Bangladesch „ein ganzes Land mit internationaler Hilfe systematisch mit einem hierarchischen System von Familienplanungszentren und FamilienplanungsberaterInnen versorgt wird" (Mertens 1998: 161), die zur Senkung der Geburtenrate beitragen sollen.

> „Die FamilienplanungsberaterInnen gehen von Haus zu Haus, von Gehöft zu Gehöft und drängen vor allem zu sogenannten Langzeitmethoden, wie Sterilisation und Spirale, weil sie für jede Einwilligung in eine solche Methode eine Prämie erhalten. Für eine Sterilisation bekommt auch die einwilligende Frau einen ‚Verdienstausfall' von umgerechnet 15 DM, dem Lebensunterhalt für mehrere Wochen." (Ebd.)

Für Schulz sind die pronatalistischen Anreize im globalen Norden die Kehrseite der anti-natalistischen Bewegungen im globalen Süden:

> „Mithilfe der neuen Erkenntnisse und Technologien wurde auf der einen Seite der pronatalistischen Bevölkerungspolitik im Norden zahlreiche Methoden an die Hand gegeben, um die ‚Krankheit Kinderlosigkeit' zu bekämpfen. Auf der anderen Seite wurde das Spektrum der Kontrazeptiva zur geburtenverhindern-

> den Bevölkerungssteuerung im Süden ebenfalls in eine bedenkliche Richtung erweitert. Sogenannte Anti-Schwangerschafts-Impfstoffe und neue Methoden der In-Vitro Fertilisation sind deshalb lediglich ‚zwei Seiten derselben Medaille'." (Schulz 2004: 76; s.a. Hummel 2006: 31; Mertens 1998: 161)

Zugleich, dies hat u.a. Christa Wichterich aufgezeigt, führen ökonomische Ungleichheiten dazu, dass ärmere Frauen in Ländern des globalen Südens, in denen die kommerzielle Leihmutterschaft erlaubt ist, Kinder für wohlhabende, meist weiße Frauen im globalen Norden austragen (Wichterich 1994). Ebenso in Dienst genommen werden globale Ungleichheitsverhältnisse im Bereich des Verkaufs von Eizellen. Auch hier führen globale gesellschaftliche Ungleichheitsverhältnisse dazu, dass ökonomisch benachteiligte Frauen aus dem globalen Süden den Verkauf von Eizellen zu Forschungs- oder Fortpflanzungszwecken als einen möglichen (Zu-)Verdienst sehen (müssen).

Den vielfältigen bevölkerungspolitischen Regulierungen und Zugriffen auf Körper und der „staatlichen Indienstnahme der weiblichen Fruchtbarkeit" (Samerski 2003: 213) setzten Frauen jedoch immer auch Kämpfe entgegen (Schultz 1994; Schultz 2007; Mertens 1998). In einer der bekanntesten Parolen der Frauenbewegung in den 1970er und 1980er Jahren *Mein Bauch gehört mir* kommen die Kämpfe gegen das Verbot von Abtreibungen, die damit einhergehende Reduktion von Frauen auf ihre ‚Mutterpflichten' und die Weigerung, durch Staat, Medizin und Technik auf Objekte von Bevölkerungspolitik zugerichtet zu werden, gebündelt zum Ausdruck.

> „In vielen Ländern entstanden in den 1970er und 1980er Jahren feministische Selbsthilfebewegungen, die […] sich gegen reaktionäre Frauenbilder in der Medizin, autoritäre Umgangsformen mit Frauen im medizinischen Alltag und gegen Experimente an Frauenkörpern zur Wehr setzten. Dazu gehörte es auch, gesundheitsgefährdende und Handlungsmöglichkeiten einschränkende Verhütungsmittel ins Visier zu nehmen." (Schultz 2006: 119)

Getragen wurden diese Kämpfe durch die kollektive Forderung nach Selbstbestimmung und dem „Recht, frei von Kriminalisierung und ärztlicher Bevormundung selbst über ihre Belange zu entscheiden" (Samerski 2003: 213). Während jedoch in den 1970er und 1980er Jahren Selbstbestimmung als emanzipatorische Forderung eingesetzt werden konnte, wandelte sich im Kontext neoliberaler Transformationsprozesse Selbstbestimmung immer mehr zu einem Element herrschaftsförmiger Bevölkerungspolitik:

> „Heute […] müssen Frauen sich selbstbestimmte Entscheidungen nicht mehr mühsam erkämpfen, sondern sie werden ihnen förmlich aufgedrängt. Die Förderung der ‚Selbstbestimmung' steht inzwischen auf der Agenda von Ärzten, Krankenkassen, Pharmakonzernen, Humangenetikern und Forschungspolitikern. Immer mehr Tests und Behandlungen können vom Arzt nicht mehr empfohlen werden, sondern die Patientin muss sich selbst dafür entscheiden: Die Fruchtwasseruntersuchung, die das Ungeborene zu einem Patienten macht, der

> nicht geheilt, sondern nur abgetrieben werden kann; die Mammographie, die Frauen Angst einjagt und keinen nachweisbaren präventiven Nutzen hat; die Hormonpille nach der Menopause, die Vitalität und gute Laune verheißt und das Brustkrebs-Risiko erhöht – je mehr es darum geht, dass sich Frauen etwas antun lassen, obwohl ihnen gar nichts fehlt, desto eindringlicher appellieren Mediziner an die ‚Eigenverantwortung' und die ‚Selbstbestimmung' der potenziellen Konsumentin." (Ebd.)

Vor diesem Hintergrund finden sich gegenwärtige feministische Positionen mit der Herausforderung konfrontiert, Selbstbestimmung auch als neoliberale Machttechnik im Regime modernisierter Biopolitik sichtbar zu machen und die Fortschreibung von herrschaftlichen Geschlechter-, Klassen-, *ability*- und *race*-Regimen gerade im Namen von Selbstbestimmung zu kritisieren.

Auch transnationale feministische Kämpfe gegen Bevölkerungspolitiken sehen sich mit Ambivalenzen konfrontiert. Einerseits hat sich seit den 1980er Jahren das Netz feministischer Organisationen, die Bevölkerungspolitik auf globaler Ebene politisieren, sukzessive verdichtet. Ein wichtiger Meilenstein stellte hierfür 1984 die *Internationale Frauengesundheitskonferenz* mit dem Motto „Bevölkerungskontrolle – nein! Frauen entscheiden selbst" in Amsterdam dar, die fortan alle drei Jahre abgehalten wurde. Im Anschluss an die Amsterdamer Konferenz wurde das *Women's Global Network for Reproductive Rights* und das *Feminist International Network of Resistance to Reproductive and Genetic Engineering* gegründet (vgl. ausführlich Schultz 2006: 120ff.). Der Anspruch des Protests lag darin,

> „über die Kritik konkreter Praktiken in internationalen Bevölkerungsprogrammen hinaus eine ideologiekritische, politisch-theoretische Analyse der Verschränkung von ‚sexistischen, rassistischen und klassenorientierten Ideologien in den Regierungen' zu entwickeln" (ebd.: 121),

wie Schultz aus dem Protokoll des Treffens 1987 in Costa Rica zitiert und hinzufügt, dass „manche Formulierungen auch noch die Adjektive imperialistisch, heterosexistisch oder eugenisch einschlossen" (ebd.). Der herrschenden Bevölkerungspolitik wurde die Forderung nach ‚reproduktiven Rechten' entgegengesetzt, die sich sowohl gegen anti- als auch pronatalistische Biopolitiken richtete. Anders als das frühere liberal-feministische Verständnis, das vor allem „das Recht auf Geburtenkontrolle und Abtreibung im individuellen und formalrechtlichen Sinne gemeint hatte" (ebd.: 122f.), umfasst das Konzept der *reproduktiven Rechte* in einem breiten Sinn körperliche Selbstbestimmung und die Ermöglichung gesellschaftlicher Handlungsspielräume in den Bereichen Sexualität, Fortpflanzung und Familienpolitik. Die Forderung nach reproduktiven Rechten bezieht sich sowohl auf Abwehrrechte – gegen staatliche Zwangsprogramme und Anreizsysteme, gegen normative Ideale im Bereich Sexualität, Fortpflanzung und Familie – als auch auf Zugangsrechte zu Abtreibungsmöglichkeiten oder etwa staatlich garantierten, nicht gesundheitsschädigenden Verhütungsmitteln (ebd.: 123).

Andererseits aber sind auch transnationale Kritiken an Bevölkerungspolitiken nicht davor gefeit, von (supra-)staatlichen Politiken kooptiert zu werden. Insbesondere im Zuge der Ausbreitung von *Global Governance* setzen seit den 1990er Jahren neokoloniale Bevölkerungspolitiken auch auf die Einbeziehung von NGOs und die partielle Integration von feministischen Kritiken. Deutlich zeigte sich dies auf der Weltbevölkerungskonferenz 1994 in Kairo, wo es gelang, „unter Verwendung der Sprache der Feministinnen einen Konsens herzustellen, ohne daß eine wirkliche Umorientierung stattgefunden hat" (Mertens 1998: 173):

> „Das Abschlußdokument von Kairo hat die Diktion der Feministinnen übernommen. Von ‚reproduktiven Rechten', ‚reproduktiver Gesundheit' und ‚freier Entscheidung' ist in dem Dokument zu lesen. Am Ende werden aber 65 Prozent der Mittel für Verhütungsmittel und nur 30 Prozent für umfassende Gesundheitsdienste verplant [...]. Die Forschung an den Langzeitkontrazeptiva ‚Norplant' und dem ‚Anti-Schwangerschafts-Impfstoff' gehen ungebrochen weiter, obwohl der immanente Zwang, der die Entscheidungsfreiheit der Frauen einschränkt, bereits in der Methodik dieser Mittel enthalten ist. Denn Frauen werden durch sie vom Gesundheitspersonal abhängig." (Ebd.: 172f.)

Auch Wichterich führt vor, dass die bevölkerungspolitischen Zugriffe auf Körper und Sexualität von Frauen im globalen Süden zunehmend von einer Rhetorik der ‚Emanzipation' und des ‚Empowerment' begleitet werden:

> „Die Bevölkerungslobby macht sich die Unterstellung des westlichen Feminismus in der Tradition Simone de Beauvoirs zu eigen, daß Verhütungsmittel für Frauen immer und überall Instrumente der Emanzipation sind – Emanzipation verstanden als Befreiung von häufigen Schwangerschaften und Geburten, als Reduktion von Arbeitsbelastung und Kosten für die Haushaltskasse, damit auch als Freisetzung der Frau für Erwerbsarbeit." (Wichterich 1994: 119)

Ähnlich konstatiert auch Schultz:

> „Seit den 90er Jahren vereinnahmt die bevölkerungspolitische Lobby offen den Diskurs der feministischen Gesundheitsgruppen, indem sie sie an der Formulierung der bevölkerungspolitischen Programme beteiligt. [...] Eigenartig doppelzüngig versichern die bevölkerungspolitischen Institutionen, daß die freie Entscheidung derjenigen gewahrt werden solle, deren ‚generatives Verhalten' gleichzeitig zur entscheidenden Ursache von Umweltzerstörung, Verarmung und weltweiter Migration erklärt wird. Man sieht darin keinen Widerspruch und beruft sich auf einen angeblich massenweise ungedeckten Bedarf von Frauen an Verhütungsmitteln, dessen Befriedigung die Geburtenraten automatisch senken werde." (Schultz 1994: 17)

Diese herrschaftliche Integration feministischer Forderungen in Körper- und Reproduktionspolitiken erfordert, Biopolitik stets in einem breiten gesellschafts-

und staatskritischen Kontext zu diskutieren und reflektieren.Eine feministische Kritik von Bevölkerungspolitik muss immer auch im Blick haben, wo progressive Forderungen zu Elementen von Macht- und Herrschaftsverhältnissen umgearbeitet werden. Es gilt, sich an den Fragen zu orientieren, mit welchen Versprechungen welchen Frauen und welche Nationen zu welchem Preis von spezifischen Bevölkerungspolitiken profitieren (sollen) (s.a. Schultz 2006: 137ff.).

Diese emanzipatorische Perspektive auf Körper- und Reproduktionspolitiken wird insbesondere von Schwarzen Feminist_innen im Kontext des Kampfes um *reproduktive Gerechtigkeit* vertreten (Kitchen Politics 2021). Der Begriff *Reproductive Justice* wurde 1994 von Loretta J. Ross und anderen Schwarzen feministischen Aktivistinnen in den USA entwickelt und beinhaltet vier grundlegende Rechte: sich selbstbestimmt zu entscheiden, Kinder zu bekommen; kein Kind zu bekommen durch sicheren Zugang zu Abtreibung und Verhütung; Kinder in einer sicheren und gesunden Umgebung zu erziehen; sexuelle Selbstbestimmung, Autonomie und Lust (Ross 2021: 19). Das Konzept basiert auf der Annahme, dass Rechte und „individuelle Freiheiten [...] durch institutionelle Machtverhältnisse wie Rassismus, Sexismus, Kolonialismus und Armut beeinflusst" werden. Zudem können weitere Faktoren – wie Aufenthaltsstatus, Be_hinderung, Geschlechtsidentität, Leben in Gefangenschaft, sexuelle Orientierung und/oder Alter beeinflussen, ob Menschen eine angemessene Versorgung erhalten" (ebd.: 23). Als Beispiel führt Ross hier „undokumentierte migrantische Frauen in US-Internierungslagern" an, denen reproduktive Gesundheitsversorgung oder auch psychologische Beratung nach sexualisierter Gewalt verwehrt werden (ebd.). Das Konzept der reproduktiven Gerechtigkeit macht hier die Kontinuitäten der Verwehrung reproduktiver Rechte von Schwarzen Menschen, indigenen Menschen und *People of Color* in der Gegenwart mit kolonialer Gewalt und Gewalt aus Zeiten rassistischer Versklavung sichtbar (ebd.: 35). Anthea Kyere weist hier auch auf zum Teil „konträre Unterdrückungspraktiken" (Kyere 2021: 63) in den gewaltvollen Zugriffen auf Schwarze weibliche Körper hin: So sollten Schwarze Frauen bis ins 19. Jahrhundert „möglichst viele Kinder gebären, um die Plantagenökonomie mit Arbeitskräften aufrechtzuerhalten" (ebd.), während ab dem 20. Jahrhundert „das Kinderbekommen in Schwarzen Communities diskursiv als Bedrohung einer *weißen* Vorherrschaft inszeniert [wurde], die es – zum Beispiel durch restriktive Sozialpolitiken – zu bekämpfen gilt" (ebd.).

Die Forderung nach reproduktiver Gerechtigkeit ist daher eine politische Forderung, die von reproduktiven Praxen ausgehend Kritik an strukturellen intersektionalen Herrschaftsmechanismen artikuliert und sich dafür einsetzt, „Migrationsbeschränkungen", den „industriellen Gefängniskomplex, Binaritäten beruhend auf ‚Rasse' und Geschlecht, *Racial Profiling* und Polizeibrutalität, rassistische und sexistische Medienrepräsentationen, steuerpolitische Ressourcenallokation", „Ernährungsunsicherheit", „Vertreibung aufgrund von Naturkatastrophen und Enteignung“ und „Umweltrassismus“ als Teil des Kampfes für reproduktive Gerechtigkeit zu überwinden (Ross 2021: 23f.). Auf diese Weise wollen Kämpfe um reproduktive Gerechtigkeit auch zur Imagination „besserer Zukünfte“ (ebd.: 24) beitragen.

Die politische Programmatik reproduktiver Gerechtigkeit definiert Ross daher wie folgt:

> „Reproduktive Gerechtigkeit: 1) orientiert sich an Intersektionalität: die adressierten Problemlagen müssen miteinander in Verbindung gebracht werden; 2) verbindet das Lokale mit dem Globalen; 3) basiert auf den Prinzipien der Menschenrechte; 4) verbindet das Individuum mit der Community; 5) thematisiert die Verantwortung der Regierungen und Unternehmen; 6) bekämpft alle Formen von Bevölkerungskontrolle bzw. Eugenik; 7) verschreibt sich dem Ziel, individuelle und gemeinschaftliche Formen der Selbstorganisierung zu stärken, womit Machtverschiebungen einhergehen; 8) rückt marginalisierte Communities ins Zentrum der Analyse; 9) versteht, dass politische Macht, die Partizipation der Betroffenen sowie Gesetzes- und Politikänderungen notwendig sind, um reproduktive Gerechtigkeit zu erreichen; 10) entwickelt eigene intersektionale Zugänge, wie Theorie, Strategie und Praxis miteinander verbunden werden können; und 11) gilt für alle.“ (Ebd.: 28)

III.10 Staatsfeminismus

Während einerseits ein Teil der feministischen Bewegung weiterhin an der Prämisse der Autonomie festhält und den Staat als Adressat für emanzipatorische Veränderungen nicht in Betracht zieht, hat sich andererseits ein Strang feministischer Politik herausgebildet, der in staatlich-institutionalisierter Frauen- und Gleichstellungspolitik durchaus eine Möglichkeit sieht, Geschlechterverhältnisse zu verändern. Sieglinde Rosenberger nennt als „Metathemen der Frauen- und Gleichstellungspolitik“

> „die Hierarchisierung im Geschlechterverhältnis und die Diskriminierung bei der Verteilung kultureller, politischer, ökonomischer und symbolischer Macht und Rechte, bezahlter und unbezahlter Arbeit, Einkommen, Status und Karrieren auf Grund der Geschlechtszugehörigkeit“ (Rosenberger 2006: 744).

Gleichstellungspolitik, will sie tatsächlich „die Institutionalisierung eines neuen Geschlechterkompromisses in eigenen politischen Formen“ herstellen (Sauer 2001: 255), muss in allen Politikbereichen verwirklicht werden – mittels „Parteiprogrammen, Regierungserklärungen oder Gleichstellungsgesetzen“ (Appelt 2009: 33; s.a. Köpl 1999).

Parallel zur Etablierung von Frauen- und Gleichstellungspolitiken im Staat etablierte sich innerhalb der feministischen Staatstheorie ein Subfeld, das sich mit der Analyse der Strategien und Ziele des „state feminism“ (Dahlerup 1987:

123) und mithin mit der Frage befasst, welche Möglichkeiten und Begrenzungen Gleichstellungsmaßnahmen aufweisen können.

Leitend für die oftmals empirischen Untersuchungen ist die Frage, ob *Staatsfeminismus* Geschlechterverhältnisse nachhaltig verändern kann. Was überhaupt als Erfolg von *Staatsfeminismus* gewertet werden kann, wird in den staatstheoretischen Debatten unterschiedlich beurteilt. Die Bandbreite reicht hier von einem engen Verständnis gleichstellungspolitischen Erfolgs, der bereits aus der Institutionalisierung von gleichberechtigten Zugängen zu *Policy*-Prozessen abgeleitet wird, bis zu einem breiten Verständnis, das diesen nicht nur über die Etablierung von Gleichstellungspolitik im Staat, sondern über eine gelungene Verbindung mit frauenbewegten Akteur_innen definiert. So schlägt das *Research Network on Gender, Politics and the State* (RNGS) vor, mögliche Erfolge von *Staatsfeminismus* nach folgenden Dimensionen aufzuschlüsseln:

> „[I]s the women's policy office an advocate of women's movement goals or not in the policy-making process? Is it effective in gendering and changing the terms of the policy-making process to coincide with those of the women`s movement? Has it enabled women to enter the decision-making arena, by promoting their participation and offering access into the corridors of power?" (Kantola/Outshoorn 2007: 6)

Mit diesem Vorschlag, den Erfolg von *Staatsfeminismus* von der Verbindung zwischen institutionalisierter Gleichstellungspolitik und Frauenbewegung(en) abhängig zu machen, antwortet das Forschungsnetzwerk RNGS auf eine zentrale Kontroverse um die Reichweite von *Staatsfeminismus*. Denn das Verhältnis zwischen Frauen- und Geschlechterpolitiken und der Frauenbewegung war von Beginn an ein spannungsreiches – und diese Spannungen schlagen sich auch in der analytischen Auseinandersetzung mit Gleichstellungspolitiken nieder (vgl. dazu Mazur 2001; Sauer 2001: 253ff.).

Einerseits reichen die Wurzeln des Politikfelds der Gleichstellung in die Frauenbewegung hinein und wurden auch von (Teilen) dieser erkämpft. Folglich speist sich Gleichstellungspolitik „in ihrer Idealform aus dem programmatischen Universum der Frauenbewegung und bedient sich bewußt bzw. wissend des einseitig männlich konstruierten Gehäuses staatlicher Politik" (Sauer 2001: 256). Andererseits aber erfordert staatlich-institutionalisierte Gleichstellungspolitik „auch eine Professionalisierung von Frauenpolitik im Sinn einer pragmatischen, an klaren Zielen orientierten Politik" (Appelt 2009: 33) und mithin eine notwendige Entfernung von frauenbewegten aktivistischen Selbstverständlichkeiten, Freiräumen und Logiken.

Die Kontroverse, ob vor diesem Hintergrund emanzipatorische Geschlechterpolitik im und mit dem Staat überhaupt möglich ist, begleitete die Institutionalisierung von Gleichstellungspolitik im deutschsprachigen Raum von Anfang an. Holland-Cunz unterteilt die Akteur_innen dieser Kontroverse in eine institutionelle Perspektive und eine anti-institutionelle (Holland-Cunz 1996: 160ff.):

Vertreter_innen des ersten Strangs gehen davon aus, dass der Staat durchaus als Instrument zur Vorantreibung von mehr politischer, ökonomischer, sozialer und kultureller Geschlechtergleichheit genutzt werden kann und bescheinigen der real existierenden Frauen- und Geschlechterpolitik durchaus einige Erfolge (u.a. Appelt 2009; Rosenberger 2006). Demgegenüber argumentieren Anhänger_innen der anti-institutionellen Perspektive, dass emanzipatorische Politik im Staat unmöglich ist, da Geschlechterpolitik, sobald sie im Staat institutionalisiert ist, durch die staatliche Bürokratie und Verwaltung ebenso wie durch männerbündische Strukturen zu einer „Sozial-, Anpassungs- und Kompensationspolitik für Benachteiligte" wird (Jansen 1995: 72). Die „Verstaatlichung der Frauenfrage" (Krautkrämer-Wagner 1989) führe darüber hinaus auf Seiten der Frauenbewegung zu deren Befriedung und Ent-Radikalisierung; Forderungen der Frauenbewegung würden lediglich integriert, kooptiert und damit entpolitisiert werden.

Sauer entwickelt eine staatstheoretische Perspektive, mit der sie versucht, „diese verstockten Debatten zu lösen" (Sauer 2001: 258). Mittels eines gesellschaftstheoretisch-feministischen Zugangs versucht sie die Gegenüberstellung von zivilgesellschaftlicher Frauenbewegung und staatlicher Gleichstellungspolitik aufzubrechen, indem sie argumentiert, dass die Frauenbewegung „in einer interaktiven und produktiven Beziehung" (ebd.: 260) zum Staat steht, weshalb staatliche Institutionen „nicht als das ‚Andere' zur Frauenbewegung konzeptualisiert werden" können (ebd.):

> „Es wäre eine Verkennung der umfassenden Totalität politischer Regulierung, wenn dem Staat jegliche Bedeutung für feministische Politik und Frauenpolitik abgesprochen würde. Regulierung, Politisierung oder De-Politisierung von Geschlechterdifferenzen erfolgen in westlichen Industriegesellschaften in der *staatlichen* Arena bzw. mit Hilfe staatlicher Apparate." (Ebd.)

Vor diesem Hintergrund plädiert Sauer dafür, sich in die Ausgestaltung des Staates einzumischen und Gleichstellungspolitik als „symbolische Politik im positiven Wortsinn" zu begreifen: „Sie fungiert nicht nur als Ersatzpolitik, sondern sie schafft – als Ausdruck einer öffentlich-politischen Anerkennung der Benachteiligung von Frauen – unumgehbare Realität" (ebd.). Gleichstellungspolitik ist somit die „sichtbare Besetzung einer *Position im Verhandlungsprozeß* staatlicher Akteure" (ebd.). Dennoch aber hebt auch Sauer hervor, dass durch staatliche Gleichstellungspolitik Geschlechterkonflikte nicht aufgehoben werden.

Auch Marion Löfflers Arbeiten geben ein Instrumentarium zur Hand, aus einer staatstheoretischen Perspektive Gleichstellungspolitik in ihrer Ambivalenz fassen zu können (Löffler 2012). Löffler geht davon aus, dass der emanzipatorische Gehalt von geschlechterpolitischen Strategien oftmals erst im Nachhinein beurteilt werden kann und auch für Frauen in Abhängigkeit ihrer Klassen- und nationalstaatlicher Zugehörigkeit unterschiedlich ausfallen kann. Als abstraktes Kriterium bringt Löffler aber ein, dass Geschlechterpolitiken dann emanzipatorisch sind, wenn sie tatsächlich auf die „Egalisierung der Geschlechterverhältnisse“ (ebd.: 66) und die „Transformation oder Entgrenzung des politischen Feldes hinarbeiten“ (ebd.: 67).

Während der Wirkradius von Gleichstellungspolitik insbesondere in Analysen skandinavischer Länder als durchaus positiv beurteilt wird (Kantola/Outshoorn 2007), fallen die Ergebnisse für Gleichstellungspolitiken in Deutschland und Österreich durchgängig ambivalenter aus (Appelt 2009; Rudolph 2009; Biester/Holland-Cunz/Maleck-Lewy/Ruf/Sauer 1994). So kommt Appelt in ihrer Analyse der Gleichstellungspolitik in Österreich zu dem Schluss, dass sich seit Mitte der 1980er Jahre sowohl die rechtliche als auch die materielle Lage von Frauen zwar erheblich verbessert hat, Gleichstellungspolitik dennoch aber nicht als „politisches Instrument, um tiefgreifende gesellschaftliche Veränderungen herbeizuführen“ (Appelt 2009: 40), betrachtet werden kann. Denn, wenngleich gleichstellungspolitische Maßnahmen einschneidende rechtliche Veränderungen erzielten und seit 1998 die „faktische Gleichstellung von Mann und Frau [...] in der österreichischen Verfassung als Staatszielbestimmung festgeschrieben“ ist (ebd.: 38), setzt der „vergeschlechtlichte Wohlfahrtsstaat [...] jedoch vor allem auf die familiäre Rolle von Frauen und trägt somit dazu bei, die geschlechtsspezifische Arbeitsteilung und die damit verbundene Geschlechterhierarchie zu zementieren“ (ebd.: 33). Appelt begründet diese Beschränkungen von Gleichstellungspolitik mit der „politischen Kultur“ (ebd.: 30), die in Österreich durch konservative Geschlechterpolitiken geprägt ist (s.a. Sauer 2009a: 54).

Analysen der aktuellen Gleichstellungspolitiken in Deutschland heben hervor, dass diese im letzten Jahrzehnt sukzessive auf Familienpolitik und hier wiederum auf die Vereinbarkeit von Familie und Beruf verengt wurden: Familienpolitik hat „Gleichstellungspolitik, die *alle* gesellschaftlichen Bereiche umfasst, abgelöst“ (Auth/Buchholz/Janczyk 2010: 7; s.a. Lepperhoff 2010: 26ff.). Während Gleichstellungspolitik vor allem auf Maßnahmen zur Erhöhung der Geburtenrate und der Frauenerwerbsquote beschränkt wird, werden im Bereich der Arbeits(markt)politik, „die neben der Familienpolitik eine zentrale Stellschraube gleichstellungspolitischer Aktivitäten darstellt“ (Auth/Buchholz/Janczyk 2010: 9), wenig gleichstellungspolitische Maßnahmen gesetzt. Folglich werden Geschlechterverhältnisse durch rezente Gleichstellungspolitiken eher rhetorisch ‚modernisiert‘, denn einschneidend transferiert. Zudem erfahren „Frauen, die nicht Mutter sind oder nicht auf ihr Muttersein reduziert werden wollen [...], kaum Förderung“ (ebd.: 7).

Julia Lepperhoff interpretiert die Gleichstellungspolitik der Großen Koalition in Deutschland von 2005–2009 als Strategie, um „Zustimmung und Konsens zu organisieren“ (Lepperhoff 2010: 32), bei der auch „Männer als neue Partner und Adressaten der Gleichstellungspolitik entdeckt“ wurden (ebd.). Wenngleich Lepperhoff dies als prinzipiell „strategische Option“ begreift, „um das

Bündnis für Gleichstellung zu verbreiten" (ebd.), problematisiert sie die Strategie, Frauen und Männer als gleich betroffene ‚Partner_innen' in gleichstellungspolitischen Maßnahmen zu adressieren, da so existierende Machtungleichheiten verdeckt werden. Diese ‚Harmonisierung' von Geschlechterkonflikten führt sie als deren „systematische gesellschaftspolitische Entschärfung" vor (ebd.): „Zwar ist Gleichstellung eine Frage, die alle angeht. Aber Gleichstellung ist auch eine Frage, die nicht alle in gleicher Weise betrifft" (ebd.).

Ein intersektionaler Zugang macht darauf aufmerksam, dass Gleichstellungspolitik Frauen in Abhängigkeit von Klasse, nationalstaatlicher Zugehörigkeit, *race*, *Behinderung*, sexueller Orientierung, usw. unterschiedlich betrifft (Sauer/Wöhl 2008; Strasser 2009; Verloo 2006; Yuval-Davis 2006). Eine weitreichende Gleichstellungspolitik muss daher Geschlechterverhältnisse als verwoben mit Klassen-, Migrations-, Sexualitäts- und ‚*dis/ability*'-Regimen adressieren. Andernfalls läuft sie Gefahr, durch spezifische Fördermaßnahmen Ungleichheiten zwischen Frauen zu verstärken, wie dies von vielen Feminist_innen hervorgehoben wird. So beschreiben Diana Auth, Eva Buchholz und Stefanie Janczyk die gegenwärtige Gleichstellungspolitik in Deutschland als „selektive Emanzipation" (Auth/Buchholz/Janczyk 2010: 8), da diese vor allem auf die „Gleichstellung für sozial besser gestellte Frauen" abzielt, „wohingegen prekär beschäftigte, gering qualifizierte, arbeitslose, gesundheitlich eingeschränkte, ältere, nicht-heterosexuelle, und/oder (ethnischen) Minderheiten angehörige Frauen nicht im Fokus der staatlichen [...] GleichstellungsakteurInnen stehen" (ebd.; vgl. auch Henninger/Wimbauer/Dombrowski 2008; Nowak 2002; Nowak 2009).

Diese Kritiken verweisen auf die Problematik der Repräsentation respektive auf die Frage, welche Frauen in Gleichstellungspolitiken repräsentiert werden (sollen) – beides Aspekte, die bislang in den feministischen staatstheoretischen Analysen kaum berücksichtigt wurden. Auf das grundlegende Paradox jeder Repräsentation haben insbesondere feministische postkoloniale Theoretiker_innen verwiesen, deren Repräsentationskritik bislang in der Analyse von *Staatsfeminismus* noch marginal bleibt. Die Kritik bezieht sich hier auf die fundamentale Problematik, dass „hegemoniale Repräsentationstechniken" stets auf einer „binären Identitätslogik" (Gutiérrez Rodríguez 2003: 26f.; Castro Varela/Dhawan 2004) des Ein- und Ausschlusses beruhen und somit immer eine Grenze zwischen jenen ziehen, die repräsentiert werden (sollen), und jenen, die zwar beispielsweise auf politischer Ebene als ‚Frauen' von gleichstellungspolitischen Maßnahmen ‚mitgemeint' sind, die aber de facto durch kapitalistische, rassisierende, heteronormative oder ‚*ability*'-zentrierte Ausschlüsse davon nicht betroffen sind. Dies verweist auch darauf, dass Repräsentation an sich immer schon einen machtvollen Prozess darstellt,

> „da der Zugang zur Repräsentation ebenso wie die Möglichkeit, Formen von Repräsentation mitzubestimmen, entlang gesellschaftlicher Macht- und Herr-

schaftsverhältnisse ungleich verteilt ist. Marginalisierte Interessen und Stimmen bleiben daher oftmals aus Repräsentationspolitiken ausgeschlossen" (Ludwig 2013: 470).

Diese Ausschlüsse bleiben jedoch durch den Anspruch von Repräsentationspolitik, *alle* Repräsentierten zu vertreten, unsichtbar. Eine mögliche Lösung könnte, wie María do Mar Castro Varela und Nikita Dhawan einbringen, „die Zunahme von Selbst-Repräsentation mit der Inklusion von mehr Individuen marginalisierter Gruppen" sein (Castro Varela/Dhawan 2004: 212f.). Allerdings halten sie zugleich fest, dass „die bloße Inklusion von mehr Minderheiten nicht die strukturellen Barrieren ins Wanken bringen, die so oder so eine gleichwertige Partizipation differenter Kollektive verhindern" (ebd.). Vielmehr stellen sie in Anlehnung an Gayatri Chakravorty Spivak heraus, dass emanzipatorische „Taktiken der Intervention" (ebd.: 205) darauf abzielen müssen, den Möglichkeitsraum bzw. die „Horizonte" (ebd.) der Repräsentation selbst zu erweitern.

Die Diskussionen um Chancen und Grenzen von *Staatsfeminismus* erfuhren im Kontext der Europäisierung von Nationalstaaten neuen Aufwind. Gerade die Europäische Union hat in den letzten Jahrzehnten einige wichtige Gleichstellungsmaßnahmen und Anti-Diskriminierungspolitiken etabliert. Im Amsterdamer Vertrag 1997 wurde das primärrechtliche Gleichheitsgebot eingeführt und in der *Rahmenstrategie der Gemeinschaft zur Förderung der Gleichstellung von Frauen und Männern* findet sich eine explizite Verknüpfung der Zielvorstellung eines demokratischen, pluralen Europas mit der Förderung der Gleichstellung von Frauen und Männern, indem letzteres als notwendige Voraussetzung dafür benannt wird (vgl. Kommission der Europäischen Gemeinschaft 2000). Einen zentralen Markstein in der supranationalen Gleichstellungspolitik stellt schließlich die Einführung von *Gender Mainstreaming* dar. Als Ziel von *Gender Mainstreaming* definiert der Europarat die „(Re-)Organisation, Verbesserung, Entwicklung und Evaluierung politischer Prozesse", sodass „alle an politischen Entscheidungen beteiligten Akteurinnen und Akteure eine geschlechterbezogene Sichtweise in alle politischen Konzepte auf allen Ebenen und in allen Phasen einbringen" (Europarat 1998).

Die Antworten auf die Frage, ob das europäische Staats- und/oder Staatenprojekt besonders dazu geeignet ist, auf supra- und nationalstaatlicher Ebene Geschlechterpolitiken zu forcieren, die zu mehr Geschlechtergleichheit führen, fallen kontrovers aus. Einerseits blicken Forscher_innen optimistisch auf die europäischen Gleichstellungspolitiken und heben hervor, dass innerhalb der Europäischen Union von Beginn an Gleichstellungsrichtlinien und -politiken in weitaus sichtbarerer Weise vertreten waren als bei der Entwicklung der Nationalstaaten. Dass die Europäische Union „ein Rahmenwerk zur Verfügung stellt, das es Frauenpolitikerinnen erlaubt, von reformfeindlichen nationalen Regierungen Gleichstellungsmaßnahmen gleichsam abzupressen" (Kreisky/Lang/Sauer 2001: 7), nährt – insbesondere in Ländern mit konservativen Geschlechtermodellen wie Deutschland und Österreich – die Hoffnung, dass mit der Europäisierung der Nationalstaaten Geschlechterungleichheiten aufgebrochen werden können. Darüber hinaus wird insbesondere in *Gender Mainstreaming* ein geeignetes Instrument zu mehr Geschlechtergleichheit gesehen, da so geschlechterrelevante Fragestellungen mehr Aufmerksamkeit in der Öffentlichkeit erlangen können. So bezeichnet es Barbara Stiegler als Erfolg, dass sich *Gender Mainstreaming* aus seinem frauenbewegten Ursprungskontext der Vierten Weltfrauenkonferenz in Peking hin zu einem Ansatz entwickelt hat, der in Europäischen Gremien und Politiken angekommen ist, und es Feminist_innen gelungen ist, ihre Ansprüche in den *male-* und *mainstream* suprastaatlicher Politik zu tragen (Stiegler 2005: 30f.).

Ebenso positiv bewertet wird, dass *Gender Mainstreaming* einer ureigenen feministischen Forderung Rechnung trägt und davon ausgeht, dass Geschlechterverhältnisse alle Bereiche der Gesellschaft betreffen und daher nur gesamtgesellschaftlich – respektive als Querschnittsaufgabe – verändert werden können (Stiegler 2005; Walby 1997). Der Umstand, dass mit dem Vertrag von Amsterdam die Förderung der Geschlechtergleichheit als Gemeinschaftsaufgabe auf *alle* Politikbereiche ausgeweitet wird, wird auch von Birgit Erbe als fortschrittlich bewertet (Erbe 2002). Denn, während bis in die 1990er Jahre Gleichstellungspolitik innerhalb der Europäischen Union nur auf den Bereich der Beschäftigung bezogen wurde, soll *Gender Mainstreaming* explizit auf alle Politikbereiche angewendet werden (Erbe 2002: 11; s.a. Frey/Kuhl 2004).

Andererseits betonen feministische Analysen von *Gender Mainstreaming*, dass Geschlechterpolitiken durch den und im Europäisierungsprozess zwar *sichtbarer* wurden, dass diese aber *de facto* nicht viel an hierarchischen Geschlechterverhältnissen, der geschlechtsspezifischen Arbeitsteilung und der Maskulinität hegemonialer Politikvorstellungen verändern – nicht zuletzt, da viele geschlechterpolitische Maßnahmen den Charakter von *soft laws* haben. Die Kritik richtet sich hier insbesondere darauf, dass *erstens* Geschlechtergleichheit zumeist auf den Bereich der Erwerbsarbeit reduziert wird (Ostner/Lewis 1998; Wöhl 2009). Damit wird auch auf europäischer Ebene die geschlechtsspezifische Arbeitsteilung weiterhin als Norm vorausgesetzt, da zwar Frauen in den Arbeitsmarkt integriert werden sollen, Reproduktionsarbeit aber weiterhin als ‚weibliche Zuständigkeit' gilt (vgl. Hofbauer/Ludwig 2006). Ebenso wird damit die für nationalstaatliche Politiken zentrale Grenzziehung zwischen Öffentlichkeit und Privatheit fortgeschrieben. So bleibt Sorge- und Familienarbeit weiterhin „Arbeit aus Liebe" (Bock/Duden 1997) und wird auch in suprastaatlichen Geschlechterpolitiken nicht als relevantes Feld anerkannt. Aus dieser Parallelisierung von Geschlechterpolitik und Erwerbsarbeit folgern Ilona Ostner und Jane Lewis, dass die Möglichkeiten der Europäischen Union, die jeweiligen nationalstaatlichen Geschlechterpolitiken zu beeinflussen, eher gering sind: Denn sie müsse zugleich durch „das Nadelöhr ‚Erwerbsbezug' auf EU-Ebene" und durch „das Nadelöhr ‚Geschlechterordnung' als nationale Beschränkung der Umsetzung" (Ostner/Lewis 1998: 228).

Zweitens macht u.a. Schunter-Kleemann darauf aufmerksam, dass das Fehlen von feministischen Öffentlichkeiten und NGOs in der Europäischen Kommission, dem Europäischen Parlament und dem Europäischen Rat dazu führt, dass feministische Forderungen eher „zu einem *bürokratisch und gouvernemental verformten Staatsfeminismus*" umgewandelt werden (Schunter-Kleemann 1994: 21). Diese Reduktion suprastaatlicher Gleichstellungspolitik wird dadurch forciert, dass frauenpolitische NGOs in die europäischen *multi-level* Strukturen schwer Eingang finden. Das weite Verständnis der Frauenbewegung von Feminismus als Gesellschaftskritik wird so auf technokratische Veränderungen vor allem des Arbeitsmarktes verengt. Gleichzeitig fungierte, so Schunter-Kleemann, *Gender Mainstreaming* – trotz dieser Ausschlüsse von frauenbewegten Akteur_innen – auch als Konsensstrategie, um Frauen, die in fast allen europäischen Staaten dem Projekt der Europäischen Union skeptischer gegenüber standen als Männer, für dieses zu gewinnen (Schunter-Kleemann 2003: 21).

Drittens problematisieren Kritiker_innen, dass *Gender Mainstreaming* sich in gegenwärtige neoliberale Umbauprozesse einfügt. So sieht Schunter-Kleemann *Gender Mainstreaming* als eine Strategie mit dem Ziel, dass

> „[a]uch die Frau [...] als freies Individuum aus paternalistischer Bindung und Bevormundung hervortreten und auf die ‚Herausforderungen des Marktes' reagieren [soll]. Schlüsselbegriffe der Egalisierung der Geschlechter sind folgende: individuelle Freiheit statt staatlicher Bevormundung, Eigenverantwortung statt sozialstaatlicher Absicherung, wirtschaftliche Unabhängigkeit statt Ernährerprinzip, Individualisierung der Ansprüche statt abgeleiteter Ansprüche, freies Spiel der Kräfte anstelle von Frauenschutzrechten" (Schunter-Kleemann 1994: 35).

Zu einem ähnlichen Fazit gelangt auch Stefanie Wöhl und hebt in ihrer Analyse von *Gender Mainstreaming* als neoliberaler Strategie die Bedeutung der Kooptierung von feministischer Kritik hervor:

> „Gender Mainstreaming stellt eine neoliberale Regierungstechnologie des Staates und suprastaatlicher Geschlechterpolitiken dar, weil Wissenspraktiken der Geschlechterforschung von staatlichen Akteuren aufgegriffen werden und als Regierungstechnologien genutzt werden, um *individualisierende Modernisierungen* und *Privatisierungsprozesse* im Geschlechterverhältnis und im Staat *gleichzeitig* zu bewirken." (Wöhl 2007a: 219)

Das vormals kritische Wissen über Geschlechterverhältnisse, das in der Frauenbewegung und der feministischen Forschung erarbeitet wurde, „wird so zu einer Wissenskategorie umgedeutet, die jetzt als Regierungstechnologie des Staates, des Betriebes oder des unternehmerischen Selbst fungiert. ‚Geschlecht' wird somit zu einer residualen Ressource unternehmerischer und wettbewerbsstaatlicher Vergesellschaftung“ (ebd.: 221). *Gender Mainstreaming* ist nach Wöhl daher ein

> „supranationales Staatsprojekt, das die Geschlechterverhältnisse bisher nicht wesentlich transformiert hat, sondern sich durch seine zur Umsetzung angewandte Offene Methode der Koordinierung und durch die Nationalen Aktionspläne in der Bundesrepublik Deutschland in die auf Wettbewerb ausgerichtete Umstrukturierung europäischer Gesellschaften einfügt“ (ebd.: 219f.).

Deshalb wird *Gender Mainstreaming* nur für wenige Frauen eine Verbesserung ihrer Lebenssituation bewirken, vor allem für jene gut ausgebildeten Frauen, die zu den Gewinnerinnen neoliberaler Transformationsprozesse zählen (ebd.).

In den letzten Jahren hat sich der politische Kontext der Debatten um die Potentiale und Begrenzungen von *Staatsfeminismus* verändert: Denn recht(spopulistisch)e Parteien und Akteur_innen in Parlamenten, Regierungen, Staatsapparaten und politischen Diskursen haben die Kritik an staatlichen Gleichstellungspolitiken zu einem zentralen Topos erkoren, um ihr Hegemonieprojekt voranzutreiben. Feministische staatstheoretische Analysen haben vor diesem Hintergrund in den letzten Jahren analysiert, wie antifeministische Narrative und Angriffe auf Gleichstellungspolitiken als Techniken eingesetzt werden, um Zustimmung in der Mitte der Gesellschaft für rechte Gesellschaftsentwürfe zu generieren. So argumentiert Franziska Schutzbach, wie Antifeminismus und Anti-Gender

> „zu einer zentralen Chiffre [wurden], mit der die *Einmittung* rechter Weltanschauungen möglich wird, mit der also rechte Positionen in verschiedenen politischen Milieus gesellschaftsfähig werden. Denn die Ablehnung von Feminismus oder Gender erscheint auf Anhieb nicht – wie etwa Fremdenfeindlichkeit oder plumper Nationalismus – eindeutig rechts. Etwas salopp gesagt: Mittels Antifeminismus und Anti-Gender lassen sich beispielsweise demokratische Prämissen wie Egalität delegitimieren, ohne Ausländer-raus-Parolen zu bemühen“ (Schutzbach 2019).

Diskursive Grundlage dafür ist eine gewichtige Problemverschiebung, die rechte Akteur_innen vornehmen: Gleichstellungspolitiken werden zur Ursache gesellschaftlicher Krisen – wie etwa der Sorge-Krise – erhoben. Statt einer Kritik am Abbau des Wohlfahrtsstaates, ökonomischer Prekarisierung oder der Sorge-Krise werden daher Gleichstellungspolitiken und Feminist_innen diffamiert. „Durch diese Problemverlagerung können die Rechtspopulist*innen eine diskursive und affektive Entschädigung für den Verlust von Hegemonie anbieten: Die Abwertung eigentlich demokratisierender Politiken – wie eben Gleichstellungspolitiken – dient der Rückbesinnung auf die prä-neoliberale maskuline Hegemonie als wiederherzustellender Norm“ (Ludwig 2022a: 17).

Aus feministisch-staatstheoretischer Perspektive ist die recht(spopulistisch)e Attacke auf Gleichstellungspolitiken und *Staatsfeminismus* zugleich ein „Angriff auf die Demokratie“ (Wilde/Meyer2018: 9). Denn in den anti-feministischen Mobilisierung unter dem Label ‚Anti-Genderismus' werden „nicht allein Geschlechter- und Sexualitätsverhältnisse, sondern auch Vorstellungen von Demokratie, vom Verhältnis zwischen Staat und BürgerInnen in Frage gestellt und neu verhandelt" (Sauer 2019: 342). Dabei zielen recht(spopulistisch)e Akteur_innen darauf ab, jene Elemente zu zerstören, die eine Gesellschaft zu einer demokratischeren Gesellschaft machen (Ludwig 2022b: 18).

IV. Fazit

Die vorangegangene Darstellung feministischer Staatstheorie zeigt, dass die insbesondere in den 1990er Jahren wiederholt geäußerte Einschätzung, dem Feminismus fehle eine Staatstheorie (MacKinnon 1990; Seemann 1996), mittlerweile unzeitgemäß geworden ist. Gegenwärtig liegt eine Fülle an Arbeiten zu Staat und Geschlecht vor. Zugespitzt können dabei als Schwerpunkte zum einen die Frage ausgemacht werden, inwiefern der Staat maskulinistisch strukturiert ist bzw. wie in staatlichen Politiken, Apparaten, Institutionen, Selektivitäten und nicht zuletzt in der Definition des Politischen selbst weiße maskulinistische Setzungen und Ausschlüsse eingeschrieben sind. Zum anderen verdeutlichen feministische staatstheoretische Arbeiten, wie staatliche Politiken – wohlfahrtsstaatliche Regulierungen, rechtliche Regelungen bis hin zu Biopolitiken – sich unterschiedlich auf Geschlechter und geschlechtliche Lebensweisen auswirken und damit Geschlechterverhältnisse als Macht- und Herrschaftsverhältnisse fortschreiben.

Zunehmenden Einfluss erlangten in den letzten Jahren Arbeiten, die eine intersektionale Perspektive in der Analyse der Vergeschlechtlichung des modernen westlichen Staates und staatlicher Politiken einfordern, da nur unter der Berücksichtigung der Verbindungen von Geschlechter-, Klassen-, Migrations-, Sexualitäts-, *ability*- und *race*-Regimen die Komplexität des Staates als Macht- und Herrschaftsformation durchdrungen werden kann. Ebenso an Bedeutung gewonnen haben queer-feministische Arbeiten, die aufzeigen, wie Heteronormativität in einer bestimmten Weise Staat, Politik, Öffentlichkeit/Privatheit und das Politische mit hervorbringt, und wie nicht nur Weiblichkeiten und Männlichkeiten durch staatliche Politiken reguliert werden, sondern wie binär vergeschlechtlichte Körper und Subjekte erst durch staatliche Macht konstituiert werden. Freilich sind jedoch noch viele Theoretisierungen und Analysen ausständig, um von einem umfassenden intersektionalen staatstheoretischen Feld sprechen zu können. In vielerlei Hinsicht ist immer noch unbearbeitet, wie sich im Staat und durch den Staat Rassismus, postkoloniale Strukturen, Ability-Zentriertheit, Heteronormativität, Zweigeschlechtlichkeit, Kapitalismus und Geschlecht miteinander verbinden. Hier gilt es, in Zukunft staatstheoretische Instrumentarien, Konzepte und Theoreme weiterzuentwickeln. Augenfällig ist, dass diese Forschungslücke eine doppelte ist: Während in der (auch kritischen) Staatstheorie die Verschränkung multipler Herrschaftsverhältnisse noch oftmals un(ter)theoretisiert ist, wird auch in den Debatten zu Intersektionalität in den Gender Studies kaum Bezug auf den Staat genommen.

Parallel zu den Veränderungen in der Theoretisierung des Verhältnisses von Staat und Geschlecht lässt sich für die letzten drei Jahrzehnte auch ein Wandel der gesellschaftlichen Verhältnisse und staatlicher Regulierungsweisen von Geschlechter- und Sexualitätsverhältnissen konstatieren. Diese sind gegenwärtig durch ein „Paradox der Festschreibung und Flexibilisierung" (Pühl/Schultz 2001: 102ff.) und durch eine „rhetorische Modernisierung" (Wetterer 2003) gekennzeichnet. „Widersprüche, Brüche und Ungleichheiten" (ebd.: 288) charakterisieren mithin rezente Geschlechter- und Sexualitätspolitiken: So hat sich einerseits in gesetzlicher und politischer Hinsicht vieles in den Geschlechter- und Sexualitätsverhältnissen gewandelt, was als Erfolg von Kämpfen und Lobbyarbeit gesehen werden kann: Frauen gelten als selbstständige Staats- und Rechtsbürgerinnen, die Figur des ‚Familienoberhaupts' hat sich aus der Rechtssetzung verabschiedet, Gewaltschutzgesetze, Frauenförderprogramme und Anti-Diskriminierungsmaßnahmen wurden auf nationaler und supranationaler Ebene forciert und verabschiedet, in Kampagnen wird versucht, die Sensibilisierung für sexualisierte Gewalt weiter voranzutreiben, Beschwerdestellen für sexuelle Belästigungen wurden in vielen öffentlichen Einrichtungen etabliert. Diese Transformationen korrelieren mit veränderten zivilgesellschaftlichen Vorstellungen über Geschlechterverhältnisse. Ebenso haben sich Sexualitätsverhältnisse in den letzten Jahrzehnten gewandelt: Gleichgeschlechtliche Lebens- und Liebesweisen werden nicht mehr kriminalisiert und auch die Kopplung von Familie und Heterosexualität wurde – insbesondere durch die Einführung von Partnerschaftsgesetzen sowie der Öffnung der Ehe und durch zunehmende Möglichkeiten auch für gleichgeschlechtliche Paare, legal abgesicherte Formen von Elternschaft übernehmen zu können – brüchiger.

Andererseits aber weisen Geschlechter- und Sexualitätspolitiken patriarchale und heteronormative Beharrlichkeiten auf. So bleibt etwa die Verwobenheit von Gewalt und Geschlecht trotz veränderter Gesetzeslage und Sensibilisierungskampagnen relativ konstant: Die Zahl der Frauen, die von Gewalt betroffen sind, sinkt nicht. In der Corona-Krise kam es überhaupt zu einem Anstieg an sogenannter ‚häuslicher Gewalt'. Ein wichtiges Feld feministischer Interventionen wurde angesichts struktureller Beharrlichkeiten in den letzten Jahren auch der von Argentinien ausgehende Kampf gegen Femi(ni)zide und sexualisierte Gewalt #NiUnaMenos (vgl. dazu u.a. Gago 2021). Desgleichen lässt sich trotz steigender ‚Toleranz' gegenüber gleichgeschlechtlichen Lebensweisen und einer partiellen Anerkennung einer Geschlechtervielfalt konstatieren, dass Heterosexualität und Cis-Zweigeschlechtlichkeit auch weiterhin als Norm(alität) angesehen werden und Gewalt an trans* und nicht-binären Personen nicht sinkt. Darüber hinaus hat sich trotz Anstieg der Frauenerwerbsquote wenig daran geändert, dass die Reproduktionsarbeit zu einem überwiegenden Anteil weiterhin von Frauen geleistet wird (u.a. Michalitsch 2006: 141). Dies lässt sich nicht zuletzt an den Debatten um die Vereinbarkeit von Familie und Beruf ablesen, in der weiterhin Frauen als primär Zuständige für die gesellschaftliche Reproduktionsarbeit adressiert werden. Diese enge Verknüpfung von Weiblichkeit und Zuständigkeit für Reproduktion hat sich durch die Corona-Krise verschärft (Speck 2020). Darüber hinaus zeigen die vehemente Ablehnung einer Einführung einer verpflichtenden Väterkarenz ebenso wie die breite Kritik an einer möglichen Quotenregelung in Aufsichtsräten beispielsweise, dass die Grenzen der Veränderungen der Geschlechterverhältnisse relativ eng gesteckt sind. Zudem werden im Kontext neoliberaler Austeritätspolitiken traditionelle Geschlechter- und Familienbilder reaktiviert. Gesellschaftlich notwendige Reproduktionstätigkeiten werden zu ‚Sparzwecken' in Familien rückverlagert, wo sie zumeist von Frauen übernommen werden. Gleichzeitig beruhen der Abbau des Wohlfahrtsstates und Austeritätspolitiken auf postkolonialen, rassistischen Arbeitsteilungen, was dazu führt, dass ein beträchtlicher Teil der gesellschaftlich notwendigen Sorge-Arbeit im Globalen Norden von migrantisierten Frauen in schlecht bezahlten und prekären Kontexten übernommen wird.

Schließlich hat die global festzustellende Krise der Demokratie und der Siegeszug rechter Parteien und Diskurse zu einem Backlash für Geschlechtergerechtigkeit und Geschlechtervielfalt geführt. Die Auseinandersetzung mit der rechtspopulistischen „‚obsession with gender' and sexuality" (Dietze/Roth 2020: 7) avancierte mittlerweile zu einem zentralen Forschungsfeld auch innerhalb der feministischen Sozialwissenschaften (u.a. Hark/Villa 2015; Henniger/Birsl 2020; Lang/Peters 2018; Kuhar/Paternotte 2017). Mit unterschiedlichen Schwerpunktsetzungen haben diese Arbeiten sichtbar gemacht, wie recht(spopulistisch)e Diskurse eine Retradtitionalisierung von Familienpolitiken forcieren und sich daher gegen Gleichstellungspolitiken ebenso wie gegen Gender und Queer Studies richten, und wie rassistische, nationalistische und völkische Vorstellungen von Gemeinschaft, Politik und ‚Volk' mit hierarchischer Zweigeschlechtlichkeit, traditionellem Familialismus und Heterosexualität verknüpfen (Leidinger/Radvan 2018; Götz 2021). (Queer-)feministische Errungenschaften in Gesellschaft und Staat – wie etwa reproduktive Rechte – sind angesichts des zunehmenden Einflusses von rechtskonservativen, rechtspopulistischen und rechtsextremen Politiken und Diskursen in Gefahr.

Diese widersprüchlichen Veränderungen in Geschlechter- und Sexualitätspolitiken bilden gegenwärtig den Ausgangspunkt für feministische staatstheoretische Konzeptualisierungen und Analysen. Es gilt, das Verhältnis von Staat und Geschlecht auch in seiner Dynamik und Wandelbarkeit ebenso wie in seiner Widersprüchlichkeit zu erfassen. Die vielfältigen Theoretisierungen und Konzepte, die in den letzten Jahrzehnten erarbeitet wurden, dienen dabei als Werkzeugkiste, die durch ihre stete Weiterentwicklung ebenso wie durch Kontroversen aktuell gehalten werden möchte.

Trotz der Heterogenität der theoretischen Zugänge und der Breite der empirischen Analysen, die in den letzten Jahrzehnten erarbeitet wurden und gegenwärtig erarbeitet werden, können als gemeinsames Ziel feministischer Staatstheorie drei Ansprüche herausgefiltert werden, die alle Arbeiten teilen. *Erstens* ist feministische Staatstheorie von einem erkenntnistheoretischen Interesse getragen, die geschlechtsneutralen ‚Halbwahrheiten' aufzubrechen, die über Jahrhunderte hinweg als ‚Wahrheiten' Politische Theorie angeleitet haben. Der Erkenntnisgewinn feministischer staatstheoretischer Arbeiten resultiert aus dem Aufdecken der Vergeschlechtlichung staatlicher Strukturen, Institutionen, Akteur_innen und Politiken, der bislang durch den Androzentrismus der Staatstheorie verdeckt blieb. Auf diese Weise soll auch der „folgenreiche männliche Schulterschluß zwischen politischer ‚Praxis' und politischer ‚Wissenschaft'" (Kreisky 1995c: 36) aufgezeigt und aufgebrochen werden, der dazu führte, dass der moderne westliche Staat über Jahrhunderte hinweg in philosophischen und politikwissenschaftlichen Abhandlungen ebenso wie in der Alltagswahrnehmung der Menschen als Inbegriff eines geschlechtsneutralen ‚Allgemeinen' gelten konnte, obwohl er auf geschlechtlichen, rassisierenden, heteronormativen, ‚*ability*'-zentrierten, klassenspezifischen Ausschlüssen basiert.

Zweitens verfolgt feministische Staatstheorie das Ziel, Begriffe und Konzeptualisierungen durch die analytische Einbeziehung der Kategorie Geschlecht zu präzisieren und neue Konzepte und Begriffe in die Staatstheorie einzuführen. Dies ist der Kritik geschuldet, dass mit gängigen staatstheoretischen Instrumentarien das Eingelassen-Sein von Geschlecht in staatliche Institutionen, Strukturen und Apparate nicht gefasst werden kann (Kreisky/Sauer 1995: 18). Daher ist die Erweiterung des staatstheoretischen Kanons durch die Integration vermeintlich nicht-staatlicher Bereiche – wie Privatheit und Alltag –, gesellschaftlicher Praxen – wie Sexualität, Kindererziehung oder Pflegetätigkeiten – sowie Lebensformen und sozialen Beziehungen unabdingbar.

Drittens geht es feministischer Staatstheorie mit der Erweiterung des staatstheoretischen Kanons um die Entwicklung neuer Konzeptionen des Politischen:

> „Theoretisierung geschlechtsspezifischer Herrschaft im Hinblick auf Staatlichkeit soll ein Instrumentarium bereitstellen, das geschlechtsspezifische Herrschaft benennen, kritisieren, aber auch verändern kann. Damit sind Staatstheorien niemals nur festschreibend, sondern zugleich politisch und emanzipatorisch orientiert" (Löffler 2011: 193; s.a. Kontos 1990: 56; Kreisky/Sauer 1995: 16).

Einsatzpunkt für die Erweiterung des Politischen ist die feministische Kritik an dem vorherrschenden, öffentlichen, institutionalisierten Politikverständnis, dessen ‚Rationalität', ‚Allgemeinheit' und vorgebliche Emotionslosigkeit als Ausdruck von Maskulinität dechiffriert werden konnte (Hartsock 1990: 125). Vor diesem Hintergrund zielt feministische Staatstheorie auch auf das Nachdenken über neue Formen des Politischen jenseits androzentrischer, heteronormativer, bürgerlicher, ‚*ability*'-zentrierter und rassistischer Ausschlüsse und Begrenzungen ab.

Literaturverzeichnis

Abels, Gabriele (2001): Das „Geschlechterdemokratiedefizit" der EU. Politische Repräsentation und Geschlecht im europäischen Mehrebenensystem. In: Kreisky, Eva/Lang, Sabine/Sauer, Birgit (Hrsg.): EU. Geschlecht. Staat. Wien: Universitätsverlag, S. 185–202.

Adamietz, Laura (2011): Geschlecht als Erwartung. Das Geschlechtsdiskriminierungsverbot als Recht gegen Diskriminierung wegen der sexuellen Orientierung und der Geschlechtsidentität. Baden-Baden: Nomos.

Althusser, Louis (1977): Ideologie und ideologische Staatsapparate (Anmerkungen für eine Untersuchung). In: Althusser, Louis: Ideologie und ideologische Staatsapparate. Hamburg: VSA.

Appelt, Erna (2009): Rahmenbedingungen und Etappen österreichischer Gleichstellungspolitik. In: Appelt, Erna (Hrsg.): Gleichstellungspolitik in Österreich. Eine kritische Bilanz. Innsbruck/Wien/Bozen: Studienverlag, S. 25–42.

Appelt, Erna (1999): Geschlecht – Staatsbürgerschaft – Nation. Politische Konstruktionen des Geschlechterverhältnisses in Europa. Frankfurt am Main: Campus.

Appelt, Erna (1997): Familialismus. Eine verdeckte Struktur im Gesellschaftsvertrag. In: Kreisky, Eva/Sauer, Birgit (Hrsg.): Das geheime Glossar der Politikwissenschaft. Geschlechtskritische Inspektion der Kategorien einer Disziplin. Frankfurt am Main: Campus, S. 114–136.

Appelt, Erna (1995): Staatsbürgerin und Gesellschaftsvertrag. In: Das Argument, H. 210, S. 539–554.

Arneil, Barbara (2009): Disability, Self Image, and Modern Political Theory. In: Political Theory, H. 237(2), S. 218–242.

Aufhauser, Elisabeth (2001): Diskursfeld Bevölkerungspolitik. Zwischen „Menschenökonomie" und „Menschenrechten". In: Journal für Entwicklungspolitik, H. 17, S. 7–28.

Aulenbacher, Brigitte (2009): Die soziale Frage neu gestellt – Gesellschaftsanalyse der Prekarisierungs- und Geschlechterforschung. In: Castel, Robert/Dörre, Klaus (Hrsg.): Prekarität, Abstieg, Ausgrenzung. Die soziale Frage am Beginn des 21. Jahrhunderts. Frankfurt am Main: Campus, S. 65–77.

Aulenbacher, Brigitte (2007): Vom fordistischen Wohlfahrts- zum neoliberalen Wettbewerbsstaat: Bewegungen im gesellschaftlichen Gefüge und in den Verhältnissen von Klasse, Geschlecht und Ethnie. In: Klinger, Cornelia/Knapp, Gudrun-Axeli/Sauer, Birgit (Hrsg.): Achsen der Ungleichheit. Zum Verhältnis von Klasse, Geschlecht und Ethnizität. Frankfurt am Main: Campus, S. 42–55.

Auth, Diana (2007): Pronatalistischer Aktionismus: von der bevölkerungspolitischen Instrumentalisierung und Ökonomisierung der Familienpolitik in

Deutschland. In: Auth, Diana/Holland-Cunz, Barbara (Hrsg.): Grenzen der Bevölkerungspolitik. Strategien und Diskurse demographischer Steuerung. Opladen: Barbara Budrich Verlag, S. 81–102.

Auth, Diana/Buchholz, Eva/Janczyk, Stefanie (2010): Einleitung: Gleichstellungs- und Familienpolitik – Selektive Emanzipation in Deutschland und Europa. In: Auth, Diana/Buchholz, Eva/Janczyk, Stefanie (Hrsg.): Selektive Emanzipation. Analysen zur Gleichstellungs- und Familienpolitik. Opladen: Barbara Budrich Verlag, S. 7–21.

Baer, Susanne (1998): Inexcitable Speech. Zum Rechtsverständnis postmoderner feministischer Positionen am Beispiel Judith Butler. In: Hornscheidt, Antje/Jähnert, Gabriele/Schlichter, Annette (Hrsg.): Kritische Differenzen – geteilte Perspektiven. Opladen: Westdeutscher Verlag, S. 229–252.

Baer, Susanne/Berghahn, Sabine (1996): Auf dem Weg zu einer feministischen Rechtskultur? Deutsche und US-amerikanische Ansätze. In: Kulawik, Teresa/Sauer, Birgit (Hrsg.): Der halbierte Staat. Grundlagen feministischer Politikwissenschaft. Frankfurt am Main: Campus, S. 223–280.

Bakker, Isabella (2004): Privatisierung der gesellschaftlichen Reproduktion: Staatliche Fürsorge und Geschlechterverhältnisse. In: Das Argument, H. 256, S. 554–567.

Bakker, Isabella (1997): Geschlechterverhältnisse im Prozeß der globalen Umstrukturierung. In: Braun, Helga/Jung, Dörthe (Hrsg.): Globale Gerechtigkeit? Feministische Debatten zur Krise des Sozialstaats. Hamburg: Konkret Literatur Verlag, S. 66–73.

Bargetz, Brigitte (2018): Politik und Angst. Oder: homo neuroticus und der Spuk nationaler Souveränität. In: PROKLA, H. 190, S. 73–89.

Bargetz, Brigitte/Eggers, Nina Elena (2021): Affektive Narrative des Rechtspopulismus: zur Mobilisierung von Männlichkeit. In: Kim, Seongcheal/Selk, Veith (Hrsg.): Wie weiter mit der Populismusforschung? Baden-Baden: Nomos, S. 247–269.

Bargetz, Brigitte/Ludwig, Gundula/Sauer, Birgit (2015): Gouvernementalität und Geschlecht. Politische Theorie im Anschluss an Michel Foucault – eine Einleitung. In: Bargetz, Brigitte/Ludwig, Gundula/Sauer, Birgit (Hrsg.): Gouvernementalität und Geschlecht. Politische Theorie im Anschluss an Michel Foucault, Frankfurt am Main: Campus, S. 7–30.

Barrett, Michèle (1991): The Politics of Truth. From Marx to Foucault. Stanford: University Press.

Baxmann, Inge (1995): Der Körper der Nation. In: François, Etienne/Sigrist, Hannes (Hrsg.): Nation und Emotion. Göttingen: Vandenhoek und Ruprecht, S. 353–364.

Beauvoir, Simone de (1985): Das andere Geschlecht. Sitte und Sexus der Frau. Hamburg: Rowohlt.

Bell, David/Binnie, Jon (2000): The Sexual Citizen. Queer Politics and Beyond. Cambridge: Polity Press.

Benazha, Aranka V./Lutz, Helma (2019): Intersektionale Perspektive auf die Pflege: Geschlechterverhältnisse und Migrationsprozesse. In: Clarissa Rudolph/Katja Schmidt (Hrsg.): Interessenvertretung und Care. Voraussetzungen, Akteure und Handlungsebenen. Münster: Westfälisches Dampfboot, S. 146–160.

Berg, Giselind (2003): Neue Reproduktionstechniken – zwischen Hilfe bei unfreiwilliger Kinderlosigkeit und Technisierung der Fortpflanzung. In: Graumann, Sigrid/Schneider, Ingrid (Hrsg.): Verkörperte Technik – Entkörperte Frau. Biopolitik und Geschlecht. Frankfurt am Main: Campus, S. 21–40.

Berghahn, Sabine (2001): Auf Adlers Schwingen oder auf dem Rücken des Stiers? Zum Vorankommen von Frauen- und Gleichheitsrechten in der Europäischen Union. In: Kreisky, Eva/Lang, Sabine/Sauer, Birgit (Hrsg.): EU. Geschlecht. Staat. Wien: Universitätsverlag, S. 231–250.

Berlant, Lauren/Warner, Michael (2005): Sex in der Öffentlichkeit. In: Haase, Matthias/Siegel, Marc/Wünsch, Michaela (Hrsg.): Outside. Die Politik queerer Räume. Berlin: b_books, S. 77–103.

Biester, Elke/Holland-Cunz, Barbara/Maleck-Lewy, Eva/Ruf, Anja/Sauer, Birgit (Hrsg.) (1994): Gleichstellungspolitik – Totem und Tabu. Eine feministische Revision. Frankfurt am Main: Campus.

Boatcă, Manuela/Roth, Julia (2016): Unequal and Gendered: Notes on the Coloniality of Citizenship. In: Current Sociology, Vol. 64(2), S. 191–212.

Bock, Gisela/Duden, Barbara (1977): Arbeit aus Liebe – Liebe als Arbeit. Zur Entstehung der Hausarbeit im Kapitalismus. In: Gruppe Berliner Dozentinnen (Hrsg.): Frauen und Wissenschaft. Beiträge zur Berliner Sommeruniversität für Frauen, Juli 1976. Berlin: Courage Verlag, S. 118–199.

Bock von Wülfingen, Bettina (2012): Die deutsche Wende zur Präimplantationsdiagnostik: Vom dogmatischen zum Leistungsembryo. In: Sänger, Eva/Rödel, Malaika (Hrsg.): Biopolitik und Geschlecht. Zur Regulierung des Lebendigen. Münster: Westfälisches Dampfboot, S. 66–83.

Bock von Wülfingen, Bettina (2002): Homogene Zeugung – Beschreibung eines Paradigmenwechsels in der Repromedizin. In: beiträge zur feministischen theorie und praxis, H. 60, S. 71–84.

Boll, Silke/Degener, Theresia/Ewinkel, Carola/Hermes, Gisela/Kroll, Bärbel/Lübbers, Sigrid/Schnartendorf, Susanne (Hrsg.) (1985): Geschlecht: behindert. Besonderes Merkmal: Frau. Rheinstetten: AG SPAK Bücher.

Bollag, Esther/Homann, Beate (2002): Einführung in die Problematik der Präimplantationsdiagnostik. In: beiträge zur feministischen theorie und praxis, H. 60, S. 57–61.

Borchorst, Anette/Siim, Birte (1987): Women and the Advanced Welfare State – a New Kind of Patriarchal Power? In: Showstack Sassoon, Anne (Hrsg.):

Women and the State. The Shifting Boundaries of Public and Private. London: Unwin Hyman Ldt., S. 128–157.

Brabandt, Heike (2004): Frauen und Asyl. Geschlechtsspezifische Fluchtgründe im deutschen Asyl- und Ausländerrecht. In: Roß, Bettina (Hrsg.): Migration, Geschlecht und Staatsbürgerschaft. Perspektiven für eine anti-rassistische Politik und Politikwissenschaft. Wiesbaden: VS Verlag für Sozialwissenschaften, S. 103–126.

Braidotti, Rosi (1997): Mothers, Monsters, and Machines. In: Conboy, Katie/ Medina, Nadia/Stanbury, Sarah (Hrsg.): Writing on the Body. Female Embodiment and Feminist Theory. New York: Columbia University Press, S. 59–79.

Brand, Ulrich (2007): Die Internationalisierung des Staates. In: Becker, Joachim/Imhof, Karen/Jäger, Johannes/Staritz, Cornelia (Hrsg.): Kapitalistische Entwicklung in Nord und Süd. Handel, Geld, Arbeit, Staat. Wien: Mandelbaum Verlag, S. 260–279.

Brand, Ulrich/Görg, Christoph/Wissen, Markus (2007): Verdichtungen zweiter Ordnung. Die Internationalisierung des Staates aus einer neo-poulantzianischen Perspektive. In: PROKLA, H. 37, S. 217–234.

Bratić, Ljubomir/Johnston-Arthur, Araba Evelyn/Ponger, Lisl/Sternfeld, Nora/ Ziaja, Luisa (Hrsg.) (2006): Verborgene Geschichte/n: Remapping Mozart. Wien.

Braun, Kathrin (2003): Eine feministische Verteidigung des Menschenwürdeschutzes für menschliche Embryonen. In: Graumann, Sigrid/Schneider, Ingrid (Hrsg.): Verkörperte Technik – Entkörperte Frau. Biopolitik und Geschlecht. Frankfurt am Main: Campus, S. 152–164.

Brown, Wendy (2010): Walled States, Waning Sovereignty. New York: Zone Books.

Brown, Wendy (2002): Suffering the Paradoxes of Rights. In: Brown, Wendy/ Halley, Janet (Hrsg.): Left Legalism/Left Critique. Durham/London: Duke University Press, S. 420–434.

Brown, Wendy (2000): Reflexionen über Toleranz im Zeitalter der Identität. In: Forst, Rainer (Hrsg.): Toleranz. Philosophische Grundlagen und gesellschaftliche Praxis einer umstrittenen Tugend. Frankfurt am Main: Campus, S. 257–281.

Brown, Wendy (1992): Finding the Man in the State. In: Feminist Studies, Vol. 18, S. 7–34.

Brunner, Claudia (2005): Männerwaffe Frauenkörper? Zum Geschlecht der Selbstmordattentate im israelisch-pälestinensischen Konflikt. Wien: Braumüller.

Brunner, Claudia/Eichler, Maya/Purkarthofer, Petra (2008): Feministische Perspektiven zu Anti/Terror/Kriegen. Eine Einführung. In: Österreichische Zeitschrift für Politikwissenschaft, H. 2/2008, S. 135–146.

Bublitz, Hannelore (2001): Wahr-Zeichen des Geschlechts. Das Geschlecht als Ort diskursiver Technologien. In: Lösch, Andreas/Schrage, Dominik/ Spreen, Dierk/Stauff, Markus (Hrsg.): Technologien als Diskurs. Heidelberg: Synchron. Wissenschaftsverlag der Autoren, S. 167–183.

Buckel, Sonja (2008): Feministische Erfolge im transnationalen Recht: Die juridische Aufarbeitung des japanischen Systems sexueller Sklaverei. In: Leviathan, H. 1/2008, S. 54–75.

Buckel, Sonja (2006): Neo-Materialistische Rechtstheorie. In: Buckel, Sonja/ Christensen, Ralf/Fischer-Lescano, Andreas (Hrsg.): Neue Theorien des Rechts. Stuttgart: Lucius & Lucius, S. 117–138.

Buckel, Sonja/König, Julia (2009): Körperwünsche im Recht – Zur Vermittlung von Rechtstheorie und Psychoanalyse. In: Kritische Justiz. Vierteljahresschrift für Recht und Politik, H. 4/2009, S. 337–352.

Bührmann, Andrea D. (1998): Die Normalisierung der Geschlechter in Geschlechterdispositiven. In: Bublitz, Hannelore (Hrsg.): Das Geschlecht der Moderne. Genealogie und Archäologie der Geschlechterdifferenz. Frankfurt am Main: Campus, S. 71–94.

Bührmann, Andrea D. (1995): Das authentische Geschlecht. Die Sexualitätsdebatte der Neuen Frauenbewegung und die Foucaultsche Machtanalyse. Münster: Westfälisches Dampfboot.

Butler, Judith (2010): Raster des Krieges. Warum wir nicht jedes Leid beklagen. Frankfurt am Main: Suhrkamp.

Butler, Judith (2009): Krieg und Affekt. Zürich: Diaphanes Verlag.

Butler, Judith (2005): Gefährdetes Leben. Frankfurt am Main: Suhrkamp.

Butler, Judith (2004): Die Macht der Geschlechternormen und die Grenzen des Menschlichen. Frankfurt am Main: Suhrkamp.

Butler, Judith (1995): Körper von Gewicht: die diskursiven Grenzen des Geschlechts. Berlin: Berlin Verlag.

Butler, Judith (1991): Das Unbehagen der Geschlechter. Frankfurt am Main: Suhrkamp.

Caixeta, Luzenir/Gutiérrez Rodríguez, Encarnación/Tate, Shirley/Vega Solis, Christina (2006): Politiken der Vereinbarkeit verqueren oder „...aber hier putzen und pflegen wir alle“. Heteronormativität, Einwanderung und alte Spannungen der Reproduktion. In: Widerspruch, H. 2/2006, S. 21–31.

Castro Varela, María do Mar / Dhawan, Nikita (2005): Spiel mit dem „Feuer“. Post/Kolonialität und Heteronormativität. In: Femina Politica. Zeitschrift für feministische Politikwissenschaft, H. 1/2005, S. 47–59.

Castro Varela, María do Mar/Dhawan, Nikita (2004): Horizonte der Repräsentationspolitik – Taktiken der Intervention. In: Roß, Bettina (Hrsg.): Migration, Geschlecht und Staatsbürgerschaft. Perspektiven für eine anti-rassistische Politik und Politikwissenschaft. Wiesbaden: VS Verlag für Sozialwissenschaften, S. 205–226.

Chambers, Samuel, A./Carver, Terrell (2008): Judith Butler and Political Theory. Troubling Politics. London/New York: Routledge.

Chebout, Lucy/Richarz, Theresa Anna (2018): Lesbische Eltern! Warum das Kindeswohl keinen Aufschub mehr verträgt. Unter: https://verfassungsblog.de/lesbische-eltern-warum-das-kindeswohl-keinen-aufschub-mehr-vertraegt. Zugriff am 3.9.2022.

Chodorow, Nancy (1977): The Reproduction of Mothering: Psychoanalysis and the Production of Gender. Berkeley: University Press.

Çitak, Tamar (2008): Das Österreichische Gewaltschutzgesetz und die Einrichtung der Interventionsstelle. Ein multi-institutionelles Interventionssystem gegen Gewalt in der Familie. In: Sauer, Birgit/Strasser, Sabine (Hrsg.): Zwangsfreiheiten. Multikulturalität und Feminismus. Wien: Promedia, S. 148–156.

Cockburn, Cynthia/Hubic, Meliha (2002): Gender und Friedenstruppen: Die Perspektive bosnischer Frauenorganisationen. In: Harders, Cilja/Roß, Bettina (Hrsg.): Geschlechterverhältnisse in Krieg und Frieden. Perspektive der feministischen Analyse internationaler Beziehungen. Opladen: Leske+Budrich, S. 199–218.

Collins, Patricia Hill (2004): Prisons for our Bodies, Closets for our Minds. Racism, Heterosexism, and Black Sexuality. In: Collins, Patricia Hill: Black Sexual Politics. African Americans, Gender, and the New Racism. London/New York: Routledge, S. 87–116.

Collins, Patricia Hill (1991): Work, Familiy, and Black Women's Oppression. In: Collins, Patricia Hill: Black Feminist Thought: Knowledge, Consciousness, and Black Women's Oppression. New York/London: Routledge, S. 51–75.

Connell, Raewyn (2003): Men, Gender and the State. In: Ervø, Søren/Johansson, Thomas (Hrsg.): Among Men: Moulding Masculinities. Aldershot: Ashgate, S. 15–28.

Connell, Raewyn (1999): Der gemachte Mann. Konstruktion und Krise von Männlichkeiten. Opladen: Leske+Budrich.

Connell, Raewyn(1998): Männer in der Welt: Männlichkeit und Globalisierung. In: Widersprüche, H. 67, S. 91–105.

Connell, Raewyn (1990): The State, Gender, and Sexual Politics. Theory and Appraisal. In: Theory and Society, Vol. 19, S. 507–544.

Connell, Raewyn/Messerschmidt, James W. (2005): Hegemonic Masculinities. Rethinking the Concept. In: Gender & Society, Vol. 19, S. 829–859.

Dackweiler, Regina-Maria/Schäfer, Reinhild (2002): Geschlecht, Macht, Gewalt. Eine Einführung. In: Dackweiler, Regina-Maria/Schäfer, Reinhild (Hrsg.): Gewaltverhältnisse. Feministische Perspektiven auf Geschlecht und Gewalt. Frankfurt am Main: Campus, S. 9–26.

Dahlerup, Drude (1990): Strategien auf dem Weg von einer kleinen zu einer großen Minderheit – Frauen in der skandinavischen Politik. In: Schaeffer-

Hegel, Barbara/Kopp-Degethoff, Heidi (Hrsg.): Vater Staat und seine Frauen. Zweiter Band. Studien zur politischen Kultur. Pfaffenweiler: Centaurus, S. 71–88.

Dahlerup, Drude (1987): Confusing concepts – Confusing Reality: A Theoretical Discussion of the Patriarchal State. In: Showstack Sassoon, Anne (Hrsg.): Women and the State. The Shifting Boundaries of Public and Private. London: Unwin Hyman Ldt., S. 93–127.

Dalla Costa, Mariarosa (1978): Die Frauen und der gesellschaftliche Umsturz. In: Dalla Costa, Mariarosa/James, Selma: Die Macht der Frauen und der Umsturz der Gesellschaft. Berlin: Merve, S. 27–67.

Daly, Mary (1994): Comparing Welfare States. In: Sainsbury, Diane (Hrsg.): Gendering Welfare States. London: Sage, S. 101–117.

Davis, Angela (1982): Das Erbe der Sklaverei: Normen für eine neue Weiblichkeit. In: Davis, Angela: Rassismus und Sexismus. Schwarze Frauen und Klassenkampf in den USA. Berlin: Elefanten Press, S. 7–32.

Davis, Angela (1981): Women, Race, and Class. New York: Random House.

Davis, Lennard (1985): Enforcing Normalcy: Disability, Deafness, and the Body. London: Verso.

Degener, Theresia/Köbsell, Swantje (1992): „Hauptsache, es ist gesund"? Weibliche Selbstbestimmung unter humangenetischer Kontrolle. Hamburg: Konkret Literatur Verlag.

Demirović, Alex (2007): Nicos Poulantzas. Aktualität und Probleme materialistischer Staatstheorie. Münster: Westfälisches Dampfboot.

Demirović, Alex (1997): Zivilgesellschaft, Öffentlichkeit, Demokratie. In: Demirović, Alex: Demokratie und Herrschaft. Aspekte kritischer Gesellschaftstheorie. Münster: Westfälisches Dampfboot, S. 148–164.

Demirović, Alex/Pühl, Katharina (1997): Identitätspolitik und die Transformation von Staatlichkeit. In: Kreisky, Eva/Sauer, Birgit (Hrsg.): Geschlechterverhältnisse im Kontext politischer Transformation. PVS Sonderheft 28. Opladen: Westdeutscher Verlag, S. 220–240.

Dhawan, Nikita (2020): The State as Pharmakon. In: Cooper, Davina/Dhawan, Nikita/Newman, Janet (Hrsg.): Reimaging the State. Theoretical Challenges and Transformative Possibilities. London: Routlegde, S. 57–75.

Dhawan, Nikita (2015): Homonationalismus und Staatsphobie: Queering Dekolonialisierungspolitiken, Queer-Politiken dekolonialisieren. In: Femina Politica. Zeitschrift für feministische Politikwissenschaft H. 1/2015, S. 38–51.

Dhawan, Nikita (2013): Postkoloniale Gouvernementalität und „die Politik der Vergewaltigung": Gewalt, Verletzlichkeit und der Staat. In: Femina Politica. Zeitschrift für Politikwissenschaft, H. 2/2013, S. 85–104.

Dietze, Gabriele (2016): Das ‚Ereignis Köln'. In: Femina Politica. Zeitschrift für feministische Politikwissenschaft, H. 1/2016, S. 93–102.

Dietze, Gabriele/Roth, Julia (2020): Right-Wing Populism and Gender. A Preliminary Cartographie of an Emergent Field of Research. In: Dietze, Gabriele/Roth, Julia (Hrsg.): Right-Wing Populism and Gender. Europe and Beyond. Bielefeld: transcript, S. 7–22.

Donzelot, Jacques (1980): Die Ordnung der Familie. Frankfurt am Main: Suhrkamp.

Dreyfus, Hubert L./Rabinow, Paul (1987): Michel Foucault. Jenseits von Strukturalismus und Hermeneutik. Weinheim: Beltz Athenaenum Verlag.

Duden, Barbara (1991a): Der Frauenleib als öffentlicher Ort. Frankfurt am Main: Luchterhand Literaturverlag.

Duden, Barbara (1991b): Geschichte unter der Haut. Stuttgart: Klett-Cotta.

Duggan, Lisa (2000): Das unglaubliche Schwinden der Öffentlichkeit. Sexuelle Politiken und der Rückgang der Demokratie. In: quaestio (Hrsg.): Queering Demokratie. Sexuelle Politiken. Berlin: Querverlag, S. 87–95.

Duggan, Lisa (1995): Queering the State. In: Duggan, Lisa/Hunter, Nan (Hrsg.): Sex Wars. Sexual Dissent and Political Culture. London/New York: Routledge, S. 179–193.

Eifler, Christine (2002): Soldatin – ein neuer Job für Frauen? Geschlechterkonstruktionen im Vergleich USA, BRD und Russland. In: Harders, Cilja/Roß, Bettina (Hrsg.): Geschlechterverhältnisse in Krieg und Frieden. Perspektiven der feministischen Analyse internationaler Beziehungen. Opladen: Leske+Budrich, S. 163–172.

Eifler, Christine (1999): Nachkrieg und weibliche Verletzbarkeit. Zur Rolle von Kriegen für die Konstruktion von Geschlecht. In: Eifler, Christine/Seifert, Ruth (Hrsg.): Soziale Konstruktionen – Militär und Geschlechterverhältnis. Münster: Westfälisches Dampfboot, S. 155–186.

Eisenstein, Zillah (1984): The Patriarchal Relations of the Reagan State. In: Signs, Vol. 10(2), S. 329–337.

Eisenstein, Zillah (1979): Developing a Theory of Capitalist Patriarchy and Socialist Feminism. In: Eisenstein, Zillah (Hrsg.): Capitalist Patriarchy and the Case for Socialist Feminism. New York: Monthly Review Press, S. 5–40.

Elshtain, Jean Bethke (2003): Just War on Terror. The Burden of American Power in a Violent World. New York: Basic Books.

Elshtain, Jean Bethke (1981): Public Man, Private Women. Women in Social and Political Thought. Princeton: University Press.

Elsuni, Sarah (2006): Feministische Rechtstheorie. In: Buckel, Sonja/Christensen, Ralph/Fischer-Lescano, Andreas (Hrsg.): Neue Theorien des Rechts. Stuttgart: Lucius & Lucius, S. 163–185.

El-Tayeb, Fatima (2016): Undeutsch. Die Konstruktion des Anderen in der postmigrantischen Gesellschaft. Bielefeld: transcript.

El-Tayeb, Fatima (2012): ‚Gays who cannot properly be gay‘: Queer Muslims in the neoliberal European City. In: European Journal of Women's Studies, Vol. 19(1), S. 79–95.

El-Tayeb, Fatima (2011): European Others. Queering Ethnicity in Postnational Europe. Minneapolis: University of Minnesota Press.

El-Tayeb, Fatima (2003): Begrenzte Horizonte. Queer Identity in der Festung Europa. In: Steyerl, Hito/Gutiérrez Rodríguez, Encarnación (Hrsg.): Spricht die Subalterne deutsch? Migration und postkoloniale Kritik. Münster: Unrast, S. 129–145.

El-Tayeb, Fatima (2001): Schwarze Deutsche: der Diskurs um „Rasse" und nationale Identität 1890-1933. Frankfurt am Main: Campus.

El-Tayeb, Fatima/Thompson, Vanessa Eileen (2019): Alltagsrassismus, staatliche Gewalt und koloniale Tradition. Ein Gespräch über Racial Profiling und intersektionale Widerstände in Europa. In: Wa Baile, Mohamed/Dankwa, Serena O./Naguib, Tarek/Purtschert, Patricia/Schilliger, Sarah (Hrsg.): Racial Profiling. Struktureller Rassismus und antirassistischer Widerstand. Bielefeld: transcript, S. 311–328.

Engel, Antke (2003): Wie regiert die Sexualität? Michel Foucaults Konzept der Gouvernementalität im Kontext queer/feministischer Theoriebildung. In: Guttiérez Rodríguez, Encarnación/Pieper, Marianne (Hrsg.): Gouvernementalität. Eine sozialwissenschaftliche Debatte im Anschluss an Foucault. Frankfurt am Main: Campus, S. 224–239.

Engel, Antke (2002): Wider die Eindeutigkeit. Sexualität und Geschlechter im Fokus queerer Politik der Repräsentation. Frankfurt am Main: Campus.

Engel, Antke (2000): Differenz (der) Rechte – Sexuelle Politiken und der Menschenrechtsdiskurs. In: quaestio (Hrsg.): Queering Demokratie. Sexuelle Politiken. Berlin: Querverlag, S. 157–174.

Engels, Friedrich (1969a): Der Ursprung der Familie, des Privateigentums und des Staates. In: MEW Marx-Engels-Werke, Bd. 21. Berlin: Dietz-Verlag, S. 25–173.

Engels, Friedrich (1969b): Die Entwicklung des Sozialismus von der Utopie zur Wissenschaft. In: MEW Marx-Engels-Werke, Bd. 19. Berlin: Dietz-Verlag, S. 189–228.

Enloe, Cynthia (1993): The Morning After: Sexual Politics at the End of the Cold War. Berkeley: University Press.

Enloe, Cynthia (1989): Bananas, Beaches & Bases. Making Feminist Sense of International Politics. Berkeley: University Press.

Erbe, Birgit (2002): Anpassung oder Emanzipation der Frauen? Die Gleichstellungspolitik der Europäischen Union. In: Allroggen, Ulrike/Bergen, Tanja/Erbe, Birgit (Hrsg.): Was bringt Europa den Frauen? Feministische Beiträge zu Chancen und Defiziten der Europäischen Union. Hamburg: Argument, S. 11–30.

Erel, Umut (2004): Geschlecht, Migration, Bürgerschaft. In: Roß, Bettina (Hrsg.): Migration, Geschlecht und Staatsbürgerschaft. Perspektiven für eine anti-rassistische Politik und Politikwissenschaft. Wiesbaden: VS Verlag für Sozialwissenschaften, S. 179–188.

Esping-Andersen, Gøsta (1990): Three Worlds of Welfare Capitalism. Cambridge: Polity Press.

Europarat (1998): Gender Mainstreaming. Konzeptueller Rahmen, Methodologien und Beschreibung bewährter Praktiken. Straßburg.

Farris, Sara (2011): Die politische Ökonomie des Femonationalismus. In: Feministische Studien, H. 2/2011, S. 321–334.

Fausto-Sterling, Anne (2000): Gender, Race, and Nation: The Comparative Anatomy of „Hottentot" Women in Europe, 1815–1817. In: Schiebinger, Londa (Hrsg.): Feminism and the Body. Oxford: University Press, S. 203–233.

Fausto-Sterling, Anne (1988): Gefangene des Geschlechts? Was biologische Theorien über Mann und Frau sagen. München: Piper.

Federici, Silvia (2004): Caliban und die Hexe. Frauen, der Körper und die ursprüngliche Akkumulation. Wien: Mandelbaum Verlag.

Ferguson, Kathy (1984): The feminist Case against Bureaucracy. Philadelphia: Temple University.

Flügge, Sybilla (1984): Der lange Weg in die Gerichte. Von der Männlichkeit des Staats und vom Ende holder Weiblichkeit. In: Streit, H. 4/1984, S. 149–153.

Foljanty, Lena/Lembke, Ulrike (Hrsg.) (2006): Feministische Rechtswissenschaft. Baden-Baden: Nomos.

Foucault, Michel (2004a): Geschichte der Gouvernementalität I. Sicherheit, Territorium, Bevölkerung. Frankfurt am Main: Suhrkamp.

Foucault, Michel (2004b): Geschichte der Gouvernementalität II. Die Geburt der Biopolitik. Frankfurt am Main: Suhrkamp.

Foucault, Michel (1999): Vorlesung vom 17. März 1976. In: Foucault, Michel: In Verteidigung der Gesellschaft. Frankfurt am Main: Suhrkamp, S. 276–305.

Foucault, Michel (1988): Die Geburt der Klinik. Eine Archäologie des ärztlichen Blicks. Frankfurt am Main: Suhrkamp.

Foucault, Michel (1987): Warum ich Macht untersuche: Die Frage des Subjekts. In: Dreyfus, Hubert/Rabinow, Paul (Hrsg.): Michel Foucault. Jenseits von Strukturalismus und Hermeneutik. Frankfurt am Main: Beltz Athenaeum Verlag, S. 243–261.

Foucault, Michel (1983): Der Wille zum Wissen. Sexualität und Wahrheit I. Frankfurt am Main: Suhrkamp.

Franzway, Susan/Court, Diane/Connell, Robert W. (1989): Staking a Claim. Cambridge: Polity Press.

Fraser, Nancy (1994): Widerspenstige Praktiken. Macht, Diskurs, Geschlecht. Frankfurt am Main: Suhrkamp.

Fraser, Nancy (1993): Pragmatismus, Feminismus und die linguistische Wende. In: Benhabib, Seyla/Butler, Judith/Cornell, Drucilla/Fraser, Nancy: Der Streit um Differenz. Feminismus und Postmoderne in der Gegenwart. Frankfurt am Main: Suhrkamp, S. 145–159.

Frevert, Ute (1995): „Mann und Weib, und Weib und Mann“. Geschlechter-Differenzen in der Moderne. München: C.H. Beck.

Frey, Regina/Kuhl, Maria (2004): Wohin mit Gender Mainstreaming? Zum Für und Wider einer geschlechterpolitischen Strategie. In: Hertzfeldt, Hella/Schäfgen, Katrin/Veth, Silke (Hrsg): Geschlechterverhältnisse. Analysen aus Wissenschaft, Politik und Praxis. Berlin: Dietz Verlag,S. 192–208.

Fuchs, Gesine/Berghahn, Sabine (2012): Recht als feministische Politikstrategie? Einleitung. In: Femina Politica. Zeitschrift für feministische Politikwissenschaft, H. 2/2012, S. 11–24.

Fütty, Tamás Jules (2022): Anerkennung und Gewalt gegen trans*, nicht-binäre und inter* Menschen. Konturen eines mehrdimensionalen und intersektionalen (Anti-)Gewaltbegriffs. In: Laufenberg, Mike/Thompson, Vanessa E. (Hrsg): Sicherheit. Rassismuskritische und feministische Beiträge. Münster: Westfälisches Dampfboot, S. 287–313.

Fütty, Tamás Jules (2019): Gender und Biopolitik. Normative und intersektionale Gewalt gegen Trans*Menschen. Bielefeld: transcript.

Fütty, Tamás Jules (2017): Normalized violence – normative und intersektionale Gewalt gegen Trans*Menschen im Kontext von Biopolitik. In: Hoenes, Josch/Koch, Michael_a (Hrsg.): Transfer und Interaktion. Wissenschaft und Aktivismus an den Grenzen heteronormativer Zweigeschlechtlichkeit. Oldenburg: BIS-Verlag, S. 107–120.

Gago, Verónica (2021): Für eine feministische Internationale. Wie wir alles verändern. Münster: Unrast.

Galtung, Johan (1981): Gewalt, Frieden und Friedensforschung. In: Galtung, Johan: Strukturelle Gewalt. Beiträge zur Friedens- und Konfliktforschung. Reinbek bei Hamburg: Rowohlt, S. 7–36.

Ganz, Kathrin (2007): Neoliberale Refamilialisierung & queer-feministische Lebensformenpolitik. In: Groß, Melanie/Winker, Gabriele (Hrsg.): Queer-feministische Kritiken neoliberaler Verhältnisse. Münster: Unrast, S. 51–77.

Gavanas, Anna/Williams, Fiona (2004): Eine neue Variante des Herr-Knecht-Verhältnisses? Überlegungen zum Zusammenspiel von Geschlechterverhältnis, Familienarbeit und Migration. In: Leitner, Sigrid/Ostner, Ilona/Schratzenstaller, Margit (Hrsg.): Wohlfahrtsstat und Geschlechterverhältnis im Umbruch. Was kommt nach dem Ernährermodell? Wiesbaden: VS Verlag für Sozialwissenschaften, S. 308–330.

Genetti, Evi (2010): Staaten im Wettbewerb. Zur Transformation von Geschlechterordnungen im Kontext der EU. Münster: Westfälisches Dampfboot.

Genetti, Evi (2008): Geschlechterverhältnisse im bürgerlichen Staat. Feministische Denkarten materialistischer Staatstheorien. In: Hirsch, Joachim/Kannankulam, John/Wissel, Jens (Hrsg): Der Staat der bürgerlichen Gesellschaft. Zum Staatsverständnis von Karl Marx. Baden-Baden: Nomos, S. 135–153.

Genschel, Corinna (2000): Wann ist ein Körper ein Körper mit (Bürger-)Rechten? In: quaestio (Hrsg.): Queering Demokratie. Sexuelle Politiken: Berlin: Querverlag, S. 113–129.

Gerhard, Ute (1997): Frauen in der Geschichte des Rechts. München: Beck.

Gerhard, Ute (1990a): Bürgerliches Recht und Patriarchat. In: Gerhard, Ute/Jansen, Mechthild/Maihofer, Andrea/Schmid, Pia/Schultz, Irmgard (Hrsg.): Differenz und Gleichheit. Menschenrechte haben (k)ein Geschlecht. Frankfurt am Main: Ulrike Helmer Verlag, S. 188–204.

Gerhard, Ute (1990b): Frauenwahlrecht in Deutschland: Bedeutungen, Meinungen, Folgen. In: Schaeffer-Hegel, Barbara (Hrsg.): Vater Staat und seine Frauen. Erster Band. Beiträge zur politischen Theorie. Pfaffenweiler: Centaurus, S. 21–32.

Gerhard, Ute (1988): Sozialstaat auf Kosten der Frauen. Einleitung. In: Gerhard, Ute/Schwarzer, Alice/Slupik, Vera (Hrsg.): Sozialstaat auf Kosten der Frauen. Weinheim/Basel: Beltz, S. 11–38.

Gerhard, Ute (1984): Gleiches oder anderes Recht für Frauen – oder: Welchen Sinn hat Gleichberechtigung für uns? In: Opitz, Claudia (Hrsg.): Weiblichkeit oder Feminismus? Beiträge zur Interdisziplinären Frauentagung, Konstanz 1983. Weingarten: Drumlin Verlag, S. 77–91.

Gerhard, Ute/Schwarzer, Alice/Slupik, Vera (Hrsg.) (1988): Sozialstaat auf Kosten der Frauen. Weinheim/Basel: Beltz.

Gilligan, Carol (1982): In a Different Voice. Cambridge, Massachusetts: Harvard University Press.

Ginsburg, Faye D./Rapp, Rayna. (Hrsg.) (1995): Conceiving the New World Order: The Global Politics of Reproduction. Berkeley: University Press.

Götz, Judith (2021): Traditionelle Geschlechterordnungen und importierte Unterdrückung. Die antifeministischen Geschlechterpolitiken der FPÖ. In: L'Homme, Vol., 32(1), S. 127–134.

Gramsci, Antonio (1991ff.): Gefängnishefte. Hrsg. von Klaus Bochmann, Wolfgang Fritz Haug und Peter Jehle. Hamburg: Argument.

Graumann, Sigrid (2002): Repro-Genetik – Vorschlag für eine feministische Positionierung. In: beiträge zur feministischen theorie und praxis, H. 60, S. 23–33.

Griesser, Markus/Ludwig, Gundula (2008): „Endlose Transaktionen". Eine hegemonietheoretische Aneignung Foucaults und deren Nutzen für die feministische Staatstheorie. In: PROKLA, H. 151, S. 271–288.

Grosz, Elizabeth (1994): Volatile Bodies. Toward a Corporeal Feminism. Bloomington: Indiana University Press.

Gutiérrez Rodríguez, Encarnación (2010): Migration, Domestic Work and Affect. London/New York: Routledge.

Gutiérrez Rodríguez, Encarnación (2005): Das postkoloniale Europa dekonstruieren. Zu Prekarisierung, Migration und Arbeit in der EU. In: Widerspruch, H. 48, S. 71–84.

Gutiérrez Rodríguez, Encarnación (2003): Repräsentation, Subalternität und postkoloniale Kritik. In Steyerl, Hito/Gutiérrez Rodríguez, Encarnación (Hrsg.): Spricht die Subalterne deutsch? Migration und postkoloniale Kritik. Münster: Unrast, S. 17–37.

Habermann, Friederike (2008): Der homo oeconomicus und das Andere. Hegemonie, Identität und Emanzipation. Baden-Baden: Nomos.

Habermas, Jürgen (1990): Strukturwandel der Öffentlichkeit. Frankfurt am Main: Suhrkamp.

Hagemann-White, Carol (2002): Gewalt im Geschlechterverhältnis als Gegenstand sozialwissenschaftlicher Forschung und Theoriebildung: Rückblick, gegenwärtiger Stand, Ausblick. In: Dackweiler, Regina-Maria/Schäfer, Reinhild (Hrsg.): Gewaltverhältnisse. Feministische Perspektiven auf Geschlecht und Gewalt. Frankfurt am Main: Campus, S. 29–52.

Hagemann-White, Carol (1992): Strategien gegen Gewalt im Geschlechterverhältnis. Bestandsanalyse und Perspektive. Pfaffenweiler: Centaurus.

Hahn, Daphne (2000): Modernisierung der Biopolitik. Sterilisation und Schwangerschaftsabbruch in Deutschland nach 1945. Frankfurt am Main: Campus.

Haidinger, Bettina (2013): Hausfrau für zwei Länder sein. Zur Reproduktion des transnationalen Haushalts. Münster: Westfälisches Dampfboot.

Hajek, Katharina (2020): Familie und Biopolitik. Regulierung und Reproduktion von Bevölkerung in der „nachhaltigen Familienpolitik“. Frankfurt am Main: Campus.

Hajek, Katharina (2019): Der biopolitische Charme der Familie. Die „nachhaltige Familienpolitik“ und die quantitative und qualitative Regulierung der Bevölkerung in Deutschland. In: Braun, Kathrin/Gerhards, Helene (Hrsg.): Biopolitiken. Regierungen des Lebens heute. Reihe: Politologische Aufklärung – konstruktivistische Perspektiven. Wiesbaden, S. 183–207.

Hajek, Katharina (2012): Von der „Homo-Ehe“ zur Queer-family? Das deutsche Lebenspartnerschaftsgesetz und die heteronormative Regulierung von Familie. In: Haberler, Helga/Hajek, Katharina/Ludwig, Gundula/Paloni, Sara (Hrsg.): Que[e]r zum Staat. Heteronormativitätskritische Perspektiven auf Staat, Macht und Gesellschaft. Berlin: Querverlag, S. 154–169.

Hammerschmid, Anna/Schmieder, Julia;/Wrohlich, Katharina (2020): Frauen in Corona-Krise stärker am Arbeitsmarkt betroffen als Männer. In: DIW aktuell, No. 42., Deutsches Institut für Wirtschaftsforschung (DIW), Berlin.

Harders, Cilja (2004): Krieg und Frieden in den Internationalen Beziehungen. In: Rosenberger, Sieglinde/Sauer, Birgit (Hrsg.): Politikwissenschaft und Geschlecht. Konzepte, Verknüpfungen und Perspektiven. Wien: Universitätsverlag, S. 229–249.

Haritaworn, Jin (2015): Queer Lovers and Hateful Others. Regenerating Violent Times and Places. London: Pluto.

Hark, Sabine (2000): Durchquerung des Rechts. Paradoxien einer Politik der Rechte. In: quaestio (Hrsg.): Queering Demokratie. Sexuelle Politiken. Berlin: Querverlag, S. 28–44.

Hark, Sabine/Genschel, Corinna (2003): Die ambivalente Politik von Citizenship und ihre sexualpolitische Herausforderung. In: Knapp, Gudrun-Axeli/ Wetterer, Angelika (Hrsg.): Achsen der Differenz. Münster: Westfälisches Dampfboot, S. 134–169.

Hark, Sabine/Villa, Paula-Irene (Hrsg.) (2015): Anti-Genderismus. Sexualität und Geschlecht als Schauplätze aktueller politischer Auseinandersetzungen. Bielefeld: transcript.

Hartmann, Eva (2022): Entsorgung der Sorge. Geschlechterhierarchien im Spätkapitalismus. Münster: Westfälisches Dampfboot.

Hartmann, Heidi (1979): The Unhappy Marriage of Marxism and Feminism: Towards a More Progressive Union. In: Capital & Class, Vol. 3(2), S. 1–33.

Hartsock, Nancy (1990): Politische Philosophie, ihr Subjekt und die Ausgrenzung von Frauen. In: Schaeffer-Hegel, Barbara (Hrsg.): Vater Staat und seine Frauen. Erster Band. Beiträge zur politischen Theorie. Pfaffenweiler: Centaurus, S. 50–63.

Hassauer, Friederike (1990): Weiblichkeit – der blinde Fleck der Menschenrechte? In: Gerhard, Ute/Jansen, Mechthild/Maihofer, Andrea/Schmid, Pia/ Schultz, Irmgard (Hrsg.): Differenz und Gleichheit. Menschenrechte haben (k)ein Geschlecht. Frankfurt am Main: Ulrike Helmer Verlag, S. 320–337.

Haug, Frigga (2007): Mit Gramsci die Geschlechterverhältnisse begreifen. In: Merkens, Andreas/Diaz, Victor Rego (Hrsg.): Mit Gramsci arbeiten. Texte zur politisch-praktischen Aneignung Antonio Gramscis. Hamburg: Argument, S. 33–53.

Hausen, Karin (1992): Öffentlichkeit und Privatheit. Gesellschaftspolitische Konstruktionen und die Geschichte der Geschlechterbeziehungen. In: Hausen, Karin/Wunder, Heide (Hrsg.): Frauengeschichte – Geschlechtergeschichte. Frankfurt am Main: Campus, S. 81–88.

Hausen, Karin (1990): Überlegungen zum geschlechtsspezifischen Strukturwandel der Öffentlichkeit. In: Gerhard, Ute/Jansen, Mechthild/Maihofer, Andrea/Schmid, Pia/Schultz, Irmgard (Hrsg.): Differenz und Gleichheit. Menschenrechte haben (k)ein Geschlecht. Frankfurt am Main: Ulrike Helmer Verlag, S. 268–228.

Hausen, Karin (1976): Die Polarisierung der „Geschlechtscharaktere". Eine Spiegelung der Dissoziation von Erwerbs- und Familienleben. In: Conze, Werner (Hrsg.): Sozialgeschichte der Familie in der Neuzeit Europas. Neue Forschungen. Stuttgart: Klett-Cotta, S. 363–393.

Henninger, Annette/Wimbauer, Christine/Dobrowski, Rosine (2008): Geschlechtergleichheit oder „exklusive Emanzipation"? Ungleichheitssoziologische Implikationen der aktuellen familienpolitischen Reformen. In: Berliner Journal für Soziologie, H.1/2008, S. 99–128.

Henninger, Annette/Birsl, Ursula (Hrsg.) (2020): Antifeminismen. „Krisen"-Diskurse mit gesellschaftsspaltendem Potential? Bielefeld: transcript.

Hernes, Helga (1986): Die zweigeteilte Sozialpolitik: Eine Polemik. In: Hausen, Karin/Nowotny, Helga (Hrsg.): Wie männlich ist die Wissenschaft? Frankfurt am Main: Suhrkamp, S. 163–178.

Hess, Sabine (2002): Au Pairs als informalisierte Hausarbeiterinnen – Flexibilisierung und Ethnisierung der Versorgungsarbeit. In: Gather, Claudia/Geissler, Birgit/Rerrich, Maria (Hrsg.): Weltmarkt Privathaushalt. Bezahlte Haushaltsarbeit im globalen Wandel. Münster: Westfälisches Dampfboot, S. 103–119.

Hirsch, Joachim (2005): Materialistische Staatstheorie. Transformationsprozesse des kapitalistischen Staatensystems. Hamburg: VSA.

Hirsch, Joachim (1995): Der nationale Wettbewerbsstaat. Staat, Demokratie und Politik im globalen Kapitalismus. Berlin: Ed. ID-Archiv.

Hoecker, Beate (2013): Frauen und das institutionelle Europa. Politische Partizipation und Repräsentation im Geschlechtervergleich. Wiesbaden: Springer VS.

Hofbauer, Ines/Ludwig, Gundula (2006): Neue Perspektiven für soziale Gerechtigkeit? Eine kritische Analyse sozial- und gleichstellungspolitischer Leitlinien der Europäischen Union im Kontext sich verändernder Staatlichkeit. In: Degener, Ursula/Rosenzweig, Beate (Hrsg.): Soziale Gerechtigkeit im Zeichen gesellschaftlichen und politischen Strukturwandels – feministische Perspektiven. Wiesbaden: VS Verlag für Sozialwissenschaften, S. 201–271.

Holland-Cunz, Barbara (2000): Politiktheoretische Überlegungen zu Global Governance. In: Holland-Cunz, Barbara/Ruppert, Uta (Hrsg.): Frauenpolitische Chancen globaler Politik. Verhandlungsverfahren im internationalen Kontext. Opladen: Leske+Budrich, S. 25–44.

Holland-Cunz, Barbara (1996): Komplexe Netze, konfliktreiche Prozesse. Gleichstellungspolitik aus policy-analytischer Sicht. In: Kulawik, Teresa/Sauer, Birgit (Hrsg.): Der halbierte Staat. Grundlagen feministischer Politikwissenschaft. Frankfurt am Main: Campus, S. 158–174.

Holland-Cunz, Barbara/Ruf, Anja/Sauer, Birgit (1994): Das unsichtbare Geschlecht der Europa. Einleitung. In: Biester, Elke/Holland-Cunz, Barbara/Jansen, Mechthild M./Maleck-Lewy, Eva/Ruf, Anja/Sauer, Birgit (Hrsg.): Das unsichtbare Geschlecht der Europa. Der europäische Einigungsprozeß aus feministischer Sicht. Frankfurt am Main: Campus, S. 7–19.

Holland-Cunz, Barbara/Ruppert, Uta (2000): Globale Politik, politische Verhandlungen, frauenpolitische Chancen. Einleitung. In: Holland-Cunz, Barbara/Ruppert, Uta (Hrsg.): Frauenpolitische Chancen globaler Politik. Verhandlungsverfahren im internationalen Kontext. Opladen: Leske+Budrich, S. 11–18.

Holzleithner, Elisabeth (2009a): Geschlecht und Identität im Rechtsdiskurs. In: Rudolf, Beate (Hrsg.): Geschlecht im Recht. Eine fortbestehende Herausforderung. Göttingen: Wallstein-Verlag, S. 247–272.

Holzleithner, Elisabeth (2009b): Recht und Staat: Gegner oder Verbündete im Bemühen um Geschlechtergleichstellung. In: Ludwig, Gundula/Sauer, Birgit/Wöhl, Stefanie (Hrsg.): Staat und Geschlecht. Grundlagen und aktuelle Herausforderungen. Baden-Baden: Nomos, S. 75–88.

Holzleithner, Elisabeth (2009c): Sexualität, geschlechtliche Identität und Menschenrechte. In: Heißl, Gregor (Hrsg.): Handbuch Menschenrechte. Wien: Universitätsverlag, S. 263–279.

Holzleithner, Elisabeth (2002): Recht Macht Geschlecht, Legal Gender Studies. Eine Einführung. Wien: Universitätsverlag.

Honegger, Claudia (1992): Die Ordnung der Geschlechter. Die Wissenschaft vom Menschen und das Weib 1750–1850. Frankfurt am Main: Campus.

hooks, bell (1981): Ain't I a Woman? Black Women and Feminism. Boston: South End Press.

Hull, Gloria T./Scott, Barbara Bell/Smith, Barbara (Hrsg.) (1982): All the Women are White, All the Blacks are Men, But Some of Us Are Brave: Black Women's Studies. Old Westbury: The Feminist Press.

Hummel, Diana (2006): Demographisierung gesellschaftlicher Probleme? Der Bevölkerungsdiskurs aus feministischer Sicht. In: Berger, Peter A./Kahlert, Heike (Hrsg.): Der demographische Wandel. Chance für die Neuordnung der Geschlechterverhältnisse. Frankfurt am Main: Campus, S. 27–51.

Hunt, Krista (2006): „Embedded Feminism" and the War on Terror. In: Hunt, Krista/Rygiel, Kim (Hrsg.): (En)Gendering the War on Terror, War Stories and Camouflaged Politics. Aldershot: Ashgate, S. 51–71.

Hunter, Rosemary (2006): Law's (Masculine) Violence: Reshaping Jurisprudence. In: Law and Critique, Vol. 17(1), S. 27–46.

Irigaray, Luce (1990): Über die Notwendigkeit geschlechtsdifferenzierter Rechte. In: Gerhard, Ute/Jansen, Mechthild/Maihofer, Andrea/Schmid, Pia/Schultz, Irmgard (Hrsg.): Differenz und Gleichheit. Menschenrechte haben (k)ein Geschlecht. Frankfurt am Main: Ulrike Helmer Verlag, S. 338–350.

Irigaray, Luce (1977): Das Geschlecht, das nicht eins ist. Berlin: Merve.

Jansen, Mechthild (1995): Gleichstellungspolitik zwischen Anpassung an „den Mann“ und Abbau patriarchaler Strukturen. In: beiträge zur feministischen Theorie und Praxis, H. 39, S. 71–78.

Jenson, Jane (1989): Paradigms and Political Discourse: Protective Legislation in France and the United States Before 1914. In: Canadian Journal of Political Science, Vol. 22(2), S. 235–258.

Jessop, Bob (2001): Die geschlechtsspezifischen Selektivitäten des Staates. In: Kreisky, Eva/Lang, Sabine/Sauer, Birgit (Hrsg.): EU. Geschlecht. Staat. Wien: Universitätsverlag, S. 55–86.

Jessop, Bob (1997): Nationalstaat, Globalisierung, Gender. In: Kreisky, Eva/ Sauer, Birgit (Hrsg.): Geschlechterverhältnisse im Kontext politischer Transformation. PVS Sonderheft 28. Opladen: Westdeutscher Verlag, S. 262–292.

Jessop, Bob (1994): Veränderte Staatlichkeit. Veränderungen von Staatlichkeit und Staatsprojekten. In: Grimm, Dieter (Hrsg.): Staatsaufgaben. Baden-Baden: Nomos, S. 43–73.

Kant, Immanuel (1990): Metaphysik der Sitten. Stuttgart: Reclam.

Kant, Immanuel (1968): Von den verschiedenen Racen der Menschen. In: Kants Werke. Akademie-Textausgabe. Band II. Berlin: De Gruyter, S. 427–442.

Kantola, Johanna/Outshoorn, Joyce (2007): Changing State Feminism. In: Kantola, Johanna/Outshoorn, Joyce (Hrsg.): Changing State Feminism. Basingstoke: Palgrave Macmillan, S. 1–19.

Kassel, Susanne (2004): Krieg im Namen der Frauenrechte? Der Beitrag der Medien zur Konstruktion einer Legitimationsfigur. In: Aust, Björn/Schlotter, Peter/Schweitzer, Christine (Hrsg.): Demokratien im Krieg. Baden-Baden: Nomos, S. 161–179.

Kerchner, Brigitte (1999): Der Körper als politische Metapher. In: Femina Politica, H. 2/1999, S. 61–79.

Kerner, Ina (2007): „Rassen“, Körper, Identitäten: kontingente Bezüge. In: Diehl, Paula/Koch, Getrud (Hrsg.): Inszenierungen der Politik: Der Körper als Medium. München: Fink, S. 123–140.

Kickbusch, Ilona/Riedmüller, Barbara (Hrsg.) (1984): Die armen Frauen. Frauen und Sozialpolitik. Frankfurt am Main: Suhrkamp.

Klapeer, Christine (2012): Heteronormativität und Staatsbürgerschaft. Queertheoretische Annäherungen an ein komplexes Verhältnis. In: Haberler, Helga/Hajek, Katharina/Ludwig, Gundula/Paloni, Sara (Hrsg.): Que[e]r zum Staat. Heteronormativitätskritische Perspektiven auf Staat, Macht und Gesellschaft. Berlin: Querverlag, S. 76–96.

Klatzer, Elisabeth/Schlager, Christa (2012): Gender Dimensionen der neuen EU Governance. Maskuline Steuerungsmechanismen und feminisierte Kosten- und Risikoabwälzung. In: Kurswechsel, H. 1/2012, S. 23–35.

Klatzer, Elisabeth/Schlager, Christa (2019): HERRschaft herstellen: die geschlechterpolitischen Kosten des Umbaus der wirtschaftspolitischen Steuerung in der EU als Kern eines maskulin-autoritären Herrschaftsprojekts. In: Keil, Daniel/Wissel, Jens (Hrsg): Staatsprojekt Europa. Eine staatstheoretische Perspektive auf die Europäische Union. Baden-Baden: Nomos: S. 97–115.

Klinger, Cornelia (1996): Der Diskurs der modernen Wissenschaften und die gesellschaftliche Ungleichheit der Geschlechter. Eine Skizze. In: Barta, Heinz/Grabner-Niel, Elisabeth (Hrsg.): Wissenschaftlichkeit und Verantwortung. Wien: Universitätsverlag, S. 98–120.

Klinger, Cornelia (1994): Zwischen allen Stühlen Die politische Theoriediskussion der Gegenwart in einer feministischen Perspektive. In: Appelt, Erna/Neyer, Gerda (Hrsg.): Feministische Politikwissenschaft. Wien: Verlag für Gesellschaftskritik, S. 119–143.

Klinger, Cornelia (1990): Unzeitgemäßes Plädoyer für die Aufklärung. In: Schaeffer-Hegel, Barbara (Hrsg.): Vater Staat und seine Frauen. Erster Band. Beiträge zur politischen Theorie. Pfaffenweiler: Centaurus, S. 98–119.

Klöppel, Ulrike (2012): „Leben machen“ am Rande der Zwei-Geschlechter-Norm: Biopolitische Regulierungen von Intersex. In: Sänger, Eva/Rödel, Malaika (Hrsg.): Biopolitik und Geschlecht. Zur Regulierung des Lebendigen. Münster: Westfälisches Dampfboot, S. 220–243.

Köpl, Regina (1999): Das Ende der Bescheidenheit? 20 Jahre institutionelle Frauenpolitik in Österreich. In: Österreichische Zeitschrift für Politikwissenschaft, H. 1/1999, S. 63–74.

Kommission der Europäischen Gemeinschaft (2000): Rahmenstrategie der Gemeinschaft zur Förderung der Gleichstellung von Frauen und Männern (2001-2005). Luxemburg.

Kontos, Silvia (1997): Vater Staat und „seine“ Mütter? Über Entwicklungen und Verwicklungen in der Mutterschutzpolitik. In: Kreisky, Eva/Sauer, Birgit (Hrsg.): Geschlechterverhältnisse im Kontext politischer Transformation. PVS Sonderheft 28. Opladen: Westdeutscher Verlag, S. 356–377.

Kontos, Silvia (1996): Körperpolitik – eine feministische Perspektive. In: Kulawik, Teresa/Sauer, Birgit (Hrsg.): Der halbierte Staat. Grundlagen feministischer Politikwissenschaft. Frankfurt am Main: Campus, S. 133–157.

Kontos, Silvia (1990): Zum Verhältnis von Autonomie und Partizipation in der Politik der neuen Frauenbewegung. In: Schaeffer-Hegel, Barbara (Hrsg.): Vater Staat und seine Frauen. Erster Band. Beiträge zur politischen Theorie. Pfaffenweiler: Centaurus, S. 50–63.

Kozuch, Karin (1999): Zwischen Gebärzwang und Zwangssterilisation. Die bevölkerungspolitische Debatte in der internationalen Frauenbewegung. Münster: Unrast.

Kraft, Marion (1994): Feminismus und Frauen afrikanischer Herkunft in Europa. In: Kraft, Marion/Ashraf-Khan, Rukhsana Shamim (Hrsg.): Schwarze Frauen der Welt. Europa und Migration. Berlin: Orlanda, S. 171–183.

Krasmann, Susanne (2000): Gouvernementalität der Oberfläche. Aggressivität (ab-)trainieren beispielsweise. In: Bröckling, Ulrich/Krasmann, Susanne/Lemke, Thomas (Hrsg.): Gouvernementalität der Gegenwart. Studien zur Ökonomisierung des Sozialen. Frankfurt am Main: Suhrkamp, S. 194–226.

Krautkrämer-Wagner, Uta (1989): Die Verstaatlichung der Frauenfrage. Gleichstellungsinstitutionen der Bundesländer. Möglichkeiten und Grenzen staatlicher Frauenpolitik. Bielefeld: Kleine Verlag.

Kreisky, Eva (2008): Schwächelnde Männlichkeit und neue Kriege. In: Wallnöfer, Doris/Sützl, Wolfgang (Hrsg.): Gewalt und Präzision. Krieg und Sicherheiten in Zeiten des War on Terror. Wien: Turia+Kant, S. 137–163.

Kreisky, Eva (2004): Geschlecht als politische und politikwissenschaftliche Kategorie. In: Rosenberger, Sieglinde/Sauer, Birgit (Hrsg.): Politikwissenschaft und Geschlecht: Konzepte – Verknüpfungen – Perspektiven. Wien: Universitätsverlag, S. 11–32.

Kreisky, Eva (1997): Diskreter Maskulinismus. Über geschlechtsneutralen Schein politischer Idole, politischer Ideale und politischer Institutionen. In: Kreisky, Eva/Sauer, Birgit (Hrsg.): Das geheime Glossar der Politikwissenschaft. Geschlechtskritische Inspektion der Kategorien einer Disziplin. Frankfurt am Main: Campus, S. 161–213.

Kreisky, Eva (1995a): Der Staat ohne Geschlecht? Ansätze feministischer Staatskritik und feministischer Staatserklärung. In: Kreisky, Eva/Sauer Birgit (Hrsg.): Feministische Standpunkte in der Politikwissenschaft. Eine Einführung. Frankfurt am Main: Campus, S. 203–222.

Kreisky, Eva (1995b): Der Stoff, aus dem die Staaten sind. Zur männerbündischen Fundierung politischer Ordnung. In: Becker-Schmidt, Regina/Knapp, Gudrun-Axeli (Hrsg.): Das Geschlechterverhältnis als Gegenstand der Sozialwissenschaften. Frankfurt am Main: Campus, S. 85–124.

Kreisky, Eva (1995c): Gegen „geschlechtshalbierte Wahrheiten". Feministische Kritik an der Politikwissenschaft im deutschsprachigen Raum. In: Kreisky, Eva/Sauer, Birgit (Hrsg.): Feministische Standpunkte in der Politikwissenschaft. Eine Einführung. Frankfurt am Main: Campus, S. 27–62.

Kreisky, Eva (1994): Das ewig Männerbündische? Zur Standardform von Staat und Politik. In: Leggewie, Claus (Hrsg.): Wozu Politikwissenschaft? Über das Neue in der Politik. Darmstadt: Wissenschaftliche Buchgesellschaft, S. 191–208.

Kreisky, Eva (1992): Der Staat als „Männerbund". Der Versuch einer feministischen Staatssicht. In: Biester, Elke/Geißel, Brigitte/Lang, Sabine/Sauer, Birgit/Schäfter, Petra/Young, Brigitte (Hrsg.): Staat aus feministischer Sicht. Berlin: Eigenverlag, S. 53–62.

Kreisky, Eva/Lang, Sabine/Sauer, Birgit (2001): Geschlecht und Staatlichkeit in der EU. Eine Einleitung. In: Kreisky, Eva/Lang, Sabine/Sauer, Birgit (Hrsg.): EU. Geschlecht. Staat. Wien: Universitätsverlag, S. 7–12.

Kreisky, Eva/Löffler, Marion (2009): Maskulinismus und Staat. In: Ludwig, Gundula/Sauer, Birgit/Wöhl, Stefanie (Hrsg.): Staat und Geschlecht. Grundlagen und aktuelle Herausforderungen. Baden-Baden: Nomos, S. 75–88.

Kreisky, Eva/Sauer, Birgit (1995): Die Politik der Männer – die Wissenschaft der Männer? Hoffnung auf ein Ende des Schulterschlusses. In: Kreisky, Eva/Sauer, Birgit (Hrsg.): Feministische Standpunkte in der Politikwissenschaft. Eine Einführung. Frankfurt am Main: Campus, S. 9–24.

Kuhar, Roman/Paternotte, David (Hrsg.) (2017): Anti-Gender Campaigns in Europe. Mobilizing against Equality. London/New York: Roman and Littlefield.

Kulawik, Teresa (2001): Maskulinismus und die Entstehung des Wohlfahrtsstaates in Schweden und Deutschland. In: Kreisky, Eva/Lang, Sabine/Sauer, Birgit (Hrsg.): EU. Geschlecht. Staat. Wien: Universitätsverlag, S. 137–154.

Kulawik, Teresa (1996): Modern bis maternalistisch: Theorien des Wohlfahrtsstaates. In: Kulawik, Teresa/Sauer, Birgit (Hrsg.): Der halbierte Staat. Grundlagen feministischer Politikwissenschaft. Frankfurt am Main: Campus, S. 47–81.

Kulawik, Teresa/Sauer, Birgit (1996): Staatstätigkeit und Geschlechterverhältnisse. Eine Einführung. In: Kulawik, Teresa/Sauer, Birgit (Hrsg.): Der halbierte Staat. Grundlagen feministischer Politikwissenschaft. Frankfurt am Main: Campus, S. 9–44.

Kurmann, Margaretha (2002): Auf den Leib gerückt oder: Autonomie sichern – Leid vermeiden. Die Auseinandersetzung um Pränataldiagnostik und PID. In: beiträge zur feministischen theorie und praxis, H. 60, S. 11–20.

Kurz-Scherf, Ingrid/Dzewas, Imke/Lieb, Anja/Reusch, Marie (Hrsg.) (2006): Reader Feministische Politik und Wissenschaft. Positionen, Perspektiven, Anregungen aus Geschichte und Gegenwart. Königstein/Taunus: Ulrike Helmer Verlag.

Kyere, Anthea (2021): Kämpfe verbinden. *Reproductive Justice* auf deutsche Verhältnisse übertragen. In: Kitchen Politics (Hrsg.): Mehr als Selbstbestimmung! Kämpfe für reproduktive Gerechtigkeit. Münster: edition assemblage, S. 61–71.

Landes, Joan (2001): Visualizing the Nation: Gender, Representation, and the Revolution in Eighteenth-Century France. Ithaca: Cornell University Press.

Lang, Juliane/Peters, Ulrich (Hrsg.) (2018): Antifeminismus in Bewegung. Aktuelle Debatten um Geschlecht und sexuelle Vielfalt. Hamburg: Marta Press.

Lang, Sabine (2004): Politik – Öffentlichkeit – Privatheit. In: Rosenberger, Sieglinde/Sauer, Birgit (Hrsg.): Politikwissenschaft und Geschlecht: Konzepte – Verknüpfungen – Perspektiven. Wien: Universitätsverlag, S. 65–81.

Lang, Sabine (1995): Öffentlichkeit und Geschlechterverhältnisse. Überlegungen zur Politologie der öffentlichen Sphäre. In: Kreisky, Eva/Sauer, Birgit (Hrsg.): Feministische Standpunkte in der Politikwissenschaft. Frankfurt am Main: Campus, S. 83–121.

Langan, Mary/Ostner, Ilona (1991): Geschlechterpolitik im Wohlfahrtsstaat: Aspekte im Internationalen Vergleich. In: Kritische Justiz, H. 3/1991, S. 302–317.

Laqueur, Thomas (1996): Auf den Leib geschrieben. Die Inszenierung der Geschlechter von der Antike bis Freud. München: Deutscher Taschenbuch Verlag.

Leidinger, Christiane/Radvan, Heike (2018): Antifeminismus und Familismus von rechts. in Häusler, Alexander (Hrsg.): Völkisch-autoritärer Populismus. Der Rechtsruck in Deutschland und die AfD, Hamburg: VSA, S. 93–100.

Lepperhoff, Julia (2010): Im Schatten der Familienpolitik: Gleichstellungs- und Antidiskriminierungspolitik der Großen Koalition. In: Auth, Diana/Buchholz, Eva/Janczyk, Stefanie (Hrsg.): Selektive Emanzipation. Analysen zur Gleichstellungs- und Familienpolitik. Opladen: Barbara Budrich Verlag, S. 25–45.

Lembke, Ulrike (2018): Alltägliche Praktiken zur Herstellung von Geschlechts-Körpern oder: Warum Unisex-Toiletten von Verfassungs wegen verboten sind. In: Zeitschrift für Rechtssoziologie, Vol. 38(2), S. 208–243.

Lewis, Jane (1992): Gender and the Development of Welfare Regimes. In: Journal of European Social Policy, Vol. 3, S. 159–173.

Lindemann, Gesa (1997): Wieviel Ordnung muß sein? In: Zeitschrift für Sexualforschung, H. 10/1997, S. 324–331.

List, Elisabeth (1986): Homo politicus – Femina privata? Thesen zur Kritik der politischen Anthropologie. In: Conrad, Judith/Konnertz, Ursula (Hrsg.): Weiblichkeit in der Moderne. Ansätze feministischer Vernunftkritik. Tübingen: Ed. Diskord, S. 75–95.

Lister, Ruth (1997): Citizenship. Feminist Perspectives. New York: New York University Press.

Locher-Dodge, Birgit (1998): Internationale Politik – geschlechtsneutrale Paradigmen? In: Kreisky, Eva/Sauer, Birgit (Hrsg.): Geschlechterverhältnisse im Kontext politischer Transformation. PVS Sonderheft 28. Opladen: Westdeutscher Verlag, S. 425–449.

Locke, John (1977): Zwei Abhandlungen über die Regierung. Herausgegeben von Walter Euchner. Frankfurt am Main: Suhrkamp.

Löffler, Marion (2017): Maskulinismus: Der ganz normale „Gender-Wahnsinn“. In: Bargetz, Brigitte/Kreisky, Eva/Ludwig, Gundula (Hrsg.): Dauerkämpfe.

Feministische Zeitdiagnosen und Strategien. Frankfurt am Main: Campus, S. 185–194.

Löffler, Marion (2012): Geschlechterpolitische Strategien. Transformationen von Staatlichkeit als politisch gestaltbarer Prozess. Frankfurt am Main: Campus.

Löffler, Marion (2011): Feministische Staatstheorien. Eine Einführung. Frankfurt am Main: Campus.

Lorde, Audre (1984): Sister Outsider: Essays and Speeches. New York: Ten Speed Press.

Lorey, Isabell (2007): Als das Leben in die Politik eintrat. In: Pieper, Marianne/Atzert, Thomas/Karakayali, Serhat/Tsianos, Vassilis (Hrsg.): Empire und biopolitische Wende. Die internationale Diskussion im Anschluss an Hardt und Negri. Frankfurt am Main: Campus, S. 269–292.

Ludwig, Gundula (2022a): Geschlechterpolitiken und Geschlechterforschung in krisenhaften Zeiten. In: Schnegg, Kordula/Tschuggnall, Julia/Voithofer, Caroline/Auer, Manfred (Hrsg.): Inter- und multidisziplinäre Perspektiven der Geschlechterforschung. Innsbrucker Gender Lectures IV. Innsbruck: innsbruck university press, S. 13–37.

Ludwig, Gundula (2022b): Wo der Staat zu suchen ist. Antonio Gramscis Hegemonietheorie und queer-feministische Staatstheorie. In: PROKLA, H. 212, S. 711–731.

Ludwig, Gundula (2021a): Körper und politische (An-)Ordnungen. Zur Bedeutung von Körpern in der modernen westlichen Politischen Theorie. In: Politische Vierteljahresschrift, H. 62, S. 643–669.

Ludwig, Gundula (2021b): Politiken des Lebens. Der vergeschlechtlichte Staat in der Corona-Krise. In: Berghahn, Sabine/Schultz, Ulrike (Hrsg.): Rechtshandbuch für Frauen und Gleichstellungsbeauftragte. Recht von A-Z für Frauen- und Gleichstellungsbeauftragte in der Öffentlichen Verwaltung, Unternehmen und Beratungsstellen. Hamburg: Verlag Dashöfer, S. 1–28.

Ludwig, Gundula (2016): Undoing the State. Judith Butlers Beitrag zur feministischen Staatstheorie. In: Distelhors, Lars (Hrsg.): Staat, Politik, Ethik. Zum Staatsverständnis von Judith Butler, Baden-Baden: Nomos, S. 115–134.

Ludwig, Gundula (2015): „Angenommen, es gibt keine Universalien …". Zur Konstitution von KörperSubjekten in modernen westlichen Gesellschaften. In: Bargetz, Brigitte/Ludwig, Gundula/Sauer, Birgit (Hrsg.): Gouvernementalität und Geschlecht. Politische Theorie im Anschluss an Michel Foucault, Frankfurt am Main: Campus, S. 161–184.

Ludwig, Gundula (2013): Feministische Überlegungen zu Postdemokratie und die Entpolitisierung des Sozialen. In: Politische Vierteljahresschrift, H. 3/2013, S. 461–484.

Ludwig, Gundula (2011): Geschlecht regieren. Zum Verhältnis von Staat, Subjekt und heteronormativer Hegemonie. Frankfurt am Main: Campus.

Ludwig, Gundula (2010): „Frauen", „Männer" und „der Staat". Foucaults Gouvernementalitätsvorlesungen als Beitrag zu einer feministischen poststrukturalistischen Staatstheorie. In: Feminia Politica, H. 2/2010, S. 39–49.

Ludwig, Gundula (2009): Performing Gender, Performing the State. Vorschläge zur Theoretisierung des Verhältnisses des modernen Staates und vergeschlechtlichter Subjektkonstitution. In: Ludwig, Gundula/Sauer, Birgit/Wöhl, Stefanie (Hrsg.): Staat und Geschlecht. Grundlagen und aktuelle Herausforderungen feministischer Staatstheorie. Baden-Baden: Nomos, S. 89–104.

Ludwig, Gundula/Sauer, Birgit (2010): Engendering Poulantzas oder: Sinn und Zweck feministischer Anrufung materialistischer Staatstheorie. In: Adolphs, Stefan/Demirović, Alex/Karakayali, Serhat (Hrsg.): Das Staatsverständnis von Nicos Poulantzas. Baden-Baden: Nomos, S. 137–188.

Lugones, María (2007): Heterosexualism and the Colonial/Modern Gender System. In: Hypatia. A Journal of Feminist Philosophy, Vol. 22(1), S. 186–209.

Lutz, Helma (2008): Vom Weltmarkt in den Privathaushalt. Die neuen Dienstmädchen im Zeitalter der Globalisierung. Opladen: Barbara Budrich Verlag.

Lutz, Helma (2007): „Die 24-Stunden Polin." Eine intersektionelle Analyse transnationaler Dienstleistungen. In: Klinger, Cornelia/Knapp, Gudrun-Axeli/Sauer, Birgit (Hrsg.): Achsen der Ungleichheit. Zum Verhältnis von Klasse, Geschlecht und Ethnizität. Frankfurt am Main: Campus, S. 210–234.

MacKinnon, Catherine (2006): Women's September 11th: Rethinking the International Law of Conflict. In: Harvard International Law Journal, Vol. 47, S. 1–53.

MacKinnon, Catherine (1990): Feministische Rechtspolitik heute. In: Gerhard, Ute/Jansen, Mechthild/Maihofer, Andrea/Schmid, Pia/Schultz, Irmgard (Hrsg.): Differenz und Gleichheit. Menschenrechte haben (k)ein Geschlecht. Frankfurt am Main: Ulrike Helmer Verlag, S. 205–210.

MacKinnon, Catherine (1989): Towards a Feminist Theory of the State. Cambridge: Harvard University Press.

MacKinnon, Catherine (1983): Feminism, Marxism, Method, and the State: Toward a Feminist Jurisprudence. In: Signs, Vol. 8(4), S. 635–658.

Maihofer, Andrea (1995): Geschlecht als Existenzweise. Macht, Moral, Recht und Geschlechterdifferenz. Frankfurt am Main: Ulrike Helmer Verlag.

Maihofer, Andrea (1990): Gleichheit nur für Gleiche? In: Gerhard, Ute/Jansen, Mechthild/Maihofer, Andrea/Schmid, Pia/Schultz, Irmgard (Hrsg.): Differenz und Gleichheit. Menschenrechte haben (k)ein Geschlecht. Frankfurt am Main: Ulrike Helmer Verlag, S. 351–367.

Marchand, Marianne (1996): Reconceptualising „Gender and Development" in an Era of „Globalisation". In: Millenium, Vol. 25(3), S. 9–15.

Marshall, Thomas H. (1950): Citizenship and Social Class. In: Marshall, Thomas H.: Citizenship and Social Class and Other Essays. Cambridge: University Press, S. 1–85.

Martin, Emily (1991): The Egg and the Sperm: How Science Has Constructed a Romance Based on Stereotypical Male-Female Roles. In: Signs, Vol. 16(3), S. 485–501.

Marx, Karl (1969a): Die deutsche Ideologie. Kritik der neuesten deutschen Philosophie in ihren Repräsentanten Feuerbach, B. Bauer und Stirner, und des deutschen Sozialismus, in seinen verschiedenen Propheten. In: MEW Marx-Engels-Werke, Bd. 3. Berlin: Dietz Verlag, S. 13–580.

Marx, Karl (1969b): Zur Kritik der Hegelschen Rechtsphilosophie. In: MEW Marx-Engels-Werke, Bd. 1. Berlin: Dietz Verlag, S. 378–391.

Maynard, Robyn (2022): Über staatliche Gewalt und Schwarze Leben. In: Loick, Daniel/Thompson, Vanessa E. (Hrsg.): Abolitionismus. Ein Reader. Frankfurt am Main: Suhrkamp, S. 252–274.

Mayrhofer, Monika (2012): Queeuropa. Toleranz und Antidiskriminierung von LGBT als Technologie der neoliberalen Gouvernementalität der europäischen Integration. In: Haberler, Helga/Hajek, Katharina/Ludwig, Gundula/Paloni, Sara (Hrsg.): Que[e]r zum Staat. Heteronormativitätskritische Perspektiven auf Staat, Macht und Gesellschaft. Berlin: Querverlag, S. 61–77.

Mazur, Amy (Hrsg.) (2001): State Feminism, Women's Movements, and Job Training: Making Democracies Work in the Global Economy. London/New York: Routledge.

McCarthy, Thomas (2001): Die politische Philosophie und das Problem der Rasse. In: Wingert, Lutz/Günther, Klaus (Hrsg.): Die Öffentlichkeit der Vernunft und die Vernunft der Öffentlichkeit. Festschrift für Jürgen Habermas. Frankfurt/Main: Suhrkamp, S. 627–654.

McClintock, Anne (1995): Imperial Leather: Race, Gender and Sexuality in the Colonial Conquest. London/New York: Routledge.

McIntosh, Mary (1978): The State and the Oppression of Women. In: Kuhn, Annette/Wolpe, Ann Marie: Feminism and Materialism. Women and Modes of Production. London/Boston: Routledge & Kegan Paul, S. 254–289.

McRuer, Robert (2006): Crip Theory. Cultural Scripts of Queerness and Disability. New York: New York University Press.

Mertens, Heide (1998): Frauen und internationale Bevölkerungspolitik. Was heißt hier Selbstbestimmung. In: Ruppert, Uta (Hrsg.): Lokal bewegen – global verhandeln. Internationale Politik und Geschlecht. Frankfurt am Main: Campus, S. 156–182.

Mesquita, Sushila (2012): Recht und Heteronormativität im Wandel. In: Haberler, Helga/Hajek, Katharina/Ludwig, Gundula/Paloni, Sara (Hrsg.): Que[e]r zum Staat. Heteronormativitätskritische Perspektiven auf Staat, Macht und Gesellschaft. Berlin: Querverlag, S. 42–60.

Mesquita, Sushila (2011): „Ban Marriage“. Ambivalenzen der Normalisierung aus queer-feministischer Perspektive. Wien: Zaglossus.

Messinger, Irene (2012): Schein oder nicht Schein: Konstruktion und Kriminalisierung von „Scheinehen“ in Geschichte und Gegenwart. Wien: Mandelbaum.

Michalitsch, Gabriele (2006): Die neoliberale Domestizierung des Subjekts. Von den Leidenschaften zum Kalkül. Frankfurt am Main: Campus.

Mills, Charles W. (2008): Racial Liberalism. In: PMLA, Vol. 123(5), S 1380–1397.

Mills, Charles W. (2007): The Domination Contract. In: Pateman, Carole/Mills, Charles: Contract and Domination. Cambridge: Polity Press, S. 79–105.

Mills, Charles W. (1997): The Racial Contract. Ithaca: Cornell University Press.

Minh-Ha, Trin (1989): Woman, Native, Other: Writing Postcoloniality and Feminism. Bloomington: Indiana University Press.

Moraga, Cherríe/Anzaldua, Gloria (Hrsg.) (1981): This Bridge Called My Back. Writings by Radical Women of Color. New York: Women of Color Press.

Morgensen, Scott Lauria (2010): Settler Homonationalism: Theorizing Settler Colonialism within Queer Modernities. In: GLQ: Journal of Lesbian and Gay Studies Vol. 16(1–2), S. 105–131.

Mosse, George (1985): Nationalismus und Sexualität. Bürgerliche Moral und sexuelle Normen. Wien: Hanser.

Nay, Yv E. (2017): Feeling Family. Queere Relationalität und Temporalität. Wien: Zaglossus.

Nay, Yv E. (2015): Queerfeministische Politiken affektiv strukturierter Paradoxien. In: Femina Politica. Zeitschrift für feministische Politikwissenschaft, H. 1/2015, S. 52–64.

Neyer, Gerda (1998): Dilemmas der Sozialpolitik. In: Kreisky, Eva/Sauer, Birgit (Hrsg.): Geschlecht und Eigensinn. Feministische Recherchen in der Politikwissenschaft. Wien: Böhlau, S. 90–100.

Neyer Gerda (1996): Garanten für die Stabilität eines sexistischen Systems? In: Kulawik, Teresa/Sauer, Birgit (Hrsg.): Der halbierte Staat. Grundlagen feministischer Politikwissenschaft. Frankfurt am Main: Campus, S. 82–104.

Nowak, Iris (2002): „Feminismus für die Elite – Familie fürs Volk.“ In: Das Argument, H. 247, S. 459–472.

Nowak, Jörg (2010): Familienpolitik als Kampfplatz um Hegemonie. Bemerkungen zur Leerstelle eines linken Feminismus. In: Auth, Diana/Buchholz, Eva/Janczyk, Stefanie (Hrsg.): Selektive Emanzipation. Analysen zur Gleichstellungs- und Familienpolitik. Opladen: Barbara Budrich Verlag, S. 129–150.

Nowak, Jörg (2009): Geschlechterpolitik und Klassenherrschaft. Eine Integration marxistischer und feministischer Staatstheorien. Münster: Westfälisches Dampfboot.

Ostner, Ilona/Lewis, Jane (1998): Geschlechterpolitik zwischen europäischer und nationalstaatlicher Regelung. In: Leibfried, Stefan/Pierson, Paul (Hrsg.): Standort Europa. Sozialpolitik zwischen Nationalstaat und Europäischer Integration. Frankfurt am Main: Suhrkamp, S. 196–235.

Paloni, Sara (2012): Normative Gewalt und Staat. In: Haberler, Helga/Hajek, Katharina/Ludwig, Gundula/Paloni, Sara (Hrsg.): Que[e]r zum Staat. Heteronormativitätskritische Perspektiven auf Staat, Macht und Gesellschaft. Berlin: Querverlag, S. 137–153.

Pateman, Carole (2007): The Settler Contract. In: Pateman, Carole/Mills, Charles: Contract and Domination. Cambridge: Polity Press, S. 35–78.

Pateman, Carole (1994): Der Geschlechtervertrag. In: Appelt, Erna/Neyer, Gerda (Hrsg.): Feministische Politikwissenschaft. Wien: Verlag für Gesellschaftskritik, S. 73–96.

Pateman, Carole (1988): The Sexual Contract. Cambridge: Polity Press.

Pateman, Carole/Mills, Charles (2007): Contract and Domination. Cambridge: Polity Press.

Pettman, Jane (1996): Worlding Women. A Feminist International Politics. Sydney/London: Routledge.

Pfau-Effinger, Birgit (2000): Kultur und Frauenerwerbstätigkeit in Europa. Theorie und Empirie des internationalen Vergleichs. Opladen: Leske+Budrich.

Phelan, Shane (2001): Sexual Strangers. Gays, Lesbians, and Dilemmas of Citizenship. Philadelphia: Temple University Press.

Phelan, Shane (2000): Verwandtschaft und (Staats-)BürgerInnenschaft. Neue Einschlüsse, neue Ränder. In: quaestio (Hrsg.): Queering Demokratie. Sexuelle Politiken. Berlin: Querverlag, S. 130–142.

Plett, Konstanze (2012): Jenseits von männlich und weiblich: Der Kampf um Geschlecht im Recht – mit dem Recht gegen das Recht? In: Femina Politica, H. 2/2012, S. 49–62.

Plett, Konstanze (2002): Intersexualität aus rechtlicher Perspektive. Gedanken über „Rasse“. Transgender und Marginalisierung. In: polymorph (Hrsg.): (K)ein Geschlecht oder viele? Transgender in politischer Perspektive. Berlin: Querverlag, S. 31–42.

Poulantzas, Nicos (2002): Staatstheorie. Politischer Überbau, Ideologie, Autoritärer Etatismus. Hamburg: VSA.

Pringle, Rosemary (1989): Secretary's Talk. Sexuality, Power and Work. London/Sydney: Verso.

Pringle, Rosemary/Watson, Sophie (1992): „Women's interest“ and the Poststructuralist State. In: Barrett, Michèle/Phillips, Anne (Hrsg.): Destabilizing Theory. Contemporary Feminist Debates. Stanford: University Press, S. 53–73.

Pringle, Rosemary/Watson, Sophie (1990): Fathers, Brothers, Mates: The Fraternal State in Australia. In: Watson, Sophie (Hrsg.): Playing the State. Australian Feminist Interventions. London/New York: Verso, S. 229–243.

Puar, Jasbir (2007): Terrorist Assemblages. Homonationalism in Queer Times, Durham/London: Duke University Press.

Pühl, Katharina (2003): Der Bericht der Hartz-Kommission und die „Unternehmerin ihrer selbst“. Geschlechterverhältnisse, Gouvernementalität und Neoliberalismus. In: Pieper, Marianne/Rodríguez, Encarncación Gutiérrez (Hrsg.): Gouvernementalität. Ein sozialwissenschaftliches Konzept im Anschluss an Foucault. Frankfurt am Main: Campus, S. 111–135.

Pühl, Katharina (2001): Geschlechterverhältnisse und die Veränderung von Staatlichkeit in Europa. Ansätze eines theoretischen Perspektivenwechsels. In: Kreisky, Eva/Lang, Sabine/Sauer, Birgit (Hrsg.): EU. Geschlecht. Staat. Wien: Universitätsverlag, S. 33–54.

Pühl, Katharina/Schultz, Susanne (2001): Gouvernementalität und Geschlecht – Über das Paradox der Festschreibung und Flexibilisierung der Geschlechterverhältnisse. In: Hess, Sabine/Lenz, Ramona (Hrsg.): Geschlecht und Globalisierung. Ein kulturwissenschaftlicher Streifzug durch transnationale Räume. Königstein/Taunus: Ulrike Helmer Verlag, S. 102–127.

quaestio (Hrsg.) (2000): Queering Demokratie. Sexuelle Politiken. Berlin: Querverlag.

Quijano, Aníbal (2000): Coloniality of Power, Eurocentrism and Latin America. In: Nepantla: Views from the South No. 3/2000, S. 533–580.

Raab, Heike (2012): Kein Staat zu machen? Heteronormativitätskritische Perspektiven auf die Genese des modernen Staates. In: Haberler, Helga/Hajek, Katharina/Ludwig, Gundula/Paloni, Sara (Hrsg.): Que[e]r zum Staat. Heteronormativitätskritische Perspektiven auf Staat, Macht und Gesellschaft. Berlin: Querverlag, S. 26–41.

Raab, Heike (2011): Sexuelle Politiken und Staat. Die Diskurse zum Lebenspartnerschaftsgesetz. Frankfurt am Main: Campus.

Raab, Heike (2005): Aspekte queerer Staatskritik – Heteronormativität, institutionalisierte Identitätspolitiken und Staat. In: Feminia Politica. Zeitschrift für feministische Politikwissenschaft, H. 1/2005, S. 59–69.

Rai, Shirin M. (2020): Reimaging the State. Marxism, Feminism, Postcolonialism. In: Cooper, Davina/Dhawan, Nikita/ Newman, Janet (Hrsg.): Reimaging the State. Theoretical Challenges and Transformative Possibilities. London: Routlegde, S. 37–56.

Reardon, Betty (1985): Sexism and the War System. New York: Syracuse University Press.

Richarz, Theresa Anna/Mangold, Katharina (2021): Zwei-Mutterschaft vs. Heteronormatives Recht? Diskussion der Stiefkindadoption als Modus der Herstellung von Familie gleichgeschlechtlicher Paare. In: Krüger-Kirn, Helga/Tichy, Leila Zoe (Hrsg.): Elternschaft und Gender Trouble. Geschlechterkritische Perspektiven auf den Wandel von Familie. Opladen: Barbara Budrich Verlag, S. 57–68.

Rössler, Beate (2001): Der Wert des Privaten. Frankfurt am Main: Suhrkamp.

Rosenberger, Sieglinde (2006): Frauen- und Gleichstellungspolitik. In: Dachs, Herbert/Gerlich, Peter/Gottweis, Herbert/Kramer, Helmut/Lauber, Volkmar/Müller, Wolfgang C./Tálos, Emmerich (Hrsg.): Politik in Österreich. Das Handbuch. Wien: Manz, S. 743–752.

Rosenberger, Sieglinde (1998a): Das Geschlecht der Internationalen Beziehungen. Feministische Kritik politikwissenschaftlichen Denkens. In: Kreisky, Eva/Sauer, Birgit (Hrsg.): Geschlecht und Eigensinn. Feministische Recherchen in der Politikwissenschaft. Wien: Böhlau, S. 168–179.

Rosenberger, Sieglinde (1998b): Politik und Privatheit. In: Kreisky, Eva/Sauer, Birgit (Hrsg.): Geschlechterverhältnisse im Kontext politischer Transformation. PVS Sonderheft 28. Opladen: Westdeutscher Verlag, S. 120–136.

Rosenberger, Sieglinde (1997): Der Eine/die Andere: zur Kritik einer modernen Setzung. In: Kreisky, Eva/Sauer, Birgit (Hrsg.): Das geheime Glossar der Politikwissenschaft: geschlechtskritische Inspektion der Kategorien einer Disziplin. Frankfurt am Main: Campus, S. 97–113.

Ross, Loretta J. (2021): Reproductive Justice. Ein Rahmen für eine anti-essentialistische und intersektionale Politik. In: Kitchen Politics (Hrsg.): Mehr als Selbstbestimmung! Kämpfe für reproduktive Gerechtigkeit. Münster: edition assemblage, S. 17–60.

Roth, Julia/Boatcă, Manuela (2016): Staatsbürgerschaft, Gender und globale Ungleichheiten. In: Feministische Studien, H. 34(2), S. 189–206.

Rousseau, Jean-Jacques (1963): Emile oder über die Erziehung. Stuttgart: Reclam.

Rubin, Gayle (1984): Thinking Sex: Notes for a Radical Theory of the Politics of Sexuality. In: Vance, Carole S. (Hrsg.): Pleasure and Danger: Exploring Female Sexuality. Boston: Routledge & Kegan Paul, S. 267–293.

Rudolph, Clarissa (2009): Frauen- und Gleichstellungspolitik: Gesellschaftlicher Wandel durch Institutionen? In: Kurz-Scherf, Ingrid/Lepperhoff, Julia/Scheele, Alexandra (Hrsg.): Die feministischen Herausforderungen des 21. Jahrhunderts. Münster: Westfälisches Dampfboot, S. 115–132.

Rumpf, Mechthild (1995): Staatsgewalt, Nationalismus und Krieg. Ihre Bedeutung für das Geschlechterverhältnis. In: Kreisky, Eva/Sauer, Birgit (Hrsg.): Feministische Standpunkte in der Politikwissenschaft. Eine Einführung. Frankfurt am Main: Campus, S. 223–254.

Rumpf, Mechthild (1992): Staatliches Gewaltmonopol, nationale Souveränität und Krieg. Einige Aspekte des „männlichen Zivilisationsprozesses“. In: L'Homme. Zeitschrift für Feministische Geschichtswissenschaft, H. 3/1992, S. 7–30.

Ruppert, Uta (2004): FrauenMenschenrechte: Konzepte und Strategien im Kontext transnationaler Frauenbewegungspolitik. In: Becker, Ruth/Kortendiek, Beate (Hrsg.): Handbuch der Frauen- und Geschlechterforschung. Opladen: VS Verlag, S. 704–711.

Ruppert, Uta (2000): Global Governance: Das Ende der Illusionen oder ein neues Ideal internationaler Frauenpolitik? In: Holland-Cunz, Barbara/Ruppert, Uta (Hrsg.): Frauenpolitische Chancen globaler Politik. Verhandlungsverfahren im internationalen Kontext. Opladen: Leske+Budrich, S. 45–66.

Ruppert, Uta (1998a): Geschlechterverhältnisse in der Internationalen Politik. Eine Einführung. In: Ruppert, Uta (Hrsg.): Lokal bewegen – global verhandeln. Internationale Politik und Geschlecht. Frankfurt am Main: Campus, S. 7–24.

Ruppert, Uta (1998b): Theorien Internationaler Beziehungen aus feministischer Perspektive. In: Ruppert, Uta (Hrsg.): Lokal bewegen – global verhandeln. Internationale Politik und Geschlecht. Frankfurt am Main: Campus, S. 27–55.

Ruppert, Uta (1997): Kriegsfähigkeit, Verhandlungsmacht und ungleiche Arbeitsteilung. Bedingungen der Geschlechterpolitik in den internationalen Beziehungen. In: Kreisky, Eva/Sauer, Birgit (Hrsg.): Das geheime Glossar der Politikwissenschaft. Geschlechtskritische Inspektion der Kategorien einer Disziplin. Frankfurt am Main: Campus, S. 254–278.

Sacksofsky, Ute (1996): Das Grundrecht auf Gleichberechtigung. Baden-Baden: Nomos.

Sainsbury, Diane (1996): Gender, Equality, and Welfare States. Cambridge: Sage.

Sainsbury, Diane (1994a): Women's and Men's Social Rights: Gendering Dimensions of Welfare States. In: Sainsbury, Diane (Hrsg.): Gendering Welfare States. London: Sage, S. 150–169.

Sainsbury, Diane (Hrsg.) (1994b): Gendering Welfare States. London: Sage.

Samerski, Silja (2003): Entmündigende Selbstbestimmung. Wie die genetische Beratung schwangere Frauen zu einer unmöglichen Entscheidung befähigt. In: Graumann, Sigrid/Schneider, Ingrid (Hrsg.): Verkörperte Technik – Entkörperte Frau. Biopolitik und Geschlecht. Frankfurt am Main: Campus, S. 213–229.

Sauer, Birgit (2020): Authoritarian Right-Wing Populism as Masculinist Identity Politics. The Role of Affects. In: Dietze, Gabriele/Roth, Julia (Hrsg.): Right-Wing Populism and Gender. European Perspectives and Beyond. Bielefeld: transcript Verlag, S. 23–40.

Sauer, Birgit (2019): Anti-feministische Mobilisierung in Europa. Kampf um eine neue politische Hegemonie? In: Zeitschrift für Vergleichende Politikwissenschaft, H. 13, S. 339–352.

Sauer, Birgit (2018): Materialistisch-feministische Staatstheorie. Kritische Perspektiven auf Gewalt gegen Frauen. In: Brand, Ulrich/Görg, Christoph (Hrsg.): Zur Aktualität der Staatsform. Die materialistische Staatstheorie von Joachim Hirsch. Baden-Baden: Nomos, S. 115–134.

Sauer, Birgit (2015): Feministische Staatskonzeption als Digestive: Staat im Spätwerk Foucaults. In: Bargetz, Brigitte/Ludwig, Gundula/Sauer, Birgit (Hrsg.): Gouvernementalität und Geschlecht. Politische Theorie im Anschluss an Michel Foucault. Frankfurt am Main: Campus, S. 90–116.

Sauer, Birgit (2009a): Gleichstellungspolitik und neoliberaler Staatsumbau. Chancen und Restriktionen. In: Appelt, Erna (Hrsg.): Gleichstellungspolitik in Österreich. Eine kritische Bilanz. Innsbruck/Wien/Bozen: Studienverlag, S. 43–56.

Sauer, Birgit (2009b): Staatlichkeit und Geschlechtergewalt. In: Ludwig, Gundula/Sauer, Birgit/Wöhl, Stefanie (Hrsg.): Staat und Geschlecht. Grundlagen und aktuelle Herausforderungen feministischer Staatstheorie. Baden-Baden: Nomos, S. 61–74.

Sauer Birgit (2009c): Transformation von Staatlichkeit – Chancen für Geschlechterdemokratie. In: Ludwig, Gundula/Sauer, Birgit/Wöhl, Stefanie (Hrsg.): Staat und Geschlecht. Grundlagen und aktuelle Herausforderungen feministischer Staatstheorie. Baden-Baden: Nomos, S. 105–120.

Sauer, Birgit (2008a): Neoliberale Transformation von Staatlichkeit und Geschlechtergewalt. In: Dimmel, Nikolaus/Schmee, Josef (Hrsg.): Die Gewalt des neoliberalen Staates. Vom fordistischen Wohlfahrtsstaat zum repressiven Überwachungsstaat. Wien: Universitätsverlag, S. 91–112.

Sauer, Birgit (2008b): Neoliberale Verhältnisse: Staatlichkeit und Geschlecht. In: Butterwegge, Christoph/Lösch, Bettina/Ptal, Ralf (Hrsg.): Neoliberalismus. Analysen und Alternativen. Wiesbaden: VS Verlag für Sozialwissenschaften, S. 34–49.

Sauer, Birgit (2004): Staat – Institutionen – Governance. In: Rosenberger, Sieglinde/Sauer, Birgit (Hrsg.): Politikwissenschaft und Geschlecht. Wien: Universitätsverlag, S. 107–125.

Sauer, Birgit (2003a): Den Staat ver/handeln. Zum Zusammenhang von Staat, Demokratie und Herrschaft. In: Demirović, Alex (Hrsg.): Modelle kritischer Gesellschaftstheorie. Traditionen und Perspektiven der Kritischen Theorie. Stuttgart/Weimar: J.B. Metzler Verlag, S. 152–175.

Sauer, Birgit (2003b): Die Internationalisierung von Staatlichkeit. Geschlechterpolitische Perspektiven. In: Deutsche Zeitschrift für Philosophie, H. 4/2003, S. 621–637.

Sauer, Birgit (2003c): „Gender makes the world go around“. Globale Restrukturierung und Geschlecht. In: Scharenberg, Albert/Schmidtke, Oliver (Hrsg.): Das Ende der Politik? Globalisierung und der Strukturwandel des Politischen. Münster: Westfälisches Dampfboot, S. 98–126.

Sauer, Birgit (2002): Geschlechtsspezifische Gewaltmäßigkeit wohlfahrtsstaatlicher Institutionalisierungen. Staatsbezogene Überlegungen einer geschlechtersensiblen politikwissenschaftlichen Perspektive. In: Dackweiler, Regina-Maria/Schäfer, Reinhild (Hrsg.): Gewaltverhältnisse. Feministische Perspektiven auf Geschlecht und Gewalt. Frankfurt am Main: Campus, S. 82–106.

Sauer, Birgit (2001): Die Asche des Souveräns. Staat und Demokratie in der Geschlechterdebatte. Frankfurt am Main: Campus.

Sauer, Birgit (1999): „Politik wird mit dem Kopf gemacht." Überlegungen zu einer geschlechtersensiblen Politologie der Gefühle. In: Klein, Ansgar/Nullmeier, Frank (Hrsg.): Masse – Macht – Emotionen. Zu einer politischen Soziologie der Emotionen. Opladen: Leske+Budrich, S. 200–218.

Sauer, Birgit (1997a): „Die Magd der Industriegesellschaft". Anmerkungen zur Geschlechtsblindheit von Staatstheorien. In: Kerchner, Brigitte/Wilde, Gabriele (Hrsg.): Staat und Privatheit. Aktuelle Studien zu einem schwierigen Verhältnis. Opladen: Leske+Budrich, S. 29–53.

Sauer, Birgit (1997b): Krise des Wohlfahrtsstaats. Eine Männerinstitution unter Globalisierungsdruck? In: Braun, Helga/Jung, Dörthe (Hrsg.): Globale Gerechtigkeit? Feministische Debatte zur Krise des Sozialstaates. Hamburg: Konkret Literatur Verlag, S. 113–147.

Sauer, Birgit/Strasser, Sabine (Hrsg.) (2008): Zwangsfreiheiten. Multikulturalität und Feminismus. Wien: Promedia.

Sauer, Birgit/Wöhl, Stefanie (2008): Governing Intersectionality. Ein kritischer Ansatz zur Analyse von Diversitätspolitik. In: Knapp, Gudrun-Axeli/Klinger, Cornelia (Hrsg.): Konstellationen der Ungleichheit. Münster: Westfälisches Dampfboot, S. 249–273.

Schaeffer-Hegel, Barbara (1990): Eigentum, Vernunft und Liebe. Paradigmen des Ausschlusses der Frauen aus der Politik. In: Schaeffer-Hegel, Barbara (Hrsg.): Vater Staat und seine Frauen. Erster Band. Beiträge zur politischen Theorie. Pfaffenweiler: Centaurus, S. 149–165.

Scheele, Alexandra (2009): Widersprüchliche Anerkennung des Privaten. Eine Kritik aktueller Entwicklungen wohlfahrtsstaatlicher Politik. In: Ludwig, Gundula/Sauer, Birgit/Wöhl, Stefanie (Hrsg.): Staat und Geschlecht. Grundlagen und aktuelle Herausforderungen feministischer Staatstheorie. Baden-Baden: Nomos, S. 167–182.

Schiebinger, Londa (1993): Nature's Body. Gender in the Making of Modern Science. Boston: Rutgers University Press.

Schoenes, Katharina (2011): „Talibanterroristen", freundliche Helfer und lächelnde Mädchen – die Rolle der Frauenrechte bei der Legitimation des Afghanistan-Einsatzes der Bundeswehr. In: Femina Politica. Zeitschrift für feministische Politikwissenschaft, H. 1/2011, S. 78–89.

Schultz, Susanne (2012): Biopolitik und Demografie – Eine staatskritische intersektionale Analyse aktueller deutscher Familienpolitik. In: Sänger, Eva/ Rödel, Malaika (Hrsg.): Biopolitik und Geschlecht. Zur Regulierung des Lebendigen. Münster: Westfälisches Dampfboot, S. 108–128.

Schultz, Susanne (2009): Zwischen Eugenik, Demografie und dem Management reproduktiver Biographien: spannungsreiche staatstheoretische Zugänge zu Fortpflanzungspolitik. In: Ludwig, Gundula/Sauer, Birgit/Wöhl, Stefanie (Hrsg.): Staat und Geschlecht. Grundlagen und aktuelle Herausforderungen feministischer Staatstheorie. Baden-Baden: Nomos: S. 183–198.

Schultz, Susanne (2006): Hegemonie – Gouvernementalität – Biomacht. Reproduktive Risiken und die Transformation internationaler Bevölkerungspolitik. Münster: Westfälisches Dampfboot.

Schultz, Susanne (1994): Feministische Bevölkerungspolitik? Zur internationalen Debatte um Selbstbestimmung. In: Eichhorn, Cornelia/Grimm, Sabine (Hrsg.): Gender Killer. Texte zu Feminismus und Politik. Berlin: Ed. ID-Archiv, S. 11–24.

Schulz, Antje (2004): Leistungsfähig, männlich, weiß. Bevölkerungspolitik im Zeitalter der Reproduktionsmedizin. In: Roß, Bettina (Hrsg.): Migration, Geschlecht und Staatsbürgerschaft. Perspektiven für eine anti-rassistische und feministische Politik und Politikwissenschaft. Wiesbaden: VS Verlag für Sozialwissenschaften, S. 67–86.

Schunter-Kleemann, Susanne (2003): Was ist neoliberal am Gender Mainstreaming? In: Widerspruch, H. 44, S. 19–33.

Schunter-Kleemann, Susanne (2001): Euro-Club und Reglement der Geschlechter. In: Kreisky, Eva/Lang, Sabine/Sauer, Birgit (Hrsg.): EU. Geschlecht. Staat. Wien: Universitätsverlag, S. 171–184.

Schunter-Kleemann, Susanne (1994): Das Demokratiedefizit der Europäischen Union und die Frauenpolitik. In: Biester, Elke/Holland-Cunz, Barbara/Jansen, Mechthild M./Maleck-Lewy, Eva/Ruf, Anja/Sauer, Birgit (Hrsg.): Das unsichtbare Geschlecht der Europa. Der europäische Einigungsprozeß aus feministischer Sicht. Frankfurt am Main: Campus, S. 20–38.

Schutzbach, Franziska (2019), Anti-Feminismus macht rechte Positionen gesellschaftsfähig. Unter: https://www.gwi-boell.de/de/2019/05/03/antifeminismus-macht-rechte-positionen-gesellschaftsfaehig. Zugriff am 5.9.2022.

Seemann, Birgit (1996): Feministische Staatstheorie. Der Staat in der deutschen Frauen- und Patriarchatsforschung. Opladen: Leske+Budrich.

Seifert, Ruth (1993): Krieg und Vergewaltigung. Ansätze zu einer Analyse. In: Stiglmayer, Alexandra (Hrsg.): Massenvergewaltigung. Krieg gegen die Frauen. Frankfurt am Main: Fischer, S. 87–112.

Shachar, Ayelet (2009): The Birthright Lottery: Citizenship and Global Inequality. Cambridge, MA/London: Harvard University Press.

Sharoni, Simona (2008): De-Militarizing Masculinities in the Age of Empire. In: Österreichische Zeitschrift für Politikwissenschaft, H. 2/2008, S. 147–164.

Shildrick, Margrit (2009): Dangerous Discourses of Disability, Subjectivity and Sexuality. New York: Palgrave Macmillan.

Showstack Sassoon, Anne (Hrsg.) (1987): Women and the State. The Shifting Boundaries of Public and Private. London: Unwin Hyman Ldt.

Siim, Birte (1990): Öffentlich oder Privat? Partizipation und Interessen der Frau in den skandinavischen Wohlfahrtstaaten. In: Schaeffer-Hegel, Barbara/Kopp-Degethoff, Heidi (Hrsg.): Vater Staat und seine Frauen. Zweiter Band. Beiträge zur politischen Kultur. Pfaffenweiler: Centaurus, S. 53–70.

Silva, Adrian de (2018): Negotiating the Borders of the Gender Regime. Developments and Debates on Trans(sexuality) in the Federal Republic of Germany. Bielefeld: transcript.

Silva, Adrian de/Quirling, Ilka (2005): Zur gegenwärtigen Situation asylsuchender transgeschlechtlicher Menschen in der Bundesrepublik Deutschland. In: Femina Politica. Zeitschrift für feministische Politikwissenschaft H. 1/2005, S. 70–82.

Smith, Anna Marie (2000): Wider die depolitisierenden Effekte des liberaldemokratischen Pluralismus: Die Rechte von Lesben und Schwulen jenseits single-issue-Politik. In: quaestio (Hrsg.): Queering Demokratie. Sexuelle Politiken: Berlin: Querverlag, S. 45–62.

Somerville, Siobhan (1994): Scientific Racism and the Emergence of the Homosexual Body. In: Journal of the History of Sexuality, Vol. 5, S. 243–266.

Sommer, Doris (1991): The Foundational Fictions: The National Romances of Latin America. Berkeley: University Press.

Speck, Sarah (2020): Zuhause arbeiten. Eine geschlechtersoziologische Betrachtung des „Homeoffice" im Kontext der Corona-Krise. In: Volkmer, Michael/Werner, Karin (Hrsg.): Die Corona-Gesellschaft. Analysen zur Lage und Perspektiven für die Zukunft. Bielefeld: transcript, S. 135–144.

Spillers, Hortense J. (1987): Mama's Baby, Papa's Maybe: An American Grammar Book. In: Diacritics, Vol. 17(2), S. 64–81.

Spivak, Gayatri Chakravorty (1994): Can the Subaltern Speak? In: William, Patrick/Chrisman, Laura (Hrsg.): Colonial Discourse and Postcolonial Theory: A Reader. Hemel Hemstead: Harester Wheatsheaf, S. 66–111.

Steyerl, Hito/Gutiérrez Rodríguez, Encarnación (Hrsg.) (2003): Spricht die Subalterne deutsch? Migration und postkoloniale Kritik. Münster: Unrast.

Stiegler, Barbara (2005): Die Kontroversen um Gender Mainstreaming. In: Behning, Ute/Sauer, Birgit (Hrsg.): Was bewirkt Gender Mainstreaming? Evaluierung durch Policy-Analysen. Frankfurt am Main: Campus, S. 29–44.

Stoler, Ann Laura (1995): Race and the Education of Desire: Foucault's History of Sexuality and the Colonial Order of Things. Durham/London: Duke University Press.

Strasser, Sabine (2009): Die Politik mit dem kulturellen Unbehagen: Zum Verhältnis von kultureller Diversität, Antidiskriminierung und Geschlechteregalität. In: Appelt, Erna (Hrsg.): Gleichstellungspolitik in Österreich – eine kritische Bilanz. Innsbruck: Studienverlag, S. 99–114.

Sulzbacher, Christine (2007): Beten – dienen – unterhalten. Zur Funktionalisierung von Afrikanern und Afrikanerinnen im 19. Jahrhundert in Österreich. In: Sauer, Walter (Hrsg.): Von Soliman zu Omofuma. Afrikanische Diaspora in Österreich 17. bis 20. Jahrhundert. Innsbruck/Wien/Bozen: Studienverlag, S. 99–128.

Sylvester, Christine (1994): Feminist Theory and International Relations in a Postmodern Era. Cambridge: University Press.

Teschlade, Julia/Peukert, Almut/Wimbauer, Christine/Motakef, Mona/Holzleithner, Elisabeth (2020): Elternschaft und Familie jenseits von Heteronormativität und Zweigeschlechtlichkeit. Eine Einleitung. In: Gender. Zeitschrift für Geschlecht, Kultur und Gesellschaft, Sonderheft 5, S. 9–27.

Thompson, Vanessa Eileen (2018): „There is no justice, there is just us!“: Ansätze zu einer postkolonial-feministischen Kritik der Polizei am Beispiel von Racial Profiling. In: Loick, Daniel (Hrsg.): Kritik der Polizei. Frankfurt am Main: Campus, S. 197–219.

Traoré, Assa/Lagasnerie Geoffrey de (2022): Der Kampf Adame. In: Loick, Daniel/ Thompson, Vanessa E. (Hrsg.): Abolitionismus. Ein Reader. Frankfurt am Main: Suhrkamp, S. 288–315.

Verloo, Mieke (2006): Multiple Inequalities, Intersectionality and the European Union. In: European Journal of Women's Studies, Vol. 12, S. 211–228.

Völker, Susanne (2009): Entsicherte Verhältnisse: Impulse des Prekarisierungsdiskurses für eine geschlechtersoziologische Zeitdiagnose. In: Aulenbacher, Brigitte/Wetterer, Angelika (Hrsg.): Arbeit. Perspektiven und Diagnosen der Geschlechterforschung. Münster: Westfälisches Dampfboot, S. 268–286.

Walby, Sylvia (1997): Gender Transformations. London/New York: Routledge.

Waldschmidt, Anne (2003): Normierung und Normalisierung: Behinderte Frauen, der Wille zum „Normkind“ und die Debatte um Pränataldiagnostik. In: Graumann, Sigrid/Schneider, Ingrid (Hrsg.): Verkörperte Technik – Entkörperte Frau. Biopolitik und Geschlecht. Frankfurt am Main: Campus, S. 95–109.

Wasmuht, Ulrike (2002): Warum bleiben Kriege gesellschaftsfähig? Zum weiblichen Gesicht des Krieges. In: Harders, Cilja/Roß, Bettina (Hrsg.): Geschlechterverhältnisse in Krieg und Frieden. Perspektiven der feministischen Analyse internationaler Beziehungen. Opladen: Leske+Budrich, S. 87–103.

Wasmuht, Ulrike (1998): Die Einführung der Kategorie Geschlecht oder: Wie männlich ist die Friedensforschung? In: Ruppert, Uta (Hrsg.): Lokal bewegen – global verhandeln. Internationale Politik und Geschlecht. Frankfurt am Main: Campus, S. 56–73.

Weber, Max (1992): Politik als Beruf. Tübingen: J.C.B. Mohr.

Weber, Max (1980): Wirtschaft und Gesellschaft. Grundriß der verstehenden Soziologie. Tübingen: J.C.B. Mohr.

Weiler, Anni (1994): Frauenlohnpolitik in Europa. In: Biester, Elke/Holland-Cunz, Barbara/Jansen, Mechthild M./Maleck-Lewy, Eva/Ruf, Anja/Sauer, Birgit (Hrsg.): Das unsichtbare Geschlecht der Europa. Der europäische Einigungsprozeß aus feministischer Sicht. Frankfurt am Main: Campus, S. 39–61.

Wenk, Silke (2007): Visuelle Politik und Körperbilder. In: Diehl, Paula/Koch, Gertrud (Hrsg.): Inszenierungen der Politik. Der Körper als Medium. München: Fink, S. 161–175.

Werlhof, Claudia von (1990): Mit Frauen ist kein Staat zu machen. Thesen zur politologischen Frauenforschung. Eine Kritische Bilanz. In: Widerspruch, H. 19, S. 105–115.

Werlhof, Claudia von (1985): Zum Verhältnis von „Staat" und „Kapital" und „Patriarchat". In: beiträge zur feministischen theorie und praxis, H. 13, S. 63–78.

Wetterer, Angelika (2003): Rhetorische Modernisierung: Das Verschwinden der Ungleichheit aus dem zeitgenössischen Differenzwissen. In: Knapp, Gudrun-Axeli/Wetterer, Angelika (Hrsg.): Achsen der Differenz. Gesellschaftstheorie und feministische Kritik II. Münster: Westfälisches Dampfboot, S. 286–316.

Wichterich, Christa (2020): Covid-Kapitalismus, Körper und Care. In: Femina Politica. Zeitschrift für feministische Politikwissenschaft, H. 2/2020, S. 143–145.

Wichterich, Christa (2000): Suchbewegung nach Mitmacht auf globalisiertem Terrain. In: Holland-Cunz, Barbara/Ruppert, Uta (Hrsg.): Frauenpolitische Chancen globaler Politik. Verhandlungsverfahren im internationalen Kontext. Opladen: Leske+Budrich, S. 67–75.

Wichterich, Christa (1998): Die globalisierte Frau. Berichte aus der Zukunft der Ungleichheit. Frankfurt am Main: Campus.

Wichterich, Christa (1994): „Frei und verantwortlich". Geburtenkontrolle, Reproduktionstechnologie und Bevölkerungspolitik zwischen Zwang und Freiwilligkeit. In: beiträge zur feministischen theorie und praxis, H. 37, S. 111–124.

Wiedemann, Carolin (2021): Nach der Pandemie: Smash Patriarchy. Jetzt erst recht. In: Bertz, D.F. (Hrsg.): Die Welt nach Corona. Von den Risiken des

Kapitalismus, den Nebenwirkungen des Ausnahmezustands und der kommenden Gesellschaft. Berlin: Bertz+Fischer, S. 211–218.

Wiener, Antje (1996): StaatsbürgerInnenschaft im Kontext: Staatsangehörigkeit und Zugehörigkeit. In: Kulawik, Teresa/Sauer, Birgit (Hrsg.): Der halbierte Staat. Grundlagen feministischer Politikwissenschaft. Frankfurt am Main: Campus, S. 105–136.

Wiesner, Claudia (2021): Das Konjunkturpaket der Bundesregierung und seine Auswirkungen auf Frauen und Männer. Unter: https://www.wirtschaftsdienst.eu/inhalt/jahr/2021/heft/1/beitrag/das-konjunkturpaket-der-bundesregierung-und-seine-auswirkungen-auf-frauen-und-maenner.html. Zugriff am 5.9.2022.

Wilde, Gabriele (2015): Supranationale Gouvernementalität: Zur Neuordnung des Verhältnisses von Recht, politischer Herrschaft und demokratischen Geschlechterverhältnissen. In: Abbas, Nabila/Förster, Annette/Richter, Emanuel (Hrsg.): Supranationalität und Demokratie. Die europäische Union in der Krise. Wiesbaden: VS Springer, S. 87–110.

Wilde, Gabriele (2001): Geschlechterkonstruktionen. Individuum, Recht und politische Autonomie in Theorien zum Rechtsstaat. In: Kreisky, Eva/Lang, Sabine/Sauer, Birgit (Hrsg.): EU. Geschlecht. Staat. Wien: Universitätsverlag, S. 105–120.

Wilde, Gabriele (1997): Staatsbürgerschaftsstatus und die Privatheit der Frauen. Zum partizipatorischen Demokratiemodell von Carole Pateman. In: Kerchner, Brigitte/Wilde, Gabriele (Hrsg.): Staat und Privatheit. Aktuelle Studien zu einem schwierigen Verhältnis. Opladen: Leske+Budrich, S. 69–106.

Wilde, Gabriele (1995): Geschlecht und das Prinzip der Ungleichheit. Zur Problematik der Gleichheit in demokratietheoretischen Ansätzen. In: Kreisky, Eva/Sauer, Birgit (Hrsg.): Feministische Standpunkte in der Politikwissenschaft. Frankfurt am Main: Campus, S. 122–160.

Wilde, Gabriele/Meyer, Birgit (2018): Angriff auf die Demokratie. Die Macht des Autoritären und die Gefährdung demokratischer Geschlechterverhältnisse. Eine Einleitung. In: Femina Politica. Zeitschrift für feministische Politikwissenschaft, H. 1/2018, S. 9–21.

Wimbauer, Christine/Henninger, Annette (2008): Magd des Marktes. Das Elterngeld und die neue Familienpolitik. In: Blätter für deutsche und internationale Politik, H. 8/2008, S. 69–76.

Winker, Gabriele (2020): Aufbau einer solidarischen und nachhaltigen Care-Ökonomie. Ein Plädoyer in Zeiten von Corona. In: Volkmer, Michael/Werner, Karin (Hrsg.): Die Corona-Gesellschaft. Analysen zur Lage und Perspektiven für die Zukunft. Bielefeld: transcript, S. 395–404.

Wisotzki, Simone (2011): Feministische Friedens- und Konfliktforschung – neue Ansätze, neue Erkenntnisse. In: Femina Politica, Zeitschrift für feministische Politikwissenschaft, H. 1/2011, S. 19–30.

Wittig, Monique (1992): The Straight Mind and Other Essays. Boston: Beacon Press.

Wobbe, Theresa (1994): Die Grenzen der Gemeinschaft und die Grenzen des Geschlechts. In: Wobbe, Theresa/Lindemann, Gesa (Hrsg.): Denkachsen. Zur theoretischen und institutionellen Rede von Geschlecht. Frankfurt am Main: Suhrkamp, S. 177–207.

Wöhl, Stefanie (2019): Die geschlechtsspezifischen Selektivitäten des Europäischen „Staatsprojekts". In: Keil, Daniel/Wissel, Jens (Hrsg): Staatsprojekt Europa. Eine staatstheoretische Perspektive auf die Europäische Union. Baden-Baden: Nomos, S. 61–80.

Wöhl, Stefanie (2018): Die Transformation von Staatlichkeit und Geschlechterverhältnissen im finanzialisierten Kapitalismus. In: Scheele, Alexandra/Wöhl, Stefanie (Hrsg.): Feminismus und Marxismus. Weinheim/Basel: Beltz, S. 232–246.

Wöhl, Stefanie (2014): The State and Gender Relations in International Political Economy. A State-theoretical Approach to Varieties of Capitalism in crisis. In: Capital & Class, Vol. 38(1), S. 83–95.

Wöhl, Stefanie (2009): Das Regieren Europas: geschlechterpolitische Implikationen. In: Ludwig, Gundula/Sauer, Birgit/Wöhl, Stefanie (Hrsg.): Staat und Geschlecht. Grundlagen und aktuelle Herausforderungen. Baden-Baden: Nomos, S. 137–150.

Wöhl, Stefanie (2007a): Mainstreaming Gender? Widersprüche europäischer und nationalstaatlicher Geschlechterpolitik. Königstein/Taunus: Ulrike Helmer Verlag.

Wöhl, Stefanie (2007b): Staat und Geschlechterverhältnisse im Anschluss an Antonio Gramsci. In: Buckel, Sonja/Fischer-Lescano, Andreas (Hrsg.): Hegemonie gepanzert mit Zwang. Politik und Zivilgesellschaft im Staatsverständnis Antonio Gramscis. Baden-Baden: Nomos, S. 64–80.

Wölte, Sonja (2002): Von Lokal nach International und zurück: Gewalt gegen Frauen und internationale Frauenmenschenrechtspolitik. In: Dackweiler, Regina-Maria/Schäfer, Reinhild (Hrsg.): Gewalt-Verhältnisse. Feministische Perspektiven auf Geschlecht und Gewalt. Frankfurt am Main: Campus, S. 221–247.

Young, Brigitte (1998): Politik und Ökonomie im Kontext von Globalisierung. Eine Geschlechterkritik. In: Kreisky, Eva/Sauer, Birgit (Hrsg.): Geschlechterverhältnisse im Kontext politischer Transformation. PVS Sonderheft 28. Opladen: Westdeutscher Verlag, S. 137–152.

Young, Iris Marion (2003): The Logic of Masculinist Protection: Reflections on the Current Security State. In: Signs, Vol. 29(1), S. 1–25.

Young, Iris Marion (1994): Impartiality and the Civic Public. Some Implications of Feminist Critiques of Moral and Political Theory. In: Benhabib, Seyla/Cornell, Drucilla (Hrsg.): Feminism as Critique. Essays on the Politics of Gender in Late-Capitalist Societies. Cambridge: Polity Press, S. 56–76.

Young, Iris Marion (1993): Das politische Gemeinwesen und die Gruppendifferenz. Eine Kritik am Ideal des universalen Staatsbürgerstatus. In: Nagl-Docekal, Herta/Pauer-Studer, Herlinde (Hrsg.): Jenseits der Geschlechtermoral. Beiträge zur feministischen Ethik. Frankfurt am Main: Fischer, S. 267–304.

Young, Iris Marion (1990): Justice and the Politics of Difference. Princeton: University Press.

Yuval-Davis, Nira (2006): Intersectionality and Feminist Politics. In: European Journal of Women's Studies, Vol. 13, S. 193–209.

Zalewski, Marysia (1994): The Women/„Women" Question in International Relations. In: Millenium, Vol. 23, S. 407–423.

Zimmermann, Susan (1988): Weibliches Selbstbestimmungsrecht und auf „Qualität" abzielende Bevölkerungspolitik. In: beiträge zur feministischen theorie und praxis, H. 21/22, S. 53–71.